雲南文庫

学术名家文丛

云南文库

学术名家文丛

吴健安学术文选

吴健安　著

雲南大學出版社
雲南人民出版社

作者简介

吴健安男，1930年5月生，安徽枞阳县人。1954年毕业于云南大学。云南财经大学教授。曾任原云南财贸学院院长，云南省政协委员。中国高等院校市场学研究会顾问。1991年入选美国名人传记协会《世界5000名人录》，1992年入选英国《国际知识分子名人录》，1994年入选《当代中国百名商业经济专家学者》。1992年起享受政府特殊津贴。2010年初，获云南省教育功勋奖。1991年免去行政职务后，1991年至2012年，主编和参编的著作（含再版）共28本，发表文章60余篇，完成省级科研课题7项。20世纪80年代初，开始从事市场营销学的教学与研究工作，编著和主编《市场学》《市场营销学》《营销管理》等书，《市场营销学》第2版、第3版及第4版先后列入“十五”“十一五”和“十二五”国家级规划教材，荣获云南省社会科学优秀成果一等奖、全国普通高等学校优秀教材一等奖、高等教育国家级教学成果二等奖。

总　序

中共云南省委书记 李纪恒

“盖文章，经国之大业，不朽之盛事。”一部承载责任与使命的好作品，必将是一部千古不朽的立言典范，也必将是一部历久弥新的传世教科书。千百年来特别是明代以来，许多贤人君子和名人大家在广袤的云岭大地耕耘、思考和写作，留下了闪光的足迹和丰厚的作品，足以飨及后进，启迪晚辈。在搜集、遴选和整理云南明代以来学术大家、学术名家著作的基础上，由云南宣传部门牵头推出了《云南文库》，这一丛书的面世诚为云南学术研究和出版界之盛事。

编纂《云南文库》是传承云南地域文明、提高云南文化自觉的有益尝试。“七彩云南”这片神奇的土地孕育了对中国乃至世界文明都有重要影响的古人类，造就了云南文化的丰厚积淀，从而构成了博大精深的云南文化艺术宝库。作为中华文化圈、印度文化圈和东南亚文化圈的交汇地，云南自古以来都不缺乏学贯中西的大师和博古通今的大家，从来都不缺乏魅力四射的光辉著作和壮美奇绝的文化遗存。其中，许多学术作品都凝聚了深邃的思想和超凡的智慧，体现了鲜明的地域特色和民族特色，彰显了有云南自身特点的知识谱系和学术传统。今天，我们将历史长河中的明珠拾起，用心记载云南学术史上的灿烂篇章，正是为了守护云南优秀的地域文化，为了汲取进一步繁荣发展云南哲学社会科学的养分和动力，进而筑牢云南文化自信的根基。

编纂《云南文库》是树立云南文化品牌、增强云南文化影响力的重要举措。云南文化是中华文化的有机组成部分，其悠久的历史文化、多彩的民族文化、独特的生态文化、包容的宗教文化，已经成为文化百花园中一枝流光溢彩、香飘四海的奇葩。千百年来，云南学者中英奇瑰伟之士以及众多寓居云南的外省学者念兹在兹，深植于云南沃土，扎根于传统文化，不懈探索、勤奋撰述，留下了一批经得住历史和实践检验的珍贵成果。特别是抗战时期，随着西南联合大学和相关研究机构的到来，昆明一时风云际会，云集了大批我国现代学术史上开宗立派的学术大师和著名专家，云南成为当时中国学术中心之一，诞生了大批学术经典。新中国成立后，云南学术研究取得很大进展，研究队伍空前壮大，学科建设卓有成效，学术成果日益丰硕，推出了一批享誉国内外的学术精品。近年来，《云南史料丛刊》《云南丛书》等一批历史文献和地方文献丛书相继刊印，云南文化的影响力和竞争力不断增强。今天，我们隆重推出《云南文库》，就是要为更多的人了解云南、熟悉云南、研究云南搭建一个平台和载体，为云南的经济社会发展、文化建设、文史学术研究等提供有益的历史借鉴，为在更广领域传播云南文化、打造云南品牌、增强云南软实力创造更好条件。

编纂《云南文库》是保障人民群众的基本文化权益的有效途径。文化建设的根本就是要用健康高雅的艺术、用智慧明辨的思想、用善良温厚的德行启迪人、引导人。编纂《云南文库》一个重要目的是丰富人民群众的精神文化生活、增进人民群众的幸福感。此次收入《云南文库》的著作，涉及哲学、历史、文学、语言、艺术、民族、宗教、政治、军事、外交等诸多方面，包含着丰富的自然、社会和人生哲理知识，体现了高度的人文关怀。阅读这些著作，有助于培育读者自尊自信、理性平和、积极向上的心态，有助于引导人们去发现、享用、珍惜世界和人生之美，能使大众的精神世界得以滋养和美化、人格得以陶冶和熏陶、心灵得以安顿和抚慰、情感得以丰富和升华，从而更好地满足人民群众多层次、多方面、多样性的审美需求。

编纂《云南文库》是推动云南跨越发展的必然要求。云南早在 1996 年就提出了建设“民族文化大省”的目标，是全国最早提出建设民族文化大省的省份之一。2000 年，我省正式确立了“建设绿色经济强省、民族文化大省和中国连接东南亚南亚的国际大通道”的三大目标，把文化事业和文化产业的发展纳入了全省经济社会发展战略的范畴。2009 年召开的中共云南省委八届八次全委会，作出了把云南建设成为“绿色经济强省、民族文化强省、中国面向西南开放的桥头堡”的重大决策，把云南文化建设推向了一个新的阶段。2011 年 11 月，云南省第九次党代会进一步明确了科学发展、和谐发展、跨越发展的发展主题，要求更加自觉、更加主动地推动文化大发展大繁荣。当前，云南人民正豪情满怀地沿着建设民族文化强省的道路阔步前行，具有云南特色的文化模式已经也必将进一步焕发动人而耀眼的光芒。我们将以打造《云南文库》等一批社科品牌和文化精品为契机，继承优良传统，发挥优势，突出特色，以面向现代化、面向世界、面向未来的宏大眼光，锐意进取，积极开展学术研究，努力创造出无愧于时代、无愧于人民、无愧于历史的优秀学术成果和文化产品，更好地弘扬以高远、开放、包容的高原情怀和坚定、担当、务实的大山品质为主要内容的云南精神。

《云南文库》最终得以发行，首先是众位先贤心血和智慧的结晶。在此，我们要对创造了云南学术精品并因此而为中华文化做出杰出贡献的学者们表示崇高的敬意！在《云南文库》的编纂过程中，相关编纂单位、出版单位和参加整理的学者，以高度的责任感和使命感，兢兢业业地做好编校和出版工作，正是有了他们的辛勤劳动和精心工作，才有如今的翰墨流芳。在此，我要诚恳地道一声，大家辛苦了！《云南文库》从构想走向现实，离不开众多读者和社会各界人士的支持，我也一并向你们表示诚挚的谢意！同时，衷心希望同志们一如既往地为云南文化建设献智献策，欢迎更多的同仁志士参与到云南文化建设的伟大事业中来！

谨为序。

目 录

Contents

试论社会主义市场竞争

我国国内市场，是以生产资料公有制为基础的实行国家计划调节的市场，资本主义竞争和生产无政府状态的规律已经丧失了发挥作用的条件。但是，市场仍然存在着竞争，因为竞争并非资本主义所特有的现象，它是和商品生产、价值规律相联系的范畴。否定社会主义统一市场存在竞争，人为地排斥竞争，实际上就是否定商品经济的客观存在和价值规律的作用。而不按客观经济规律办事，就必然要受到它的惩罚，必然影响社会主义的生产和建设。因此，在社会主义统一市场中，要不要开展竞争，如何实行竞争，这种竞争的性质和作用怎样，这既是重要的理论问题，也是重要的实践问题。本文试图对社会主义市场竞争问题提出一些肤浅的看法，就教于经济理论和实际工作者。

一

竞争既是资本主义的特性，同时又是商品生产的基本特性。只要有商品生产和商品交换，就必然有竞争。历史的发展也证实了这一点。早在资本主义产生以前，在简单商品经济中，“社会分工则使独立的商品生产者互相对立，他们不承认任何别的权威，只承认竞争的权威，只承认他们互相利益的压力加在他们身上的强制”①。当资本主义发展到帝国主义阶段，“资本主义的自由竞争为资本主义的垄断所代替”，但是，“从自由竞争中

① 马克思：《资本论》第1卷，人民出版社1975年版，第394页。

成长起来的垄断并不消除竞争，而是凌驾于竞争之上，与之并存，因而产生许多特别尖锐特别剧烈的矛盾、摩擦和冲突。"① 社会主义经济是商品经济基础上的计划经济，也不能改变"一般商品生产的基本特性"②。价值规律作为商品经济的基本规律，在社会主义生产和流通中都还起着一定的调节作用。价值规律要求商品按照由社会必要劳动时间决定的价值进行交换。要实现这个要求，必须具备两个条件，一是生产部门相同、种类相同、质量接近的商品的"不同的个别价值，必须平均化为一个社会价值"③。一是"耗费在这种商品总量上的社会劳动总量，就必须同这种商品的社会需要的量相适应，即同有支付能力的社会需要的量相适应"④。而要实现这两个条件，又都离不开竞争。价值由社会必要劳动量决定，不是人为的，而是通过部门内商品生产者之间的竞争这个社会过程形成的；社会劳动在不同部门之间的分配，也不是人为的，而是通过部门间的商品生产者之间的竞争这个社会过程实现的。所以，恩格斯说："只有通过竞争的波动从而通过价格的波动，商品生产的价值规律才能得以贯彻，社会必要劳动时间决定商品价值这一点才能成为现实。"⑤

市场是商品经济中社会分工的表现。列宁说：在私有制下，"每个人都不依赖别的生产者而各自独立为市场生产，当然市场量是他们谁也不知道的。这种为共同市场劳动的独立生产者之间的关系叫竞争"⑥。社会主义公有制的建立，使得国家有可能按照市场需要有计划地调节社会生产，相对独立的生产者对于市场需要量并非完全是"谁也不知道"。但是，由于生产力发展水平和生产资料公有制水平不高，以及人们对客观规律的认识还要受到主客观条件的限制，国家计划并不能使数十万个全民所有制企业和数百万个集体所有制企业完全按照社会需要去进行生产，这些对市场需要量不能准确了解以及不甚了解的、为共同市场而劳作的相对独立的生产

① 《列宁选集》第2卷，人民出版社1960年版，第807－808页。
② 同上书，第394页。
③ 马克思:《资本论》第3卷，人民出版社1975年版，第201页。
④ 同上书，第215页。
⑤ 《马克思恩格斯全集》第21卷，人民出版社1975年版，第215页。
⑥ 《列宁全集》第1卷，人民出版社1960年版，第81页。

者之间的关系，势必存在一定的竞争。

市场是商品交换关系的总和。在私有制条件下，市场上进行交换的双方利益是对立的，并且互相都了解对方和自己的目的不一致，而作为交换的一方，不论是许多个买者，或者许多个卖者，虽然在和另一方相对立时可能成为伙伴，但通常是每一个人都宁愿抛开伙伴，甚至不惜损害伙伴而单独行动。“只有各方通过共同行动比没有共同行动可以得到更多好处，他们才会关心共同行动。”① 因此，市场竞争是三方面的。既有卖主之间争夺销路的竞争，也有买主之间争夺货源的竞争，还有卖主与买主之间讨价还价的竞争。我国社会主义改造基本完成后，形成了社会主义统一市场。公有制代替私有制，改变了商品生产的社会性质，消除了不同生产者之间经济利益上的对抗性矛盾，使他们有可能在国家统一计划指导下协调发展。但是，卖主与买主以及各方内部为了自身利益而进行的竞争，在社会主义统一市场上依然存在。作为卖主或买主的社会主义企业，即便是某些有“大锅饭”可吃的全民所有制企业，因为或多或少都有独立进行经济活动的权利，在商品交换过程中，事实上都存在本单位特殊的经济利益，它们总是要为自己争取有利的购销地位。至于作为买主或卖主的个人，虽然他们的身份已经不同于私有制统治下的小生产者，更不是逐利的商人，但只要实行商品货币制度，商品交换就和他们的切身利益息息相关，同时他们不是生活在“君子国”，谁也没有养成“贵买贱卖”的习惯，争取对自己有利的交换条件，自然也在情理之中。所以，在比较经济效果的基础上，必然产生卖者与卖者之间的竞争；在追求价廉物美的过程中，必然出现买者与买者之间的竞争；在坚持等价交换的要求下，必然导致买者与卖者之间的竞争。因此，尽管实行统购包销、计划分配和市场上若干商品供不应求，给人造成错觉，似乎社会主义市场与商品竞争完全无缘，买主都不存在选择的要求，甘心乐意地接受“包办”，卖主都不担心商品无销路，“皇帝的女儿不愁嫁”。然而无情的事实是，在社会主义市场上，人们总是争先恐后地抢购物美价廉的商品，而质次价高的商品则很少去问津。对紧俏商品，不少单位和个人则“走小路”“开后门”“搞协作”，力图捷足先

① 马克思：《资本论》第3卷，人民出版社1975年版，第216页。

登。由此可见，社会主义市场竞争是一个客观存在的事实。鼓励竞争、保护竞争，符合客观经济规律的要求。如果我们一方面承认社会主义经济仍然是商品经济，并且也主张要正确运用价值规律，而另一方面又排斥竞争，那么，按照客观经济规律办事，就只能是一句空话。正如恩格斯说的："在一个进行交换的商品生产者的社会里，如果谁想把劳动时间决定价值这一点确立起来，而又禁止竞争用加压力于价格的办法，即一般说来是唯一可行的办法来确立这种价值的决定，那就不过是证明，至少在这方面，他采取了空想主义者惯有的轻视经济规律的态度。"①

二

在以生产资料私有制为基础的商品经济中，竞争曾经是推动社会生产力发展的重要力量。在社会主义社会，开展市场竞争，不仅有利于价值规律的实现，同时也有助于加强计划经济，实现社会主义生产的目的。竞争对社会主义经济的发展和市场的繁荣，具有积极作用。

第一，在社会主义市场上开展竞争，有利于解决生产和需要，供给和需求的矛盾，更好地实现社会主义生产的目的。马克思说："生产直接是消费，消费直接是生产"，"产品在消费中才能最后完成。一条铁路如果没有通车，不被磨损、不被消费，它只是可能性的铁路，不是现实的铁路"②。生产是为消费而生产，不能为生产而生产。发展社会主义生产的目的是为了满足人民日益增长的物质和文化生活需要。这些本来是不说自明的道理，有时却被人们遗忘。例如，我们对许多工农业产品实行统购包销，其目的虽也说是为了"发展经济，保障供给"，但生产单位有恃无恐，商业部门独家经营，往往产需脱节、供求失调而不自知，若干产品脱销的长期脱销，积压的继续生产。1958 年的大购大销，生产什么收购什么，生产多少收购多少，造成数百亿元的经济损失。"文化大革命"中，由于生

① 《马克思恩格斯全集》第 21 卷，人民出版社 1975 年版，第 215 页。
② 《马克思恩格斯选集》第 2 卷，人民出版社 1972 年版，第 93、94 页。

产脱离社会需要，货不对路，造成的损失也很惊人。除了政治的和经济的种种原因之外，出现上述现象的重要原因之一，就在于市场上缺少必要的竞争。生产不适合市场需要就没有销路，“有生产而没有销路就是置工业于死命”①。在社会主义市场上开展竞争，可以帮助企业的领导人懂得，生产不能适应社会需要，就会失去市场，生产和流通都会被迫中断。在竞争中，他们将不得不密切注视市场，认真研究消费者的需要，按照市场需要组织生产和收购，他们再也不会去干那种一方面在市场削价处理，一方面又靠财政补贴继续生产的蠢事，同时，他们也会把用于生产不适销的商品的物化劳动和活劳动，迅速地转而用于生产市场需要得不到满足的那些商品。

第二，在社会主义市场上开展竞争，实行计划调节和市场调节相结合，有利于克服“官商”作风，增加花色品种，提高服务质量。社会主义市场能够实行国家计划调节，这是社会主义制度优越性的所在。但是商品生产千门万类，消费需要千差万别，市场情况千变万化，不可能实行一种包罗万象的计划。列宁曾经指出：“现在对我们来说，完整的、无所不包的、真正的计划＝官僚主义的空想。不要追求这种空想。”② 我国三十年来的市场情况表明，计划范围包罗一切，计划指标越细，就越容易脱离实际，弄不好还会把整个市场搞得很死。片面强调计划，人为排斥竞争，不仅对市场需求反应迟钝，而且容易滋长“官商”作风。几乎无竞争的国营商业“一统天下”，商店有啥卖啥，不给消费者更多选择余地，姜太公钓鱼，愿者上钩。生产部门只要有人收购，哪管商品进入流通领域后能否进入消费领域，更不问工艺陈旧，品种单调，十年、二十年一贯制，安然自得。在“官商”的土壤上培育了“官工”。马克思说：“竞争不是工业竞赛，而是商业竞赛。”③ 在资本主义制度下，工业竞赛的直接对象是在市场上有竞争力的产品，工业竞赛只是为了商业而存在。但在社会主义制度下，“商业竞赛”已经成为实现“工业竞赛”的条件。社会主义市场竞争将促使流通部门千方百计组织品种更多、质量更好的商品货源，给消费者更多的选

① 《斯大林全集》第 6 卷，人民出版社 1956 年版，第 144 页。

② 《列宁全集》第 35 卷，人民出版社 1960 年版，第 473 页。

③ 《马克思恩格斯全集》第 21 卷，人民出版社 1975 年版，第 173 页。

择余地。“商业竞赛”还将为工业发出信息，推动生产企业自觉地研究和采用新技术、新工艺，实现产品质量升级和品种更新。显然，这样的市场竞争，绝不是计划经济的异己力量。在统一计划指导下，开展市场竞争，可以加强企业的计划性，促进企业按社会需要进行生产，从而使竞争成为实现和加强计划的一种经济手段。计划调节和市场调节的结合，将使“官商”作风一扫而光，将使社会主义市场更加活跃，更加丰富多彩。

第三，在社会主义市场上开展竞争，有利于促进社会主义企业加强经济核算，注意经济效果，避免人力、物力、财力的浪费。马克思指出：“价值由劳动时间决定的规律，既会使采用新方法的资本家感觉到，他必须低于商品的社会价值来出售自己的商品，又会作为竞争的强制规律，迫使他的竞争者也采用新的生产方式。”① 在价值法则这个伟大的学校里，我们曾经付出高昂的学费，但学习成绩并不理想，这是因为，我们缺少竞争的强制和压力。在社会主义市场上开展竞争，不仅能促使流通部门千方百计节约流通时间和节约流通费用，而且能促进生产部门努力提高劳动生产率，实现高产、优质、低耗和产品适销对路。竞争的强制作用会迫使企业在优胜劣汰的原则面前，考虑自己的经营效果。经营成果好的，不仅企业和职工个人能得到较好的物质利益，社会也需要这样的企业得到发展；经营成果差的，不仅企业和个人要负一定的经济责任，对个别长期甘居下游、不求上进的企业，必要时也可以淘汰。这样做，对于普遍提高商品在国内外市场的竞争能力，高速度发展社会主义经济是有利的，对于解决目前存在的“低、大、铁”（低效率、大锅饭、铁饭碗）问题，也可能是一个有效办法，对于某些长期吃社会主义的企业也许是一服可以根治的良药。社会主义市场竞争将鞭策我们尽快地“成为一个谨慎、勤勉、能干的‘主人’，成为一个精明的批发商”②。

① 马克思：《资本论》第1卷，人民出版社1975年版，第354－355页。
② 《列宁选集》第4卷，人民出版社1960年版，第572页。

三

社会主义市场竞争，既有其必然性，也有其必要性，既是客观经济规律的要求，又对社会主义经济的发展具有积极作用。但是，要使社会主义市场竞争得到开展，还要有一定的条件。

首先，开展社会主义市场竞争，要求保留多条商品流通渠道，并给各种经营形式以大体相同的竞争条件。在社会主义市场上，各条商品流通渠道的地位虽然不同，但在竞争中必须让它们处于竞争条件大体相同的地位。当然，要求竞争条件绝对同等，实际上是办不到的，并且也是不必要的。但是，使竞争的对手处于条件相对同等的地位，不仅是应该的，而且也是可能的。例如，在资金、货源、价格、税收、工资福利等方面，以往有些歧视集体所有制企业的做法，现已有所改变，尚存的不适当限制，迟早也将被打破。社会主义市场竞争，不允许某些企业凭借物质上的优势去挤对别人，更不允许抬着“铁饭碗”去砸人家的土饭碗。否则，多条流通渠道的作用，就不能充分发挥，开展竞争也难以收到好的效果。

其次，开展社会主义市场竞争，必须打破那种画地为牢、自我封锁的做法，在国内市场上实行“门户开放”政策。马克思和恩格斯指出：“竞争是实际的贸易自由。”① 有商品生产而没有自由贸易，竞争就难以开展。必须指出，在国内市场上实行经济封锁和地方割据，是封建主义的特点，既不利于扩大商品流通和发展商品生产，更妨碍国家的真正统一。“鸡犬之声相闻，老死不相往来”，不利于扬长弃短，发挥优势；不利于按经济区域组织商品流通，实行最有利的交换；相反，只能迫使自己采用“小而全”“大而全”的下策，和发展社会分工、发展社会化大生产的历史趋势背道而驰。实践证明：用限制商品竞销的办法保护地方产品，是一种消极的办法，往往形成压制先进，保护落后。不允许竞销，企业没有外在的压力，不思改进和提高，产品长期没有竞争力，企业到头来还得面临被淘汰

① 《马克思恩格斯选集》第1卷，人民出版社1972年版，第67页。

的危险。相反，取消对外地产品的限制，有意识地让同类商品开展竞争，将迫使企业从实际出发，发挥自己的长处，以至实行自愿联合，争取更大的经济效果，使地方产品在竞争中得到发展。

再次，开展社会主义市场竞争，要求给企业必要的经营管理自主权。赋予企业更多的经营管理自主权，是为了有效地调动企业各方面的积极性、主动精神和工作热情，给企业能够按照客观经济规律办事的必要条件。在市场竞争中，不给企业必要的自主权，犹如叫人参加赛跑，又用绳索拴住他的脚。资本主义市场竞争，总是与同供求关系的变动相适应的市场价格的波动联系在一起。社会主义市场价格，必须保持相对的稳定，但在坚持计划价格的主导地位的前提下，将一部分定价的权力交给企业，使企业可以根据市场供求变化，比较灵活地调整价格，这也是开展竞争的一个条件。同时，社会主义市场竞争，在价格一致的条件下，要更多地表现在提高服务质量方面。商业企业提高服务质量的要求，首先应当是给消费者充分的选择余地，尽可能方便顾客，而要做到这一点，就必须让企业在进货时有权择优选购，在经营中，有权因时因地制宜地设置网点，安排营业时间，选择经营方式，增加营业项目。只有这样，才能更好地适应市场不断变化的需要。

最后，开展社会主义市场竞争，必须贯彻物质利益原则，把企业的经营成果与企业和职工的物质利益联系起来。有了竞争的对手，也有了必要的自主权，还需要有参加竞争的热情。实行商品制度，按理在市场上少不了竞争，就是在全民所有制的企业之间，经营商品品种相同、价格相同的两个商店，在服务态度、服务质量、营业时间等方面也还是有竞争的。购买者的择优选购以及对物美价廉的商品竞相争购，事实上也就是竞争。以往为什么竞争的作用不明显呢？除了人为地排斥和限制竞争外，一个重要的原因是吃大锅饭、平均主义、苦乐不均、赏罚不明，不能调动企业和职工的积极性。因此，要发挥竞争的积极作用，必须认真贯彻物质利益原则和按劳分配原则，企业经营成果应与企业和职工的物质利益相联系，促使企业的领导干部和职工从物质利益上关心经济效果，千方百计地把自己的企业办成先进企业。

（原载《经济问题探索》1981 年第 1 期）

剪刀差浅论

剪刀差问题，是一个重要的理论问题，也是一个重要的政策问题。在工农业产品交换中逐步缩小剪刀差，实行等价交换或者近乎等价交换，是我国一贯采取的一项重大经济政策。我国有十亿人口，八亿在农村，农民是个大头，把农业生产和农民生活安排好，整个中国就安定了，就能加速农业生产的发展，加快实现四个现代化。本文着重对剪刀差的由来及含义，衡量剪刀差大小的标准和理论计算方法，以及缩小剪刀差的途径等问题谈谈自己的看法。

一、剪刀差的由来

剪刀差问题的提出，始于苏联。从十月革命胜利到实行新经济政策时期，工农业产品价格问题，在苏联是一个十分引人注目的问题。工农业之间的不等价交换，不仅引起了农民的严重不满，影响了农业的发展，而且也引起了工人的严重不满，影响了工业的发展。据《苏联共产党（布）历史简明教程》所述："一九二三年秋，经济上的困难略有紧张，这是因为我们的工商业机关违犯了苏维埃的价格政策。工业品价格与农产品价格很不相符。粮食价格很低，而工业品价格则太高。……农民既不利于购买城市商品，于是就停止购买这种商品了。结果便酿成了销售困难的危机，接着便使工业受到影响。在工资发放上感到困难，因而引起工人的不满。在某些工厂中，最落后的工人曾经抛弃过工作。”① 当时，列宁病重卧床，联共（布）中央在斯大林主持下召开的“九月全会”，曾经任命了一个“剪刀差”委员会来处理剪刀差问题，以便“改善农民经济的状况，改善农民的物质生活状况，提高农民的购买力，改善无产阶级和农民之间的相互关系”②。随后，在苏联发起了一个反对“剪刀差”的运动，党和政府采取了一系列有效的措施，使剪刀差扩大的现象得到制止，1924 年春开始缩小。斯大林在 1925 年 6 月的一次演说中讲道：“由此产生了反对所谓‘剪刀差’的运动。你们知道，这个运动已经产生了良好的效果。”③

几乎整个 20 世纪 20 年代，苏联共产党内在剪刀差问题上都存在剧烈的争论。以斯大林为首的联共（布）中央，同以“左”的面目出现的托洛茨基—季诺维也夫“反党联盟”及走向另一极端的布哈林集团，展开了激烈的论战。托—季联盟主张提高工业品的出厂价格，对农民施行最大限度的赋税压榨。布哈林集团则“希望‘解放’市场和规定私人贸易完全自由”，并诬蔑联共（布）“对农民实行军事封建剥削政策”。④ 斯大林严厉反驳了这些论断，并在论战中全面论述了剪刀差的含义、性质、政策以及缩小剪刀差的途径等问题。

斯大林认为应该“把‘剪刀差’理解为从成本方面来看的农产品价格和工业品价格之间的差异”⑤。为此，“农民购买工业品仍然要多付一些钱，而出卖农产品仍然要少得一些钱。……这些多付少得的钱就是向农民征收的一种类似‘贡税’的超额税，即为了工业化而征收的额外税”⑥。斯大林反对那种把剪刀差一概说成“封建剥削”的观点。他说：“苏维埃政权的本质不容许国家对农民有任何剥削。……因为劳动农民物质福利的不断提高是苏维埃社会的发展规律，而这就排斥了任何剥削农民的可能性。”⑦ 斯大林指出，社会主义条件下之所以要保留剪刀差，是“为迅速

---

① 《苏联共产党（布）历史简明教程》，人民出版社 1954 年版，第 350 - 351 页。
② 《斯大林全集》第 7 卷，人民出版社 1956 年版，第 29 页。
③ 同上书，第 146 页。
④ 《斯大林全集》第 12 卷，人民出版社 1956 年版，第 50 页。
⑤ 《斯大林全集》第 10 卷，人民出版社 1956 年版，第 195 页。
⑥ 《斯大林全集》第 11 卷，人民出版社 1956 年版，第 164 页。
⑦ 《斯大林全集》第 12 卷，人民出版社 1956 年版，第 45 - 46 页。

发展我国工业使资金从农业‘流入’工业。……这不仅是工业本身所需要的，而且首先是农业，是农民所需要的，农民现在最需要拖拉机、农业机器和肥料”①。斯大林特别强调保留剪刀差只是一种“暂时的措施”，他主张消灭剪刀差，但不赞同立刻消灭剪刀差。他说：“我们用‘一种类似贡税的东西’的字眼来称呼这种额外税是否正确呢？无疑是正确的。用这些字眼可以提醒我们的同志。征收这种额外税是令人不愉快的，不是出于本愿的，把它长期保留下去是不可容许的。”“我们能不能现在就取消这种超额税呢？可惜不能。我们必须在最近几年内一有可能就取消它。但是现在我们不能取消它。”② 斯大林关于剪刀差问题的上述论点，是十分精辟的。今天看来，也仍然是正确的。然而，苏联在斯大林时代却曾经多次出现剪刀差，甚至一再扩大了剪刀差。“他们采取所谓义务交售制等项办法，把农民的东西拿走太多，给的代价又极低，他们这样来积累资金，使农民的生产积极性受到极大的损害。”③ 应该说，产生这种情况，也同斯大林在通过什么途径来缩小剪刀差的问题上，片面强调“努力实行降低产品成本和降低工业品价格的政策”④ 有关。如果说，斯大林反对抬高工业品价格和降低农产品价格，避免扩大剪刀差，这是完全正确的，那么，他把提高农产品价格看作完全不可取，就值得研究了。正因为长期对农民采取低价格，高征购政策，再加上国营拖拉机站向农庄索取高额实物报酬，影响了集体农民的收入和农庄的公共积累，挫伤了农民的生产积极性，这是20世纪50年代初期苏联农业生产发展缓慢的重要原因。

综上所述，可见苏联在20世纪20年代提出和争论的剪刀差问题，是一个涉及工农业产品价格的问题，其实质是工农业之间不等价交换关系的问题。

① 《斯大林全集》第12卷，人民出版社1956年版，第45－46页。

② 同上。

③ 《毛泽东选集》第5卷，人民出版社1977年版，第274页。

④ 《斯大林全集》第12卷，人民出版社1956年版，第40页。

二、剪刀差的含义

探索剪刀差的由来，有助于理解剪刀差的含义。要正确理解剪刀差的含义，还必须认真体会斯大林的原意。

对于斯大林提出的要“把‘剪刀差’理解为从成本方面来看的农产品价格和工业品价格之间的差异”，显然应理解为，由于工农业产品价格与其价值的近似值相背离的方向或程度不一致，而形成的剪刀状差距。当交换价格不利于农产品时，称之为剪刀差，当交换价格不利于工业品时，称之为反剪刀差。当然，成本并不就是价值的近似值，但成本应是计算近似价值量的重要依据。因为剪刀差的实质，是体现了工农业产品之间的不等价交换关系，所以斯大林所说的“成本”，必须理解为价值的近似值。这个近似值，在存在剪刀差的情况下，既不应是商品的个别成本加利润，也不能是平均中等成本和计划利润。剪刀差越大，按照实际成本加利润所计算的价值的近似值，其真实性就越小。例如，我国工业品成本中的工资和农产品成本中的人工作价，作为商品价值中 V 的部分的货币表现，同活劳动所创造的价值（$V+M$），事实上远远没有表现为同等的比例关系。一个农民所创造的净产值，只相当于一个工人所创造的净产值的八分之一，也不能认为是同他们所创造的价值的比例相符的。这是我们在理解斯大林所指的“成本”时应注意的问题，也是我们在研究如何衡量和计算剪刀差时必须注意的问题。

斯大林把剪刀差表述为“从成本方面来看的农产品价格和工业品价格之间的差异”，和恩格斯的说法是一致的。恩格斯在谈到早期商品交换中人们摸索计算商品价值量的方法时说：“对于谷物或牲畜来说，这个劳动量又怎样——即使只是间接地、相对地——计算呢？……每个人必须大体收回成本这一点又总是会帮助找出正确的方向。”① 斯大林的表述虽非无懈可击，但比之单纯看价格动态要科学得多，而且比之只强调以价值为准尺

① 马克思：《资本论》第3卷，人民出版社1975年版，第1017页。

要切合实际。

大家知道，解释剪刀差的传统说法，无论“是指工农业产品价格指数之间的剪刀状差距”或“是指工农业商品交换比价的表现趋势在图表上所反映的形状”以及“是指工农产品交换比价变动的一种趋势，即工业品价格相对越来越贵，农产品价格相对越来越贱”。这种从工农产品比价指数的角度来考察剪刀差的论点，已经不能解释实践所提出的许多问题。诸如，从工农业产品比价指数看，我国业已出现“反剪刀差”，而许多事例却又说明剪刀差的差距还不小，价格不变或比价不变，并不能说明剪刀差没有变化，甚至在农产品价格相对提高，一定量的农产品换得的工业品越来越多时，也不能说明剪刀差就是缩小了，更不能说明剪刀差已不复存在。当工业品价格减低的幅度小于成本降低的幅度，而农产品价格提高的幅度也小于成本提高的幅度时，这种情况更为明显。由此可见，工农业产品比价的变动，固然在一定程度上反映了剪刀差的变化，但并不能确切地反映剪刀差的状况。

有的同志认为，应该把剪刀差理解为“工业品价格一般高于价值，农产品价格一般低于价值的不等价交换关系”或“工农业产品价格比例不符合其价值比例的不等价交换”。就反映不等价交换关系来说，从价值方面来看比之从成本方面来看，无疑更符合价值规律的要求，即商品应按照由生产商品的社会必要劳动时间所决定的价值量进行交换。然而我们不应忘记，斯大林是一位精通马克思主义政治经济学的经典理论家，绝不会不了解商品成本和商品价值是有差别的，也许正是注意到这种差别，他才着重指出剪刀差是从成本方面来看的工农业产品价格的差异。因为商品的价值是看不见、摸不着的，商品价值量随着劳动生产率的变动而反比例变动着，而且千千万万种商品的价值量又是不规则地变动着，所以迄今还未能提出关于价值量的科学计算方法。这样，如果要把剪刀差理解为从商品价值方面来看的工农业产品价格的差异，那就无从进行定量分析，不能说明剪刀差是扩大还是缩小以及剪刀差的大小程度，从而也无法检查缩小剪刀差政策的实现情况。强调理论是行动指南的斯大林，当然不肯这样做。

三、剪刀差的衡量标准和计算方法

把剪刀差理解为由于价格与价值的近似值（近似价值量）相背离而形成的剪刀状差距，那么衡量剪刀差大小的标准，就应该是工农业产品价格与其近似价值量背离的程度。

从工农业产品的总体来讲，在商品总价格等于商品总价值的条件下，剪刀差的表现形式只能有一种，即工业品总价格高于其近似价值总量，农产品总价格低于其近似价值总量，即表现为“资金从‘农业’流入工业”。

从单个工农业产品来讲，剪刀差的表现形式就复杂得多，大体有以下几种情况：

（1）工业品价格高于近似价值量，农产品价格等于或低于近似价值量。

（2）工业品价格高于近似价值量的幅度，大于农产品价格高于近似价值量的幅度。

（3）工业品价格等于近似价值量，农产品价格低于近似价值量。

（4）工业品价格低于近似价值量的幅度，小于农产品价格低于近似价值量的幅度。

不论是从整个工农业产品来讲或是从单个工农业产品来讲，也不论是从单个工农业产品剪刀差表现的某种形式来讲，都是以商品的近似价值量为准尺，价格与近似价值量不同方向、不同程度的背离，标志着剪刀差的具体状况，剪刀差存在与否及存在的大小。

测算剪刀差的方法论问题，关键在于解决近似价值量的计算问题。商品的价值可以分为两部分：一部分是产品生产过程中物质消耗的价值，即转移价值；另一部分是产品生产过程中新创造的价值，即净产值。在计算近似价值量时，也相应地分为两个部分。

由于每一种生产资料的价格和价值都不完全一致，要精确计算生产成本中物质费用所代表的真实价值，是很难办到的事。同时，只要商品生产中物化劳动消耗量符合中等水平，物质费用是可以列入成本，并在价格中如数收回的，因此，在测算商品的近似价值量时，转移价值部分可以用生产成本中的部门平均物质费用（C）来代替。

净产值也可以分解为两部分：一部分是付给物质生产部门劳动者的工资及职工福利基金等（V）；另一部分即生产过程中新创造的价值减去V后剩余的部分（M）。如果对工农业产品近似价值量中的M，采用一个平均工资利润率（P）来计算，而P又等于国民收入中的M占国民收入中V的份额，那么，我们在计算净产值和近似价值量时，剩下的就是要确定V的数值。

前面我们讲过，在存在剪刀差的情况下，按实际成本加利润所计算的近似价值量，同价值不甚符合，这样计算出来的工业品近似价值量会高于价值，而农产品近似价值量又会低于价值。要减少这种误差，就必须找出由于向农民征收“超额税”，由于让资金从农业“流入”工业，因此农民的实际收入便低于工农平均应得的收入的数值。在计算中，每一个劳动者的工作量和实际收入水平，都是可以确定的。但要把工农业劳动相加并计算平均数，就应先把工业劳动和农业劳动折算为可比劳动量，即换算为同一尺度的劳动量。例如，有的同志采用经验估算法，在研究苏联剪刀差时，把工业劳动作为标准劳动，等于1，把国营农场的劳动作为0.85，把集体农庄的劳动作为0.7。① 有的同志认为，我国集体农业劳动力只能按0.3的比例折算为以工业劳动力为标准的约当量。我以为，复杂劳动折算为简单劳动的倍数，主要是考虑劳动力的技艺水平及劳动力的强弱等因素。同时考虑到我国工业劳动者所受的技术训练也并不充分，把我国农业劳动按0.5折算为以工业劳动力为标准的约当量，也许更适当一些。当然，到底根据哪些原则和按照什么比例进行折算，还有待于我们从理论上进行深入的研究，并在长期实践中加以检验和校正。在把工农业劳动日折算为标准劳动日之后，以工农业产品耗费的标准劳动日总数（T）除国民收入中的V，求出标准劳动日应得的货币收入（V_0）。以V_1代表工业标准

① 中国社会科学院世界经济研究所编：《国外农业简况和工农产品比价问题》，中国财政经济出版社1979年版，第158页。

劳动日的实际收入，以 V_A 代表农业标准劳动日的实际收入，可以计算出标准劳动日应得的货币收入相当于实际收入的倍数，称为劳动报酬差额系数，工业为$\frac{V_0}{V_1}$，农业为$\frac{V_0}{V_A}$。

故此，可列出计算工农业产品近似价值量的公式为：

（1）某类或某种工业品的近似价值量 $= C + tV_1 \times \frac{V_0}{V_1} + tV_1 \times \frac{V_0}{V_1} \times P$

式中，C 为工业单项产品生产成本中部门平均物质费用；t 为工业单项产品所消耗的标准劳动日；V_1 为工业单项产品标准劳动日的实际收入；tV_1 为工业单项产品生产成本中的工资及福利基金；V_0 为标准劳动日应得的报酬；$\frac{V_0}{V_1}$为工业劳动报酬差额系数；P 为平均工资利润率。

（2）某类或某种农产品的近似价值量 $= C + tV_A \times \frac{V_0}{V_A} + tV_A \times \frac{V_0}{V_A} \times P$

式中，V_A 为农业单项产品标准劳动日的实际收入，其余亦与工业品类同。以上两公式用文字表述：

$$某类或某种产品的近似价值量 = 物质费用 + 工资福利费 \times \frac{劳动报酬}{差额系数} \times \left(1 + \frac{工资}{利润率}\right)$$

并可演变为：

工农业产品近似价值量 $= C + tV_0 + tV_0P$　　即：

$$工农业或单项产品近似价值量 = 物质费用 + \frac{标准劳动}{日消耗量} \times \frac{标准劳动日}{应得报酬} \times \left(1 + \frac{工资}{利润率}\right)$$

有了工农业产品的近似价值量，剪刀差的理论计算公式即为：

工农业产品剪刀差 =

$$\left[\left(1 - \frac{按收购价计算的农业总产值}{农产品近似价值量}\right) + \left(\frac{按销售价计算的工业总产值}{工业品近似价值量} - 1\right)\right] \times 100\%$$

四、缩小剪刀差的途径

实事求是地说，关于剪刀差的计算方法，我所设计的公式，既不是精确的，也不是高明的，仅仅是在探索。

在探索的过程中，力求紧紧抓住三条线索：

第一，把剪刀差理解为从成本方面来看的工农业产品价格之间的差异。

第二，等量劳动创造等量价值的原理。

第三，等量劳动领取等量报酬的原则。

现在，姑且依据上述计算公式，分析和探索缩小剪刀差的正确途径。

总的说来，在以下四种情形下，剪刀差都会缩小，即农业总产值增加，工业总产值减少，农产品近似价值量减少，工业品近似价值量增加，都有利于缩小剪刀差。但是，从社会进步的意义上来说，不能认为增加工业品近似价值量或降低工业劳动生产率是可取的。因此，缩小剪刀差的基本途径，应该是：

第一，努力提高农业劳动生产率，争取农业劳动生产率提高的速度赶上或超过工业劳动生产率提高的速度。农业劳动生产率提高了，无论表现为农业总产值的增加，或是表现为农产品近似价值量的减少，都可以缩小剪刀差。但是，如果农业劳动生产率提高的速度赶不上工业劳动生产率提高的速度，在其他条件不变的情况下，剪刀差并不能缩小。三十年来，我国工农业产品比价有了很大的变化，一定量的农业产品换得的工业品增长很多，但剪刀差依然存在，根本原因就在于农业劳动生产率提高的速度远远赶不上工业劳动生产率提高的速度。但如果因为农业劳动生产率提高较慢，就认为“只有提高农产品收购价格才是缩小剪刀差的切实可行的办法”，这也是欠妥的。事实上，我国提高农业劳动生产率，具有非常大的潜力。同经济发达的国家相比，我国工业劳动生产率是落后的，但农业落后得更多。并且就是在经济发达的国家，农业劳动生产率增长的速度，有时也能超过工业劳动生产率增长的速度。据计算，第二次世界大战以来，美国农业劳动生产率发展速度约为工业的两倍，西德农业劳动生产率提高了五倍，也明显地快于工业。① 近年来，我国有些地方通过调整生产关系，广开生产门路，农业产值和农民收入都成倍增加。国内外的这些事例，充分证明农业劳动生产率的大幅度提高，并非绝对办不到的事。

第二，适当调整工农业产品比价。工农业产品比价同剪刀差，是两个既有区别又有联系的概念。如前所述，比价并不能确切反映剪刀差的状况，但不可否认，有利于农业的比价调整，也是有利于缩小剪刀差的。提高农产品收购价格，可以增加农业总产值，降低工业品的销售价格，可以使工业总产值不会同劳动生产率表现为同等程度的增长，尤其是降低农业生产资料的销售价格，还可以降低农产品近似价值量，有助于缩小剪刀差。因此，当农业劳动生产率仍然赶不上工业劳动生产率增长的速度时，对工农业产品比价进行有利于农业的调整，也是十分必要的。不然，剪刀差就会呈现不断扩大的趋势。但是，提高农产品收购价格涉及面广，连锁反应大，因价格偏低而必须调价的，也应该有计划有步骤地、分期分批地进行，避免一次调价幅度过大。降低工业品销售价格包括降低农业生产资料的销售价格，一定要以提高工业劳动生产率和降低工业生产成本作基础。不具备降价条件的，不宜勉强调价。马克思指出："商品的市场价格，归根到底应由各商品的价值来调节。"② 正常的工农业产品比价，应是工农业产品的价格基本上符合价值。使工农业之间能实行等价交换或近乎等价交换。一般说来，正因为价格背离了价值，才有调整比价的必要，切不可因调整比价而使价格更加背离价值。经验证明，提高农产品价格和降低工业品价格，都必须考虑到国家财力的可能和工业能够供给农民的商品数量。否则就会引起财政赤字，影响市场物价的稳定。农民虽然增加了货币收入，但是买不到相应的工业品，依然得不到提价的实惠。甚至在农产品收购价格提高后，迫使某些工业品价格上涨，造成轮番提价的后果。

第三，改进农业技术装备，提高农业投资效率。增加和改进农业技术装备，有利于农业劳动生产率的提高，减少单位农产品中物化劳动的消

---

① 中国社会科学院世界经济研究所编：《国外农业简况和工农产品比价问题》，中国财政经济出版社 1979 年版，第 112－113 页。

② 《马克思恩格斯选集》第 2 卷，人民出版社 1972 年版，第 190 页。

耗，降低农产品的近似价值量，从而有利于缩小剪刀差。我国农业技术装备低，是农业劳动生产率低、抗灾能力弱、新中国成立后还长期存在剪刀差的一个重要原因。要改变农业落后状况，就要增加和改进农业的技术装备。改进农业技术装备所需要资金的来源，主要依靠农业内部的积累，但国家财政的支援，也是不可缺少的。因此，根据需要和可能，使农业投资占国民经济总投资的比重有所上升，使财政支出中用于发展农业的数额有所增加，对于缩小剪刀差甚为重要。当然，这绝不是说农业积累率越高越好，花在农业上的投资越多越好。不讲求实效，投资效率下降，引起农业生产成本上升，农民实际收入减少，反而不利于缩小剪刀差。苏联在勃列日涅夫上台后，农业投资大量增加，但投资效率下降，农业成本不断上升。为了避免农业生产下降而三番五次提高收购价格，使财政背上越来越沉重的包袱，值得引以为戒。要提高农业投资效率，不仅要提高农产品产量，而且要节约劳动消耗。必须克服那种不惜工本、不计成本、不讲盈亏的片面性，要贯彻投资少、收效快、收益大的原则。不论是兴修农田水利工程或是增添农业机械设备，都要讲求经济效果。要少花钱，多增产，减少单位农产品物化劳动的消耗量。

（原载《陕西财经学院学报》1983 年第 4 期）

浅议买方市场

近年来，经济理论界开展了买方市场问题的讨论，不少同志发表了有益的见解，读之深受启发。这里主要就买方市场的概念和性质，谈一点不成熟的看法。

一、买方市场与供大于求

供给是满足消费需求的物质准备，供给适应需求，是买方市场赖以建立的一个必要条件，没有与需求相适应的供给，消费者没有选择的余地，就没有发言权，买方市场就无从谈起。然而，能不能说供大于求就是买方市场呢？我看这是值得商榷的。

在关于买方市场的讨论中，有些同志偏重于商品的供求情况，认定供大于求就是买方市场。有的同志说，传统的买方市场的概念来自资本主义国家，“当求大于供，时价高于生产价格，使卖主能获得超额利润时，就是卖方市场，反之，就是买方市场”①。有的同志说：“买方市场，指市场上商品供过于求的情况。”② 还有的同志进而认为买方市场实际上是供大于求的代名词，主张最好还是用人们所熟悉的供大于求的概念。③ 我认为，

① 王才楠：《关于卖方市场和买方市场的探讨》，《财贸经济》1983 年第 5 期。

② 江瑞：《对“买方市场”和“卖方市场”问题的商榷》，《财贸经济》1983 年第 2 期。

③ 参见《“买方市场”，“卖方市场”的讨论之一》，《经济学周报》1983 年 10 月 17 日。

供求状况固然是买方市场能否建立的重要标志，但买方市场毕竟不应和供大于求画等号。

追根溯源，造成“供大于求即买方市场”的概念混淆的，首先起之于市场学。西方市场学著作和我国不少市场学论著，在谈及市场营销观念的演变时，一般认为20世纪30年代前后，资本主义国家经历了由求大于供到供大于求的转变，并说这也就是由卖方市场到买方市场的转变，他们宣称，直至20世纪20年代，甚至30年代，资本主义“市场的基本趋势是求过于供的卖主市场，产品销售不是企业的根本问题”。① 关于什么是买方市场，这里姑且不论，仅就“市场的基本趋势是求过于供”来说，这种对进入垄断阶段的资本主义市场的评价，显然与马克思主义政治经济学的观点不甚符合。资本主义的生产在追逐利润的动机驱使下，有无限扩大的倾向，而另一方面，由于广大劳动人民受剥削，消费能力相对狭小，这必然要造成供大于求。也许正是有鉴于此，有的作者在谈到“十九世纪末到二十世纪三十年代，由于市场的迅速扩大，社会产品基本上是求过于供，在卖主市场的条件下，生产企业不愁产品销售不出去”时，特别加了个注解：“这情况主要指当时的美国，因为销售学的概念，首先是美国提出来的。”② 究竟20世纪30年代以前，美国市场的基本趋势怎样呢？纵观一百多年来的美国经济史，自从1836年英国的经济危机波及美国以后，历次世界性的经济危机，美国都不能置身度外。在资产阶级经济学家的笔下，也并不回避美国在“十九世纪七十年代、八十年代和九十年代都有萧条期和其他周期性衰退”③，“一八七三年至一八七八年和一八九三年至一八九七年都发生了严重的经济萧条”④，接着是“一九〇七年的恐慌”⑤，“一九

① 罗真耑：《一门新兴的市场管理科学——现代销售学》，《国际贸易问题》1982年第4期。

② 北京外贸学院：《出口销售概论》，中国对外经济贸易出版社1983年版，第8页。

③ H. N. 沙伊贝等著：《近百年美国经济史》，中国社会科学出版社1983年版，第32－33页。

④ 同上书，第34－35页。

⑤ 同上书，第273页。

一四年欧洲的枪声一响，立即引起美国的经济一片混乱”①，战后不久又出现了“一九二〇年至一九二二年的经济萧条”②。历史资料表明，在20世纪30年代以前的近百年中，美国不仅有周期性的经济危机，并且不时发生“有些是比较带地方性的，而有些是比较带特殊性的”中间性危机。③当然，这不是说资本主义社会一直处于危机之中，更不排除资本主义市场也常有供不应求的现象，在特定情况下，甚至也有物资十分匮乏的时期。例如，在能源危机后，“一九七三年夏天，在美国出任何的价格也不容易买到肉类。家禽、乳品和糖等等的缺乏，足与战时抗衡……”④ 但是，资本主义社会的每一次危机，尤其是30年代初期那场震撼世界的大危机，绝不是一朝一夕就会酝酿成熟和爆发起来的，实际上，资本主义社会在危机爆发以前，生产的扩大，已经日益脱离消费的基础，已经大大地超过消费能力，在繁荣阶段已经累积了越来越多的使危机爆发的因素。

列宁指出：“危机是什么？是生产过剩，生产的商品不能实现，找不到需求。”⑤ 尽管危机的表现形式和具体进程在不同国家和不同时期有所不同，但生产过剩确是经济危机最普遍的现象，要讲“基本趋势”，应当说，一百多年来，包括美国在内的主要资本主义国家，市场的基本趋势早已是供过于求。因此，如果说资本主义国家在30年代出现了买方市场，是不能仅仅用供大于求来加以说明的。同样的道理，我们今天如果简单地把供大于求等同于买方市场，有很多问题也是难以解释清楚的。例如，就整体而言，是否商品可供量大于社会购买力的年份，就是买方市场，就局部而言，某类商品出现了供大于求，是否就是出现了买方市场，一旦供求情况

---

① H. N. 沙伊贝等著：《近百年美国经济史》，中国社会科学出版社1983年版，第292页。

② 同上书，第315页。

③ 恩格斯：《致伯恩斯坦》，载《马克思恩格斯全集》第35卷，人民出版社1975年版，第259页。

④ 石衍长：《行销管理学》，正文书局1980年版，第47页。

⑤ 列宁：《评经济浪漫主义》，载《列宁全集》第2卷，人民出版社1960年版，第135－136页。

发生变化，又是“由买方市场转为卖方市场?”① 再说，由于质次价高，货不对路引起的呆滞、积压，也算是供大于求，从而叫做“买方市场”吗?

二、买方市场与消费者权利

供大于求并非消费者（买方）的全部利益所在，买方市场应当是“真正为消费者服务，听消费者意见，由消费者作主的市场”②。在买方市场上，消费者具有绝对的权威。

一般说来，供大于求的市场局势，总是对消费者（买方）相对有利的。供大于求不仅使消费者有更多的选择余地，卖方的竞争也使得为消费者提供的服务越来越多。但在资本主义制度下，供大于求并不能保证消费者的权利和利益得到应有的尊重。根据西方市场学的记载，20 世纪 20 年代中期，出现了消费者主义（consumerism）这个名词，是后不断兴起消费者运动。

所谓消费者运动，共目的在于从“法律、道德和经济方面，组成对商业的压力，以保护消费者”。“设法觅致增加买主对卖主的权力与权利”③。据称消费者运动的历史，“远在美国一九六〇年代的实践主义以前。即已开始。……现时美国的消费人运动，只能算是消费者主义的第三次浪潮。第一次发生于一九〇〇年代早期。第二次却在不景气的年代”④。

具有讽刺意义的是，西方买方市场的概念，几乎是与消费者运动同时出现。有人说，20 世纪 30 年代，资本主义买方市场出现了，但消费者主义这个名词也在那时出现了。有人又说，战后经过几年的经济恢复和发展，50 年代资本主义买方市场确立了，但消费者运动也进入了一个新的阶

---

① 《浙江市场出现新情况：一些商品由买方市场转为卖方市场》，《经济参考》1983 年 5 月 30 日。

② 刘国光：《再论买方市场》，《财贸经济》1983 年第 9 期。

③ 石衍长：《行销管理学》，正文书局 1980 年版，第 66 页。

④ 同上。

段，即进入“一九六○年代的实践主义”阶段。

消费者运动是资本主义供给与需求之间对抗性矛盾的产物。为了使商品的价值得以顺利实现，取得满意的利润，并在竞争中立于不败之地，资本主义企业必须深入地了解并力求适应消费者的需求和欲望来组织营销活动，但要真正做到“一切为了消费者”，切实维护消费者的权利和利益，乃是与资本主义的本质不相容的。资本家称“顾客就是上帝”，只是为了宣传，“顾客就是财神”，才货真价实。资本家对顾客谈不上什么真情实意，他们对顾客口袋中的钞票，才真的具有特殊的感情。为了达到赚钱的目的，资本家总是不惜采用一切卑鄙手段，千方百计打击竞争对手，蒙骗消费者。罗森伯说：消费者运动是资本主义“商业行为的失败”和“消费人最无法容忍的失望”①。在对比分析了资本主义市场上买卖双方的权利以后，他又说：“研究了买客卖主这些传统权利以后，我们可以得一结论，即权力的平衡目前在卖主。消费人主义就是社会企图纠正这不平衡的情形。”②

在资本主义制度下，消费者运动能获得什么结果呢？自 1906 年至 1974 年的近 70 年间，在保障消费者权利方面，美国的法律曾产生四大“主流”，即掀起过四次高潮，但结果无非是增加了一些涉及部分商品的安全法案罢了。对消费者运动的要求，资本主义企业及其代言人，有的是置之不理，我行我素，有的是变换手法，趁机牟利，有的是干脆拒绝，甚至采取威胁的口吻说，消费者运动对消费者是不利的，“因商界更关切到社会责任的目标，成本将增加，结果消费品的价格也将上升”③。资产阶级经济学家至今不得不承认，消费者主义“这个名词通常所指者，是现正享受着生活优裕的人，亦即中上阶级的人”。“消费者保障是低收入美国人最主要的问题。……穷人缺乏资料与技能，而这些又是在市场销售体系内，做到最佳购买和交易的主要条件。低收入消费者往往是高价钱的受害人。购买相同的货物与服务，要比中等阶级付出更多的代价。”④ 因此，“解决穷

① 石衍长：《行销管理学》，正文书局 1980 年版，第 67 页。
② 同上。
③ 同上书，第 83 页。
④ 同上书，第 68 页。

人消费问题，端赖商业与政治的改变”①。

社会主义社会从根本上克服了生产同消费之间的对抗性矛盾。生产的目的是为了满足人民的日益增长的物质文化需要，一切为了消费者，是社会主义基本经济规律的要求。社会主义企业的一切营销活动，紧紧围绕着消费者的需要这个中心，切实维护消费者的权利和利益是理所当然之举。关心并了解消费者的需要，生产经营活动力求满足这个需要，既是消费者的愿望和权利，也是社会主义企业生产和经营的目的。早在20世纪50年代，我国社会主义商业部门就已经总结并提出：坚持为工农业生产服务，为人民生活服务，必须牢固树立马克思主义的政治观点、生产观点和群众观点。“三大观点”的确立，鲜明地体现了社会主义商业的性质，也是社会主义企业树立更完备的，一切为了消费者，尊重消费者权利和利益的现代营销观念的先导。

三、资本主义买方市场

随着资本主义经济的发展，资本主义基本矛盾日益尖锐化，在竞争日益剧烈的条件下，供大于求的市场局势和消费者运动，双双施压于资本主义企业，迫使它们在不断总结和积累经营管理经验的基础上，改革企业营销管理的哲学。20世纪以来，资本主义企业营销观念的发展，大体经历了四个阶段，即生产观念、营业观念、市场营销观念和社会营销观念阶段。前两个阶级和后两个阶段的主要区别在于：前者以卖方的要求为中心，后者以买方的要求为中心，前者认为销售的职能就是卖出商品，后者认为营销是以产品和服务来满足消费者需求的综合活动过程。市场营销观念设想：第一，消费者确知自己的需要；第二，企业应关心并善于发现这些需要；第三，企业能依据有效的资料致力于使生产适应这些需要；最后，产品和服务真正符合消费者的愿望和企业的保证。

假如资本主义企业真能确立一切为了消费者的营销观念，实现上述设

① 石衍长：《行销管理学》，正文书局1980年版，第68页。

想，则消费者的权利和利益将获得尊重，“买方市场”也将名副其实。然而，在资本主义制度下，尽管“以消费者为中心”这一口号叫得很响亮，但真正的中心却在于“满足消费者是赚钱最可靠的途径”。[①] 资本家在口头上说，谋求企业经济效益应与谋求社会经济效益相结合，满足消费者需求及维护消费者与社会公众的长期福利，是企业的根本目的与责任，但实际上，“何者是公共利益，将难得到适当的定义。更难的是，当两者有冲突时，作有利于公共利益的决定”。[②] 市场营销观念和社会营销观念被资产阶级市场学者吹得天花乱坠，似乎资本家为了赚钱的目的有必要讨好消费者，因而就会自觉地维护全社会和消费者的利益，资本家的利益和消费者的利益也就被从“观念”上“统一”起来了。历史揭穿了这一谎言。事实证明，在资本主义制度下，什么“以消费者为中心”“保护全社会和消费者的利益”，都只能是粉饰太平的骗人的口号，市场营销观念的美妙设想是不可能实现的。德鲁克（Drucker）认为，营销观念“经过二十年之后，消费者主义会变成一有力的、流行的运动，证明没有多少市场营销被实施过。‘消费者主义’是‘市场营销的耻辱’”。[③]

从根本上说，资本主义市场，包括所谓“买方市场”，对于占消费人口绝大多数的劳动人民，始终是极为不利的。供大于求不是对买者相对有利吗？从某些方面来说也许是有利的，但资本主义的供大于求是以劳动者的贫困化为前提的相对生产过剩。相对的生产过剩和人口过剩，以及经济危机所引起的巨大浪费，最终又必然要加剧劳动者的贫困化。对资本家来说，供求形势的变化，仅仅意味着“比赛的规则……有了改变”。就市场的总体而言，即使供大于求，时价也不能低于生产价格，西方国家陷入“滞胀”经济的困境，深刻地表明消费者的负担难以减轻。资本主义生产目的决定了，没有平均利润，“上帝”也呼唤不灵。卖者的竞争是否对买者有利呢？从现象来说也许是有利的，但资本主义竞争是资本家之间带有

① 石衍长：《行销管理学》，正文书局 1980 年版，第 40 页。

② 同上书，第 60 页。

③ 菲利普·科特勒：《行销管理》，楼钧穗等译，中兴管理顾问公司 1979 年版，第 19 页。

完全敌对性的冲突“使商业丧失了道德的最后一点痕迹”①，竞争的费用全部由消费者支付，在竞争中受害最深的是劳动人民。消费者运动能否改善消费者的处境呢？美国消费者运动七十多年的历史说明，这个运动最多只能争取资产阶级为缓和阶级矛盾作一点小小的让步，或者说对“合法的欺诈”稍加限制，但不能根本改变消费者的不利处境。供大于求，卖者的竞争，消费者运动，如此而已。除了这些，资本主义的买方市场还有什么呢？斯大林说得好：“资本主义生产的目的是取得利润，至于消费，只有在保证取得利润这一任务的限度内，才是资本主义所需要的。在这以外，消费问题对于资本主义就失去意义，人及其需要就从视野中消失了。”②

回顾资本主义买方市场的历史，也很能说明问题。20 世纪 30 年代以前，资本主义社会即已存在供大于求，却并未出现买方市场。30 年代以后，科学技术的进步和生产力的发展，使供大于求的形势越发明显，消费者运动更声势逼人，要多赚钱就不得不多伤脑筋，打出“以消费者为中心”的幌子，把市场称之为“买方市场”，可以说是一个聪明的骗局。资本主义社会的商品供求关系，深刻地反映了资产阶级和无产阶级之间剥削与被剥削的关系。要改变供求关系的性质，绝不能依靠一般的“商业与政治的改革”。无产阶级只有用暴力革命的手段，剥夺剥夺者，摧毁资本主义雇佣劳动制度，才能彻底改善自己的经济地位和生活状况，真正一切为了消费者的买方市场也才能建立起来。

四、社会主义买方市场

社会主义统一市场，是在生产资料公有制基础上，全心全意为人民服务的市场，从本质上说，社会主义统一市场是为消费者服务的市场，也就是为买方服务的市场。社会主义买方市场，应当是真正为消费者服务，听

① 恩格斯：《政治经济学批判大纲》，载《马克思恩格斯全集》第 1 卷，人民出版社 1975 年版，第 614 页。

② 斯大林：《苏联社会主义经济问题》，载《斯大林选集》下卷，人民出版社 1979 年版，第 598 页。

消费者意见，由消费者作主，能最大限度地满足消费者需要的市场。

消费者的具体情况各有不同，消费需求千差万别。在社会主义市场上，消费者的共同愿望和要求，可以概括为以下四点：

第一，商品称心。商品是满足消费需求的物质基础，消费者的第一位要求，就是能买到称心如意的商品，要实现这一点，必须力求做到商品数量充足，花色品种齐全，质地优良，价格合理，让顾客有自由挑选余地。

第二，购买方便。在购买过程中，个人消费者一般都希望少操心，少走路，少花时间就能买到自己需要的商品，生产消费者也总是希望减少采购所花的时间和精力，取得最适用的生产资料，加速生产过程。要实现这一点，必须在销售网点的布局，营业时间、服务项目、售货方式的安排等方面，尽量方便顾客，力求符合消费者的愿望。

第三，服务周到。消费者要求提供的服务是多方面的。优质、周到的服务，在于处处想到消费者的需要，事事维护消费者的利益。要实现这一点，服务人员要有高度的职业修养，熟悉市场消费需求，熟悉所经营的商品，主动当好顾客的参谋，提供消费者所需要的各种服务。

第四，态度热情。社会主义的供求关系，是劳动人民内部同志式的互助合作关系。要真正体现这种关系，服务人员对顾客应有满腔热忱的服务精神，设身处地为消费者着想，主动热情、耐心周到地接待顾客，把顾客当亲人，使顾客高兴而来、满意而去。

要求社会主义统一市场满足消费者的上述基本要求，是新社会的主人——劳动人民的不可侵犯的权利。真正满足这些要求，至少要具备两个方面的条件：一是有计划地组织供求平衡，使供给基本适应于需求；二是奉行全心全意为人民服务的宗旨，确立一切为了消费者的现代营销观念。

为了最大限度地满足消费者的需要，应当建立什么样的市场局势呢？供不应求当然不行。需求要靠供给来满足，供不应求首先就不能满足消费者的需要，在供不应求的条件下，生产者不思改进产品，经营者不思改进服务，什么商品称心、购买方便、服务周到、态度热情都难以做到。供大于求是否就一定好，且不说供大于求对生产者和经营者的不利影响，就是对消费者，也不完全是好事。如果供大于求意味着社会劳动的分配不符合社会对各类商品需求的比例，有一部分社会劳动暂时多占用了，甚至是浪费了，那就必然会妨碍社会需要最大限度的满足。无论供不应求或是供大于求，都会妨碍社会经济效益的提高，对生产者、经营者和消费者都是不利的。

建立社会主义买方市场，虽然不能要求供求完全相等，但应力求供求基本相适应。供和求基本适应，有利于兼顾生产者、经营者和消费者的利益，有利于兼顾买方和卖方的利益，有利于实现社会主义生产的目的。对大多数商品来说，供和求基本适应，包含了有的同志说的“使生产和供给略大于直接的需求”①。这是因为综合平衡中计划应留有余地、留有后备。随着生产的发展和需求的增长，余地和后备一般也应扩大，这种余地和后备，“本身就是总的平衡关系里面的一个构成要素”②。因此，应视作为了满足需求所必需的，或者说是与总需求相适应的总供给的一部分，不应与可以被理解为比例失调的供大于求混同起来。供求基本相适应并不排除多渠道购销，以及在竞争中淘汰那些质次、价高、过时的产品，资本主义社会在不同的供求形势下，同样都存在竞争，社会主义社会为什么必须供大于求才有竞争呢？供和求基本相适应，并非需要几个就生产几个，不给顾客挑选，如果我们的商店里经过顾客挑选都只剩下质次、价高、过时的商品，同时消费需求尚未满足，这就不应当叫作供给基本适应需求，而是存在供不应求了，供求基本相适应，也不是一切商品都要满足需求，对某些无益的消费品，为了维护全社会和消费者的利益，就不应该充分供给。如卷烟之类的商品，应保持紧张的平衡，以便维持国家的高价格、高税收、高积累，适当限制消费。对某些有害人民身体健康或含有精神污染的商品，则应加以取缔，不允许在市场出现。也不能设想，建立社会主义买方市场，就一定能完全避免出现供不应求的现象，就某些非人民生活必需品来说，供求基本相适应只能是防止供求脱节时间过长，缺口过大。

建立供给与需求基本相适应的市场局势，必须确立一切为了消费者的营销观念，只有在现代营销观念引导下，才能深入了解消费需求的发展变化趋势，从应该和可能满足的消费需求出发，有计划地组织生产和流通，

① 刘国光:《再论买方市场》,《财贸经济》1983年第9期。

② 同上。

保持商品可供量与社会购买力的基本平衡。建立了供求基本相适应的市场局势，也还要以一切为了消费者的营销观念作指导，真正为消费者服务，听取消费者意见，由消费者作主，自觉维护消费者的权利和利益，在一定的生产力发展水平和物质条件下，争取最大限度地满足消费者的需要。

从我国目前情况来说，供给适应需求和自觉维护消费者利益，这两个条件都还不完全具备，某些地方部分商品出现供大于求，就叫喊“形势大好，生意难做”“形势大好，厂长难当”，或简单地说是出现了“买方市场”，这虽然是与资本主义“聪明的骗局”有本质的区别，但至少也带有片面性，社会主义买方市场的建立，不仅要进一步发展生产，使供给总量和构成更加适应需求，而且要进一步明确生产的目的，牢固地树立一切为了消费者的营销观念。因此，从物质基础和思想基础这两个方面看，我国社会主义买方市场还处在逐步形成的过程中。

（原载《安徽财贸学院学报》1984年第4期）

按商业原则组织物资流通

党的十二届三中全会通过的《中共中央关于经济体制改革的决定》（以下简称《决定》），规定了以城市为重点的整个经济体制改革的方向、性质、任务和各项基本方针政策，是指导我国经济体制改革的纲领性文件。《决定》所提出的一系列重大理论问题和实际问题，不仅为经济体制改革，也为物资流通体制改革奠定了理论基础，描绘了基本蓝图。本文主要就社会主义物资是商品，应按商业原则组织物资流通，谈一点个人初步学习《决定》的体会。

一、社会主义物资是公有制基础上的商品，这是进行物资流通体制改革的理论基础

我国原有的物资流通体制，以高度集中的行政管理为主要特征。这种体制的重要理论基础，就是不承认社会主义全民所有制内部流通的生产资料是商品。由于否定生产资料是商品，也就否定社会主义经济具有商品经济的属性，因而“在经济体制上形成了一种同社会生产力发展不相适应的僵化模式。这种模式的主要弊病是：政企职责不分，条块分割，国家对企业统得过多过死，忽视商品生产、价值规律和市场的作用，分配中平均主义严重”。由于否定生产资料是商品，《决定》中所指出的经济体制上僵化模式的种种弊端，在物资流通体制上，特别是忽视价值规律和市场的作用，表现尤为突出，例如：物资的价格既不反映价值，也不反映供求关系；指令性计划包揽一切，市场机制难以发挥作用等等。

关于物资是不是商品，理论上的分歧由来已久。马克思主义创始人根据生产力和生产关系相互发展的内在逻辑，曾经预言，在生产社会化高度发展条件下，社会占有全部生产资料之后，商品关系将归于消亡。科学社会主义经典理论家在论述社会主义社会的基本特征时，通常都把它看作是没有商品经济的社会，而是由社会有计划地直接组织生产和分配。十月革命胜利后，苏联共产党按照没有商品关系的社会主义模式建设社会主义，曾经把消除商品货币关系规定为自己的目标。但是列宁很快就发现，这样做是行不通的。所以，果断地采取新经济政策，发展工农业之间的商品交换，给小农恢复贸易自由，提出把国营企业改为独立核算，自负盈亏，要求它们在市场环境中活动。然而，社会主义经济是否存在商品经济的问题，在理论上并未得到解决。随着斯大林在 1928 年采取“左”的经济政策，经济活动重新强调实物指标，实践中的“经济核算制”，并不是列宁所讲的那种自负盈亏的经济核算制，社会主义经济是否存在商品生产也成为长期争论不休的问题。直到 1952 年，斯大林才肯定两种公有制之间存在商品交换关系，但仍认为全民所有制内部流通的生产资料不是商品，价值规律对生产不起调节作用。在相当长的时间里，我们也信奉斯大林的理论，并按苏联的社会主义模式和体制办事。三十多年来，对社会主义商品生产问题，在我国有过多次剧烈的争论，但几经反复，直到十一届三中全会以后，我们党在认真总结经验教训的基础上，才提出了大力发展社会主义商品生产和商品交换的主张。尽管如此，物资—生产资料是商品，在一部分人中还存在不同的观点。近年来的理论争论中，持产品论者还大有人在。

物资是商品的问题没有得到解决，影响了对社会主义经济商品属性的认识，也直接妨碍了物资流通体制的改革。例如，否定物资是商品，往往同时否定国营企业是相对独立的商品生产者和经营者，这就谈不上扩大企业自主权，增强企业活力；既然物资不是商品，就谈不上自觉依据和运用价值规律；把计划经济同商品经济对立起来的传统观念不突破，又怎能改革物资计划体制。由此可见，要从根本上改革物资流通体制，必须从理论上真正弄清物资是不是商品这个至关重要的问题。

《决定》指出：“我国实行的是计划经济，即有计划的商品经济”，这在理论上是一个重大的突破。商品经济的特点，是互相独立的生产者，通过交换产品，实现社会生产和需要的结合，以及生产者之间的联系。社会主义经济之所以是商品经济，一方面是因存在社会分工这个商品生产的一般前提，另一方面是因存在具有独立经济利益的不同经济实体。由于存在社会分工，决定了生产者之间必须互相交换产品以取得联系，而分工的存在和发展，又以取得这种联系为条件。由于存在具有独立经济利益的经济实体，决定了必须把产品作为商品来交换，才能正确地协调社会主义内部各个成员之间的经济利益关系。社会主义生产，无论是消费资料的生产，或是生产资料的生产，也无论是集体所有制企业和个体劳动者的生产，或是全民所有制企业的生产，既然存在着广泛的社会分工，生产者之间的经济利益也就存在着差别，这就决定了社会主义经济的商品属性，也说明了社会主义物资是商品。

二、全面改革物资流通体制，按商业原则组织物资流通

社会主义物资是商品，但是，社会主义物资流通具有自己的特殊性，它不仅有别于资本主义商品流通，而且有别于社会主义消费品流通。同资本主义商品流通比较，社会主义物资流通过程建立在生产资料公有制基础上，没有国内的大小资本家参加，商品关系的范围受到了限制，最主要的是劳动力不再是商品，社会主义有计划的物资流通过程是为社会主义四化建设和满足社会需要服务的。同社会主义消费品流通比较，社会主义物资流通也具有明显的特点。物资的需求属于引发需求，市场对生产资料的需要主要基于消费资料的需要，物资的流通是包含在生产之中的行为，生产资料作为生产的结果被生产出来之后，又被当作生产的要素进入生产过程；物资流通的供需弹性小，配套性和技术性强；物资流通多属大规模购买，商流和物流分离的趋势不断加强；物资流通的经济效益具有双重性，它表现为自身的经济效益和实现生产过程的经济效益，即物资企业的经济效益与社会经济效益。进行物资流通体制改革，必须正确认识物资流通的特点，以便建立起具有中国特色的、充满生机和活力的物资流通体制，把

物资流通搞活，促进生产和建设事业的发展。

社会主义物资是公有制基础上的商品，物资流通必须遵循商品流通的规律有计划地进行，这就是物资流通体制改革的理论基础。

社会主义物资的生产是商品生产，物资流通是商品流通，按商业原则组织物资流通是理所当然之举。按商业原则组织物资流通，必须自觉遵循商品经济的规律，首先是自觉依据和运用价值规律和供求规律，充分发挥市场机制的作用。为此，要围绕增强企业活力这个中心环节，全面改革物资流通体制。

（一）建立统一性同灵活性相结合的计划体制

在生产资料公有制基础上，社会主义社会能够有计划地组织物资流通，这是社会主义经济优越性的根本标志之一。但是，实行计划经济不等于指令性计划为主，指导性计划也是计划经济的具体形式。就总体来说，在很长时期内，我国的经济计划还只能是粗线条和有弹性的，计划不可能包罗万象和精确无误。同时，无论指导性计划还是指令性计划，都必须自觉运用价值规律，并且要充分发挥市场调节的辅助作用。在物资流通中，要有步骤地适当缩小指令性计划的范围，除对指令性计划生产和重点建设的需要，通过指令性计划保证供应外，对其他大量物资的流通，分别实行指导性计划或由市场调节。指导性计划主要依靠运用经济杠杆的作用来实现，市场调节则是在国家计划和指导管理下实行自由购销。建立统一性与灵活性相结合的计划体制，是有计划的商品经济发展的客观要求，意味着我国物资流通由计划分配调拨制转变为全面的商品交换制。

（二）建立能够反映价值和供求关系的价格体系

价格是最有效的调节手段，合理的价格是保证国民经济活而不乱的重要条件，价格不合理，即便是最精确的指令性计划，也难以完满地实现。当前物资价格体系不合理的主要表现是：同类商品的质量差价没有拉开，不同商品之间的比价不合理，特别是某些矿产品和原材料价格偏低，这些问题不解决，就不能正确评价企业的生产经营效果，不能保障物资的顺畅流通，不能促进技术进步和生产结构的合理化，必然造成社会劳动的巨大浪费，也会严重妨碍按劳分配原则的贯彻执行。因此，价格体系的改革是物资流通体制改革的关键，改革的原则主要是：按照等价交换的要求和供求关系的变化，有升有降地调整不合理的比价，合理安排质量差价和地区差价，有的产品还要实行季节差价，适当提高部分矿产品和原材料的价格。在调整价格的同时，必须改革过分集中的价格管理体制，逐步缩小国家统一定价的范围，适当扩大有一定幅度的浮动价格和自由价格的范围，使价格能够比较灵敏地反映社会劳动生产率和市场供求的变化。从长期观点看，国家统一定价也必须使价格尽量符合产品的价值，使生产企业的劳动耗费得到补偿，劳动生产率较高的企业能从价格中获得较多的收益。统一定价、浮动价格和自由价格的口径，大体上与指令性计划、指导性计划和市场调节的范围相适应，但计划外或超计划部分，价格应该放开。鉴于能源、建筑材料的需求有增无已，供应紧张的局面近期难以扭转，煤炭、汽车、钢材、木材等品种，统一价格可以多提一点，鼓励增加生产，适当限制需求，对生产企业因价格偏高获得的不合理收入，可通过税收杠杆收归国家所有。物资企业在合理经营的条件下，也应从差价中取得合理利润。通过改革价格体系，力求使价格尽量接近价值，并使价格能灵活反映供求关系，在供求接近平衡之后，统一定价、浮动价格、自由价格的水平逐步靠拢。合理的价格体系的建立，将意味着物资流通真正能够运用价格杠杆的调节作用。

（三）建立多渠道、少环节、开放的物资流通市场

物资流通渠道应当与各类物资生产、流通的经济条件及商品的产销特点相适应。由于我国生产力发展水平总的说来还比较低，又很不平衡，因此，在巩固和发展全民所有制经济的同时，还必须发挥集体、个体等多种经济形式的积极作用。就物资需求来说，工业与农业、大型企业与小型企业、通用物资与专用物资等，都有不同的要求。这些，都需要物资实行多渠道流通，才能更好地与之相适应。在所有制方面，就全部生产资料而言，品种繁多，产销情况千变万化，物资供销渠道也应提倡国家、集体、个人一起上，在全民所有制内部，物资部门、商业部门、生产企业的供销机构，应当分工协作，坚决打破物资企业独家经营的局面。当然，专营生产资料购销的物资企业，仍应发挥主渠道的作用，特别是指令性计划商品

和关系生产建设较为重大的商品，应当掌握并善于运用经济杠杆组织好流通，平衡供求，稳定市场物价，并满足生产建设的需要。

物资流通环节的多少，应根据物资产销特点按实际情况决定，力求减少，但不宜一刀切。例如，专用性强、用量大、产销关系固定的产品，可采取产销直接挂钩；产销地距离远的零星用料，还是要经过物资企业经营，但要尽量精简中转环节。

在物资多渠道流通、价格比较松动的条件下，市场竞争将是不可避免的。社会主义企业之间的竞争，是在公有制基础上，在国家计划和法令的管理下，在为社会主义现代化建设服务的前提下，让企业在市场上直接接受广大用户的评判和检验，优胜劣汰。这样做，有利于打破阻碍生产发展的封锁和垄断，及时暴露企业的缺点，促使企业改进生产技术和经营管理，推动整个国民经济和社会主义事业的发展。在生产发展、物资逐渐富裕、工业自销比重增大的条件下，中心城市可设立综合性或专业性的物资贸易中心，实行地不分南北，人不分公私，货不分贵贱，量不分大小，自由入场，协商定价，自愿成交，为市场调节及计划外物资交流提供方便，让买主和卖主开展社会主义市场竞争。物资企业网点人员多，财力物力比较雄厚，联系面广，加之有数十年组织物资流通的经验，熟悉市场产需情况，在体制改革后，放开了手脚，增强了活力，完全可能也完全应该接受挑战，并在竞争中发展。

多渠道、少环节、开放的物资流通市场的建立，将意味着物资流通能更好地适应国民经济发展的需要。

（四）政企职责分开，确立国家和物资企业之间的正确关系

为增强企业活力，必须确立国家和物资企业之间的正确关系，实行政企职责分开，扩大企业自主权。行政和企业机构的设置，必须根据经济发展的实际需要，因时因地制宜。就行政机构来说，市（地、州）、县两级有的需要设局，有的可只设处或科；就企业机构来说，需要设置综合或专业公司的地方，应予设置，有些业务单纯、购销额不大的地方，不妨由商业部门或其他商业形式经营。各级政府物资局、处、科作为管理经济的机构，不直接经营物资购销业务，今后主要职能是：组织实施国家和地方制

定的物资工作方针和政策，制订并实施中、长期物资计划，统筹安排、统一领导和管理物资市场，汇集和传播经济信息，掌握和运用经济杠杆，加强对所属企业经济效益的考核；协调企业之间的经济关系；组织人才和新鲜经验的交流与推广。物资企业是社会经济细胞，应有自己独立的经济责任、经济权力和经济利益。在服从国家计划和管理的前提下，物资企业有权选择灵活多样的经营方式，有权拥有和支配自有资金，有权依照规定自行任免、聘用和选拔本企业的工作人员，有权自行决定用工办法和工资奖励方式，有权在国家允许的范围内确定产品的价格等等，使企业具备按商品流通规律组织物资流通的条件。政企分开，简政放权的结果，将意味着物资企业成为真正具有相对独立经济利益的经济实体。

（五）建立经营责任制，实行按劳分配原则

企业活力的源泉，在于充分发挥劳动者的积极性、智慧和创造力。我国农村实行承包责任制的基本经验，同样适用于物资企业管理体制的改革。为了增强企业活力，必须在企业内部明确对每个岗位、每个职工的工作要求，建立以承包为主的多种形式的经营责任制，使责、权、利相结合，国家、集体、个人利益相统一，职工劳动所得同劳动成果相联系。在实行经理负责制的同时，必须健全民主管理制度，维护职工合法权益，体现工人阶级的主人翁地位。随着利改税的普遍推行，企业职工的工资和奖金将同企业的经济效益的提高更好地挂钩。在企业内部，要扩大工资差距，拉开档次，充分体现奖勤罚懒、奖优罚劣，多劳多得、少劳少得。进一步清除平均主义思想，允许一部分企业和职工依靠勤奋劳动先富起来，对大多数人产生强烈的吸引和鼓舞作用，并带动越来越多的人逐步走向富裕。对职工的创造性劳动和突出的贡献，要敢于实行重奖，对玩忽职守造成责任事故和经济损失以及违法乱纪者，要实行重罚。不如此，难以清除长期以来吃“大锅饭”，尤其是“十年动乱”所造成的消极影响，职工的主动性、积极性、创造性就不能充分发挥，劳动生产率不能提高，社会风气也不能好转。

（原载《云南财贸学院学报》1985 年第 2 期）

略论发展生产资料市场的几个问题

党的十一届三中全会以来，特别是《中共中央关于经济体制改革的决定》公布之后，突破了把计划经济同商品经济对立起来的传统观念，也进一步突破了生产资料不是商品的传统观念，国家逐步缩小了指令性计划分配调拨的范围和比重，生产资料市场日趋繁荣活跃，推动了社会主义商品经济的发展。为了逐步完善市场体系，发展生产资料市场仍然是一个关键。现对有关发展生产资料市场的几个问题，谈点浅见。

一、完善市场体系必须发展生产资料市场

市场是商品经济的范畴。生产资料市场的范围应与生产资料商品流通的范围相一致。生产资料是人们在生产过程中所使用的劳动资料和劳动对象的总称，包括土地、森林、水流、矿藏、机器、设备、厂房、运输工具、原材料、辅助材料等等，是人们从事物质资料生产必不可少的物质条件。我国作为商品的生产资料，主要指生产工具和设备、运输工具、原材料和辅助材料等物质产品。物质产品划分为生产资料和生活资料，并不以该物的实物形态为转移，即不在于它的自然属性怎样，而是以该物的用途为基本标志，也就是在于它被人们使用的方向和目的。例如，煤炭作为燃料，用之于生产过程，属于生产资料；用之于家庭做饭、取暖，则属于生活资料。不少物质产品既能当作生产资料，也能当作生活资料，生产资料市场与生活资料市场，有时是难以截然划分的。但在生产资料市场上，生产者采购商品的目的，不是为了直接进入个人消费，而是为了生产其他商

品，即用之于生产消费，这便使得生产资料市场明显地区别于生活资料市场。

在商品生产条件下，生产资料要进入消费领域，必须通过流通领域，即通过市场交换。随着社会生产力水平的提高和商品经济的发展，生产资料市场必然不断扩大。在我国社会主义条件下，生产资料市场的范围是相当广阔的。进入生产资料市场的商品，不仅有工业产品，而且有农业产品；不仅有工业生产资料，而且有农业生产资料。生产资料市场并不限于我们常说的物资市场。物资商品通常是指一部分工业生产和基本建设使用的原材料、燃料、建筑材料以及机器设备等，它远非生产资料商品的全部。除了物资部门经营的生产资料外，其他商业企业还经营着大量的生产资料。就商品流转额而言，过去和现在商业供销系统与商业企业销售的工农业生产资料，就比物资部门的销售总额要多。如果从全社会范围考察生产资料市场的规模，不难发现全国生产资料的销售总额，实际上数倍于物资部门的销售总额。正确认识生产资料市场的规模，有助于正确认识发展生产资料市场的重要意义。生产资料市场是联系生产与生产消费的桥梁，是实现社会主义扩大再生产的重要条件，直接影响着生产发展的规模和速度。进一步完善和发展社会主义市场，乃是“七五”期间经济体制改革的三大任务之一。范围广阔、潜力极大的生产资料市场如不能获得应有的发展，有计划的商品市场就不能充分发展，社会主义市场体系就不能完善，社会主义经济就不能真正成为完全的商品经济。

二、需要大力发展开放的生产资料市场

有的同志认为，我国生产资料市场是在党的十一届三中全会以后才出现和形成的。具体地讲，是指某些原属国家统一分配的物资，如钢铁、煤炭、机床、汽车等等，在1979年开始投入交易市场，供用户自由选购时起，才算出现生产资料市场。这种说法有欠妥之处：第一，把物资市场等同于生产资料市场。如前所述，生产资料市场的范围不限于物资市场，商业系统经营的生产资料，包括实行指令性计划调拨和非指令性调拨的生产

资料都是商品。这一部分生产资料市场的存在，过去一般并不成为问题。第二，由物资系统经营的全民所有制内部交换的生产资料，不论以往人们是否承认它是商品，以及是否把它当作商品来对待，只要不是无偿调拨，而是以货币为媒介进行交换，那么，计划调拨只是交换形式不同于自由购销，是有控制的商品交换，因而不能否定当时生产资料市场的存在。第三，不纳入计划的自由选购的生产资料，是属于市场调节的部分，而不是生产资料市场的全部。计划指导下的生产资料市场，首先应包括按指令性计划和指导性计划进行交换的商品流通。因此，问题并不在于生产资料市场是否存在，而在于开放式的市场发展程度如何。毋庸讳言，在生产资料流通领域，以往由于统一分配、计划调拨的指令性计划范围过宽，价格控制过死，我国生产资料市场基本上是封闭式的。就物资市场来说，也可以说是在 1979 年各地生产资料交易市场兴起后，开放式的市场才开始形成。

开放式市场的特点，主要表现在自由购销、灵活作价、多渠道经营等方面，而灵活作价、多渠道经营一般又以自由购销为前提。指令性计划范围的缩小和非指令性计划范围的相应扩大，是开放式生产资料市场发展的重要标志。近几年来，正是由于国家统一分配的生产资料品种减少，计划分配比例逐渐缩小，企业产品自销权扩大，开始搞活了流通，促进了生产。但是，从当前情况看，国家对重要工业生产资料计划分配的范围仍然偏大，重点企业产品自销比例偏小，分配调拨型的种种弊端未完全消除，企业在相当大的程度上依然是在执行国家的产品分配计划，而不是自主进行商品交换。这既妨碍自觉利用市场机制，也妨碍按商品经济的要求组织生产资料流通。今后，随着商品生产的发展和市场规模的扩大，还应进一步减少计划分配的品种，缩小指令性计划分配比例，让企业在更大的范围内自主购销。当然，开放的生产资料市场，首先是统一的有计划的商品市场的重要组成部分，它不应该也不可能是完全根据供求变化盲目调节的市场。市场上，由国家分配调拨的产品要按商品经济的规律组织流通，分配调拨以外的商品交换也要加强间接的计划控制，对偏离国家计划轨道的市场活动要进行必要的管理和干预，国营企业要积极参与市场调节。这样，一个完整的有计划的开放式的生产资料市场，定能更好地为发展社会主义经济服务。

三、搞好供求平衡是市场开放的条件

原有经济管理体制，对生产资料流通过分强调国家分配、计划调拨和统一定价，究其原因，决非仅仅由于理论上否认生产资料是商品，实际上很大程度是由于生产资料的供求不相适应，才不得不这样做。长线的时候是商品，短线的时候就成了产品，这种情况正好说明了这个问题。如果宏观的平衡搞不好，社会总供给与总需求不相适应，生产资料供应紧张的局面不能缓和，我们即使承认生产资料是商品，但在实践中想放也放不开。今后几年，国家将继续减少直接分配调拨产品的种类和数量，进一步发展开放式的生产资料市场。但减少到什么程度，开放到什么程度，要取决于国家从宏观上加强对经济活动间接控制的能力，关键在于能否实现社会总需求和总供给的基本平衡。生产资料的供给与生产消费需求相适应，是生产发展的基本条件，也是实现逐步放开市场的基本条件。没有供求的相对平衡，市场必然一放就乱。如果供需矛盾突出，计划放开了势必造成计划内的需求得不到保证，计划外的流通不能正常进行，价格放开了就会失去控制，价格浮动的幅度也难以掌握。结果，为保证重点和稳定价格，又不得不求助于指令性计划。

在生产资料公有制基础上实行计划经济，为自觉地保持社会总需求和总供给的基本平衡提供了可能性。国家可以根据客观经济规律的要求和各个时期的具体条件，安排好各种比例关系，为有计划地组织和实现供求平衡创造条件，并通过加强宏观控制，使生产和建设的规模与物资供应能力相适应，实现基本平衡，这是社会主义制度下计划经济优越性的具体表现。那种把供不应求当作社会主义的必然规律，甚至当作社会主义优越性的表现的观点，显然是一种误解。以往造成生产资料供应紧张的基本原因，如积累与消费比例失调、基本建设规模失控、产需脱节、产品不符合需要、渠道单一、流通不畅等，难道不都是可以通过提高认识和改进工作而加以解决的问题吗？有计划地组织供求平衡，必须自觉依据和运用价值规律，正确利用和发挥市场的调节作用。指导性计划的范围扩大后，国家将主要依靠经济杠杆的作用来调节生产、流通和消费，搞好宏观的平衡。市场能灵敏地反映商品供求的变化，对调节供求也起一定的作用。组织好物资供求平衡，为发展开放式的生产资料市场提供了良好条件，而正确运用市场机制的调节作用，也有助于供求平衡的实现。

四、发展生产资料市场必须发展生产资料商业

缩减计划分配的范围和比例，扩大企业自由购销，发展开放式的生产资料市场，绝不意味着让生产企业承担更多的商业责任。在合理的限度内发展生产资料商业，由专业的流通部门组织生产资料流通，发挥商业集中、平衡与扩散的功能，有利于节约流通资金、节约流通时间、节约流通费用，也有利于发展生产资料市场和提高社会经济效益。据日本厂商介绍，日本普通钢材94%通过商业销售，钢厂直接销售给加工中心和用户的仅各占3%。钢厂依靠商社搞销售，不仅是由于自己缺乏销售经验，用户太多顾不过来，而且由于商社网点多、信息灵，对钢厂提高产品质量、开发新品种、增强竞争能力都有好处。生产资料的流通渠道，除用量较大的原料、燃料以及大件设备、专用物资可采取直达供应的方式外，对通用物资，零星分散用户所需物资，特别是在品种规格繁多、销售市场广阔的情况下，由商业企业经销或代销，一般更能方便用户，节约流通费用，生产企业也能集中精力搞好生产。为了提高经济效益，用户要想减少生产储备和资金占用，实行多批次、少批量的采购，就更加需要发达的商业。

商品生产的发展，生产资料流通商业化，客观上要求有发达的商业。商业部门通过购销活动，积极收购和推销生产者的产品，及时、对路地供应生产资料，能促进生产持续发展。同时，商业能引导生产和消费，促进产需结合，调节供求。长期以来，由于某些生产资料供应紧张，商业网点不足，服务功能不强，迫使生产企业花费较多的人力、资金从事采购供应。有些地区大中型生产企业的物资供应机构，人员总数超过了生产资料商业的职工人数，某些物资生产建设单位的生产储备量，超过了商业部门

和生产厂的商品储备量，既存在巨大的浪费，也在一定程度上扩大了产需矛盾。用户之间的物资串换与协作，虽也解决了一些生产建设急需，但毕竟不是上策。这些既反映了生产资料供求不相适应，也反映了商业的发展与商品生产的发展不相适应，而绝不说明商业的可有可无。事实证明，商业的中介服务作用发挥得好，能按时按质按量和按品种规格要求组织供应，就能对生产建设起积极的促进作用。例如，物资部门对重点建设项目实行配套承包供应，不仅加强了物资流通的计划性，也缩短了建设周期，节省了投资，减少了企业库存。陕西省实行配套承包供应的项目，建设周期一般缩短三分之一，建设单位的材料库存下降 32%，采购人员减少 70%。如果生产建设需要都能由商业部门随时满足供应，用户又何必采购人员满天飞，超储积压大量物资，浪费人力、物力和财力呢？

发展生产资料商业，需要实行国营商业为主导、多种经济成分并存的流通体制。国营商业发挥主渠道和“蓄水池”作用，有利于从全社会需要出发，搞好综合平衡，保证有计划的流通占主导地位，从而保证国民经济有计划按比例地发展，提高生产资料流通的经济效益。在一定的生产力水平下，实行多种经济成分并存是一种客观必然性，在生产资料公有制占统治地位条件下，以国营商业为主导也是一种客观必然性。因此，在工业品生产资料商品流通中，当前仍应强调发挥物资供销企业的主渠道作用。提倡多种经济成分并存，变独家经营为多家经营，并不减轻物资部门的市场责任。物资部门经过长期的发展，日前有三万多个网点，参与建立了七百多个贸易中心，实力雄厚，经验丰富，联系面广，信息灵通，具有相当大的优势。通过经济体制改革，物资企业和其他国营生产资料商业从分配型转向经营型以后，既应当也可能发挥自己的优势，安排好城乡市场，参与市场调节，起好驾驭市场、平衡市场的作用。

五、研究生产者市场的特点促进市场繁荣和发展

市场是联结生产与消费的桥梁。生产资料市场和生活资料市场，由于联结的对象不同，商品的经济用途不同，前者是生产者市场，后者是消费

者市场。生产者市场和消费者市场相比，具有以下主要特点：

第一，生产者市场需求属于引发需求。列宁指出："生产消费（生产资料的消费）归根到底总是同个人消费联系着，总是以个人消费为转移的。"① 生产资料消费需求主要基于生活资料消费需求。生活资料生产的发展，以生产资料市场的扩大为条件，生产资料市场的发展，又以生活资料生产的扩大为前提。因此，预测生产资料市场的容量，一般应以最终产品的需求量为基础。

第二，生产者市场的计划性较强。这一方面是在生产资料公有制条件下，生产资料的生产者和消费者绝大多数是国营和集体企业，购销集中，批量较大，需求相对稳定，有可能加强计划性，另一方面是生产资料关系国计民生较为重要，并具有可代性差、时效性强、专用性强等特点，生产建设需要适时、适量、均衡、对路地供应，有必要加强计划性。因此，在生产经营活动中，必须加强市场调查与市场预测，提高计划的科学性与准确性。

第三，生产者市场需求弹性较小。生产资料需求主要取决于国民经济发展速度和生产结构。生产建设所需要的生产资料，在一定时期，品种、数量都相对稳定，不像生活资料需求变化大。同时，生产者对产品的规格、型号、品质乃至品牌、商标，一般要求较严格，不肯轻易采用代用品，需求对价格变动反应的灵敏程度和受广告宣传的影响都较小。因此，生产经营单位主要应在按时、按质、按量、对路供应上作有效的努力。

第四，生产者市场技术性较强。生产资料用于生产消费，对制成品的质量、成本及劳动生产率均发生直接影响，不仅要求按时、按质、按量保证供应，而且对产品设计、性能、售后服务等要求也较高。因此，用户采购时对产品应有较充分的了解，专家采购是生产者市场的重要特征之一。供给者为使营销活动取得成效，也必须重视产品质量和服务，实行专家推销。

生产者市场的上述特点，要求生产经营单位坚持"从生产出发，为生

① 《列宁全集》第4卷，人民出版社1960年版，第44页。

产服务”的方针，重视市场调研与市场预测，提高企业与职工队伍的素质，提高服务质量，使用户在增加对市场依赖程度的同时增加对市场的信赖程度，产、供、销各方共同促进市场的繁荣与发展。

（原载《云南财贸学院学报》1986 年第 1 期）

论云南民族贸易的现状与发展

云南是一个多民族边疆省，现有少数民族人口1100万人，为全国少数民族人口总数的近六分之一；有4000多公里国境线，为全国陆疆的五分之一；有16个少数民族跨境而居，同三个国家接壤，占全国毗邻国家的四分之一。因此，大力发展边疆民族贸易，加强各民族内部和各民族之间的经济联系，对于促进民族地区经济繁荣，增强民族团结，巩固祖国边防，具有特别重要的政治和经济意义。

新中国成立以来，经过30多年的艰苦创业，云南民族地区的经济和贸易都有很大的发展，人民生活有很大提高。党的十一届三中全会后，变化尤为显著，1985年民族自治地方工农业总产值比1980年增长61.68%，农民人均纯收入增长54.2%，商业网点增加5.5倍，社会商品零售额增长1.5倍。但由于历史及地理条件等多种原因，30多年来，民族地区经济和贸易的发展几经曲折，和内地相比，至今仍有很大的差距。为进一步发展民族贸易，有必要重新认识云南民族贸易的特点，分析现存的问题，从云南的实际出发，探索放开搞活的途径。

一、突出的特点

云南社会经济和地理条件的特殊性，决定了民族贸易的市场环境具有一些突出的特点，主要可以概括为四个字：多、低、散、难。

民族多，消费需求的差异性大是云南民族贸易的首要特点。云南民族多，少数民族人口多，生产力结构层次也多。除汉族外，还有彝、白、哈尼、傣等25个世居少数民族和苦聪人、克木人，几乎占了全国56个民族总数的一半。云南少数民族人口虽只占全省总人口的三分之一，但总数超过千万人，在全国各省（区、市）中仅次于广西，居全国第二位。8个民族自治州和19个自治县，总人口1600万，占全省人口总数的一半，少数民族人口800余万，占全省少数民族人口的80%。新中国成立后，经过民主改革，各少数民族先后都建立了社会主义制度，生产和生活有了很大的发展和改善。但社会经济发展水平极不平衡，除约占少数民族人口三分之一的部分地区基本上可和汉族同步前进外，其他几乎都不同程度地保留着原始公社、奴隶制、农奴制等社会经济形态的残迹。历史上遗留下来的民族习惯，反映着不同的心理素质，导致生产、生活方式存在诸多差异。这就要求民族贸易必须充分照顾各民族的特点，更多地满足各族人民的特殊需要。

经济文化发展水平低，是云南民族地区的重要现实，也是民族贸易市场环境的重要特点。在经济和文化的许多方面，云南低于全国平均水平，边疆民族地区又低于一般地区的水平，这主要表现为人均产值低、人均收入低、文化素质差，进而造成了民族地区消费水平低、需求层次低的特点。在民族地区，满足生存需要当前还占极重要的位置，吃的消费占全部生活消费的70%左右，贫困地区亟待解决温饱问题。1985年底，云南人口约占全国人口的3.25%，但全年工农业总产值仅占1.7%，人均工农业产值只相当于全国平均水平的52%。而在省内，边疆地区人均工农业产值1984年比内地少282元。据农村抽样调查资料，1985年云南省农民平均纯收入338.34元，低于全国水平14.8%，民族地区农民平均纯收入305.37元，又低于全省平均水平8%，低于省内一般地区水平15.4%，仅及全国平均水平的76.9%。全省贫困地区人口中，少数民族约占50%，少数民族人口中，约有半数还处于贫困线下。散居于高寒山区的400多万彝、苗、傈僳等民族，生产几乎停留在原始农业阶段，连最初级的农产品加工也很少，商品率极低，有的还要靠救济和贷款生活。伴随经济落后的是文化落后。云南人均工农业产值居全国倒数第二位，而文盲率则居正数第二位，民族地区的文盲半文盲超过半数。文化程度低，既妨碍在生产上采用先进技术，也反映在商品观念比较淡漠上。在贫困的民族地区，很多人对商品交换还不习惯，不善于经商或不乐意经商，有些地方存在原始共产主义观念，沿袭古老的消费习惯，“有肉同吃，有酒同喝”，“一户杀猪，全村共享”，使低水平的农牧业生产的商品率更为低下。近年来，商品生产有所发展，有些地区现金收入增加，由于消费指向多集中于吃，尤其是嗜酒的习俗常花去一个农户现金收入的大部分，这些增收户并没有真正富裕起来。丽江县有个药材种植户，一年收入 2000 元，到年底除几筐酒瓶外，仍然家徒四壁。民族贸易肩负的重任，除发展交换，争取更多的产品变为商品，满足各族人民的基本生活需要外，还要注意引导消费，移风易俗，促进商品生产的发展和精神文明建设。

居住分散是云南少数民族分布的重要特点，也是民族贸易市场环境的重要特点，它决定了商品购销极为分散。云南各民族分布是大杂居、小聚居、散居极普遍，所有的县都有少数民族，每一个县都有多种民族。全省约有 700 万少数民族居住在山区，而山地面积占全省总面积的 94%。少数民族住处高度分散，很多乡、区方圆动辄超过百公里，三户为村，五户为寨，比比皆是。人烟稀少，加上经济发展水平低，商品率低，商品购销必然零星分散，分布在贫困山区的商业网点，营业额极为有限。据西双版纳、德宏、怒江、迪庆四个州的统计，1984 年农业人口平均 187 人有一名个体商贩，全年每人平均营业额为 3313 元，仅相当于这四个州以城镇为主的国营和供销社商业人均销售额的八分之一。再从民族地区农民生活消费支出来看，1985 年每人平均支出为 247 元，其中吃、住、烧占 80% 以上，主要是靠自给，用于购买日用品的支出仅人均 10.43 元。产值低，商品化程度低，对商业购销额的增长是极大的制约因素。采用固定网点与流动购销相结合，充分利用民族节日，发展集市贸易，在民族贸易地区仍然是组织商品流通的重要形式。

交通运输难是云南最为不利的地理条件，是把资源优势转化为商品优势、经济优势的重要障碍，也是发展民族贸易的制约因素。云南坝区、河谷地带只占总面积 6%。其中五分之四在内地，少数民族基本上居住在山区，海拔高低悬殊，距离全省经济中心——昆明路途遥远，少则 500 多公里，多则 1000 多公里，57 个民贸县县城距离昆明平均约 600 公里，关山阻隔，给商品流通带来极大的困难。全省 128 个县级单位，只有 25 个县有铁路通过，营运里程1600余公里，平均每万平方公里只有40多公里铁路，并且集中于内地，绝大部分边疆地区没有铁路。全省公路密度低于四川、贵州、广西等邻近省区。民族地区尚有不少的乡未通公路，商品运输不得不靠人背马驮。运输线长，交通不便，不仅增加了商品调运的困难，而且在途期长，途耗和运费增加，使民族贸易地区商品流通费水平比一般地区要高。解决运输难，除需加快交通建设，挖掘各种运力的运输潜力外，还应大力发展农副产品的初加工和深加工，既收增值之利，又可减轻运输压力，为民族地区的产品进入外地市场开拓道路。

二、当前的问题

云南民族贸易的诸多特点表明，发展民族贸易十分重要，它理应是云南商业工作的重点。同时，民贸地区商业经营的市场环境又十分特殊，因地制宜制定和采取一些措施给予扶持照顾是完全必要的。以往实行的在自有资金、利润留成和价格补贴方面的“三项照顾”政策，对发展民族地区的商品生产和改善人民生活，起到了积极的作用。但由于社会经济条件的变化，流通体制和财政体制的变革，“三项照顾”有的落实不力，有的已失去作用。从云南当前的情况看，主要问题是：

（一）流动资金未达到规定的比例

1985年57个民族贸易县商品资金6.53亿元，自有流动资金2.36亿元，占36.1%。按批发自有资金占50%，零售占80%匡算，自有流动资金应为4.2亿元，不足1.84亿元。如加上省、地、州民族贸易企业，则不足约2亿元，每年要多支付利息1000多万元。这主要是财政体制改革后，财政部门停止了对民族贸易企业拨款所致。1984年前，财政部门每年给民族贸易企业增拨一定的资金，1973—1979年，商业部、财政部共给云南民贸企业增拨流动资金8650万元，1980—1983年，云南财政部门又拨给民贸企业2400万元，而自1984年起，财政停止拨款，民族贸易企业自有资金的增加只能靠自身有限的积累。随着业务的发展，自有资金比重逐年降低，资金不足就得靠银行贷款解决。可是计划内贷款指标往往又被银行压低，超计划部分要加倍付息。在商品库存大量增加后，利息支出已成为企业的沉重负担。

（二）留利水平偏低

1980年起，实行“三项照顾”地区民族贸易企业利润留成比例由20%提高到50%。在利改税后，扣除50%的所得税，再扣除城市建设费、交通能源建设基金，并考虑到批发税以及其他负担，虽然减免了调节税，实际留利水平仍然不是提高，而是大为降低，可用作发展基金的数额很少，企业缺乏自我发展的能力。

（三）价格补贴部分失去作用

价内补贴方面，农副产品收购价格多次调高后，原有的最低保护价已失去作用，原实行最高限价的五种工业品，现红糖价格放开，煤油、食盐实行运费补贴，火柴调价后补贴意义不大，多数县成为茶叶产区后只剩下几个县低价供应茶叶，且难以控制外流。因此，价内补贴的形式，值得重新研讨。价外补贴方面，最大的问题是运价上涨，补贴不足且不落实。1984年起，云南调整了汽车运价，实行坏路补贴，全省平均运价虽降低10%，但民族贸易地区大部分是三级路面，实际调高了15%，比一般地区运价约高出40%。集体、个体运输因油料议价供应，运价还要上浮20%左右。短途运输的实际运价，特别是人背马驮的运价，近年来大幅度上涨，百里百斤的运费一般比十年前高出一倍多。运费补贴和实际支出相比，普遍存在较大的差额。

各项照顾政策未能完全落实，直接的影响是民族贸易地区商业经营十分困难，基层亏损点增加，亏损面大，少数县亏损点达70%以上。大多数地区发展基金很少，财政又不拨款投资，商业设施无法改善，有的地方还是在50年代的简易店房里营业，仓库破烂不堪，商品霉烂损失严重。民族贸易地区的供销社困难更大。供销社成立时，虽从民族贸易公司分出一些自有资金，但一般均低于民族贸易公司的水平，加上农民的股金，自有资金比重仍较低。由于经营农副产品和农业生产资料利润低、运费补贴不落实，经营难免出现亏损。有的供销社为在困境中求生存，把主要精力放在城镇经营工业品，与民族贸易公司竞争。这虽然有利于活跃市场，改善供应，但也带来了不好的后果。一方面多头向外地组织货源，带有一定的盲目性，有的紧俏商品因进货量大，变畅销为积压；因抢购俏货搭配来的商品，更是不适销的多。国合双方库存都大量增加，有的商品竞相削价，造成损失。另一方面放松了农村生活必需品的供应和农副产品的经营，对民族特需商品的经营积极性也不高。有的地区食盐脱销，个体商贩抬高价格一至二倍出售，有的地区某些农副产品停收限收，挫伤农民发展商品生产的积极性，影响农民收入和生活水平的提高。

当然，民贸企业存在一些特殊困难，“三项照顾”政策不落实，并非当前民族贸易中问题的全部。原有流通体制所存在的弊端，以及流通渠道不畅，民贸企业人员素质和管理水平不高等，也都是制约民贸发展的不利因素。

三、搞活的途径

为了把边疆民族地区的市场搞活，促进商品生产的发展，必须结合云南实际，采取一些特殊措施，以加速民族贸易的发展。主要设想是：

（一）放宽政策

放宽政策的目标和重点，首先应是把国营商业搞活。近几年，云南民族自治地区商业网点增加较多，个体商业发展较快。1985 年，商业人员总数达 26.8 万人，其中个体有证商业人员即有 16 万人，比国、合商业人员多 48%。如从每千人口拥有商业人员仅 17 人看，仍低于商品经济发达地区的水平。因此，还要提倡和鼓励农民经商，发展个体商业。但民族贸易所担负的重要政治经济任务，决不能完全依靠个体商业去完成，在充分发挥个体商业补充作用的同时，必须加强国营商业，让它在民族地区市场上发挥主导作用。只有依靠国营商业认真贯彻国家的方针、政策，人民生活必需品和民族特需商品的供应才有保证，市场物价的基本稳定才有保证，生产者和消费者的利益才能得到切实的保护。经济改革中，由于某些政策不配套，国营商业有的职工反映，客观上存在“绑着国营，管着集体，放着个体”的现象。国营竞争不过个体，主要是体制上的束缚，积极因素未充分调动。

放宽的根本途径，当务之急还是要下决心调整所有制关系。民族地区的商业机构，绝大多数是小型企业，实行租赁制，或转为集体所有，有利于发挥企业和职工的积极性和主动性，但须相应采取措施。让这些企业的职工关心企业的中长期发展。中型企业和批发企业，可逐步推行国家、企业和职工合股经营的股份制，体现职工在企业中的主体地位，使职工更加关心本企业的经济效益与前途。实行租赁经营、集体所有和股份制，目的都在于把企业变成真正自负盈亏的公有制商品经营者，增强企业活力，把生意做活。在实行用工合同制中，应结合淡季与旺季，赶街天和平时忙闲不均的情况，多用季节性或临时性合同工，以利于降低流通费用，提高劳动效率。

结合民族贸易地区的实际，在搞活国营和合作社商业的同时，要更多地发挥个体商业的积极作用。在零售方面，国营和供销合作社商业要进一步让出地盘，以便集中力量搞好批发业务，组织好供求平衡。

（二）扶持照顾

云南民族地区的突出特点，集中说明了民族贸易经营的难度。鉴于大多数民族贸易公司和供销社目前底子薄、基础差，在真正自负盈亏后困难还大，在一定时期内，国家仍然有必要给予财政上的支持和照顾。“活流通，便交通”，将是发展民族地区经济的有效途径。“三项照顾”政策，绝不是不需要，也不是不可行，问题在于如何结合实际，认真落实，使之发挥更大的威力。

在资金方面，一是按政策规定的比例补足自有资金，二是按合理库存对超过自有资金部分给予低息贷款。这两条如能同时做到，云南 57 个民族贸易县每年约可减少利息支出 2000 万元，如仅能做到第二条，每年也可减少利息支出 1000 余万元。给国营和供销合作社商业增拨自有资金或低息贷款，有利于发挥批发企业的蓄水池作用，有利于保证民贸地区人民生活必需品和民族特需用品的供应，也有利于稳定市场物价和缩小地区差别，受益者绝不限于民贸企业本身。为使这一措施落实，对低息贷款的资金，中央银行对工商银行也应实行更优惠的利率。

在留利方面，可仿效内蒙古自治区的规定，对全民和集体所有以及各种联营的民族贸易企业，一律实行八级累进税，并按应征税额减半征收所得税，税后利润全部留给企业，民族贸易企业办的工业企业，属于大、中型盈利的按50%减征所得税，属于小型盈利的，按八级累进税额，减半征收所得税，税后利润亦全部留给企业。

在价格方面，取消价内补贴，落实价外补贴。原实行价内补贴的品种，价格逐步放开，使之有利于商品流通，并能及时反馈供求信息。对民族地区收入在贫困线以下的居民，可按原补贴金额发给消费者。农副产品价格放开后，地区差价要适当拉开，但对边远山区仍有必要给予运费补贴。补贴的目的在于培养造血机能，增强产品在外地市场的竞争能力，给民族地区人民真正的实惠。补贴的范围主要是运昆明、省外和国外市场的农副产品及其加工品，具体品种由下而上逐级申报经省批准执行。补贴的标准应从实际出发，按放开后的差价或实际运杂费扣除当地保持的原地区差价核定，最终是让生产者增加收入。

“三项照顾”政策的落实，矛盾集中于财政。除实行最高限价的品种价格放开，财政补贴有所减少外，其余都要财政多拿钱。根据云南民族地区的实际，对民族地区的财政支持，靠云南自身的力量难以完全解决问题，由国家拿钱按地区分配下去，又很不容易用到发展商业上。在近几年，有必要由国家拨给专款，通过商业供销系统逐级分配，用于增加民族贸易企业的自有资金。对利润、税收的照顾以及运费补贴，由国家财政适当给予补助，省级财政统筹落实。

（三）加强领导

实行政企职责分开后，商业领导机关必须把精力转向全面管理好整个社会商业上来。商业行政部门的重点应是加强对市场的宏观调节，控制商品流通活动的方向；组织培训民族贸易所需要的各级各类人才，提高商业人员素质。

有计划的商品经济，必须有计划地组织商品流通。加强对商业的领导，使国家的法律、法令、政策和计划得以贯彻实施，是发展社会主义有计划的商品市场，完善市场体系和机制的客观需要。云南民族地区市场，现已存在多种经济形式，多条流通渠道，迫切需要各种商业形式之间，既有竞争，又有协作，共同搞活流通，为满足各族人民的生产和生活需要服务。调节市场的手段，一是要充分利用各种经济杠杆，二是要及时收集和发布经济信息。在各级政府的统一领导下，国营商业和供销合作社应有适当的分工，各负其责，大家都参加市场竞争，大家都有必须履行的职责。在城乡市场上，国合商业应发挥主渠道的作用，但对一般商品，不应排斥别人插手经营，要敢于在竞争中求发展。

从长远的观点看，民族地区商业的发展，最终将取决于商业人才的培养。只有造就一支坚持社会主义方向，具有专业知识的商业职工队伍，才能贯彻执行党的政策，改善经营管理，提高经济效益，更好地完成新时期商业工作的基本任务。社会主义市场同样存在企业之间的竞争，市场竞争首先是人才的竞争，民族贸易企业能否在竞争中发展，关键在于能否造就一批“精明的批发商”。人才的培养，也必须从实际出发。在云南民族地区，当前应大力办好财贸学校和商业干校，大量培养中级专业人才和培训商业干部。云南财贸学院商业经济系，现已连续四年招收民族班，是培养云南民族贸易高等专门人才的主要基地，也需要得到应有的重视和扶持。人才的培养，要花一定的代价，但智力投资具有战略意义，它是直接关系到民族贸易能否为实现四化作出应有贡献的大问题。

（原载《云南财贸学院学报》1987 年第 1 期）

略论完善市场体系与健全市场机制

完善社会主义市场体系，发展和运用市场机制，是促进有计划商品经济发展，提高社会生产力水平的一个关键，因而也是与社会主义初级阶段的根本任务紧密联系的一个重要问题。

一、完善市场体系是商品经济发展的客观要求，建立和发展统一、完整的市场结构是完善市场体系的先决条件

市场是商品经济的范畴，是商品经济中社会分工的表现，是一定时间地点条件下商品交换关系的总和。社会分工和商品生产扩大，市场也必然随之扩大。商品生产是市场产生和发展的基础，商品生产的发展又以市场发展为条件。马克思说："对工业生产来说，市场的不断扩大则是它的生活条件。"① 实际上，这一论断不仅适用于工业生产，也适用于其他部门的生产。商品生产越发展，生产者提供给市场的产品越多，不仅价值补偿的要求增多，实物替换的要求也增多，这就要求市场相应地发展，而市场相应地扩大，又是再生产赖以顺利进行的必要条件。有计划的商品经济的不断发展，必然要求建立和完善相应的社会主义市场体系。

我国"七五"期间经济体制改革的三项任务是：增强企业活力，完善

① 马克思：《剩余价值理论》，载《马克思恩格斯全集》第 26 卷，第 3 册，人民出版社 1974 年版，第 521 页。

市场体系和改善宏观控制，也就是企业改革、市场改革和管理改革。这三项改革互相联系，缺一不可，必须配套进行。同时，我们也可以说，增强企业活力和改善宏观控制，都离不开市场体系的完善。这是因为：增强企业活力，关键在于确立企业作为独立的商品生产者和经营者的地位。要让企业在大体平等的条件下，以独立核算、自主经营、自负盈亏的经济实体的身份，在市场上开展竞争，就必须建立和发展社会主义统一市场，逐步完善市场体系。有了完善的市场体系，有了正常的、宽松的经济环境和自由流通、正当竞争的市场条件，企业才具有摆脱各种不必要的行政干预的基础，企业有了问题才能找市场而不找市长。企业的产品为市场而生产，各种生产要素都从市场取得，生产和经营活动主要在发展横向经济联系中进行，企业的生存和发展、前途和命运便与市场紧紧相连。市场体系是否完善，对企业的活力大小、效益好坏都具有重大的影响。例如，生产企业原材料和零部件库存量占产品产量的比例越大，库存占用的资金就越多，从一个侧面看，企业活力就越小，经济效益就会因之降低。但如企业不能从市场上及时而可靠地获得原材料和零部件的供应，就不得不多储备一点，甚至市场上越是紧俏的商品，超储积压的数量就越大。因此说，市场是老师也是“魔鬼”，竞争将迫使企业认真向老师学习，去与“魔鬼”打交道。在严峻的外部压力驱使下，企业将产生内在动力，从而真正增强企业的活力。

改善宏观控制要求国家对企业的管理，逐步由直接控制为主转向间接控制为主。而转向以间接控制为主，就是把计划工作建立在商品交换和价值规律的基础上，实质上就是转向主要通过市场机制进行调控，这也必须以建立和完善市场体系为条件。在多种经济成分并存、社会生产力水平不高的条件下，要大力发展有计划的商品经济，就一定要以市场为中心组织经济活动。宏观控制不但离不开市场，而且计划的确定、落实和实现，都要依靠市场。经济管理部门必须面向市场、分析市场，通过市场发现问题，又利用市场机制调节企业行为，从而加强宏观控制。当然，强调市场机制的作用，并不意味着否定必要的行政命令和指令性计划，而是要求这些手段必须与市场机制相呼应、相配合，并且注意利用市场机制引导和制约各种微观经济活动，使之与宏观经济目标相一致。

这就说明，完善的市场体系不但是商品经济发展的要求，同时也是经济体制改革的基础和不可或缺的重要条件。

要完善市场体系，首先要发展社会主义统一市场，建立完整的市场结构。市场体系要通过市场机制发挥作用，市场机制作用的发挥，又要以由各类市场构成的市场体系为载体。

市场体系是各类市场的有机统一体。市场可以分为消费者市场和生产者市场两大类：消费者市场向最终消费者提供生活资料及消费服务；生产者市场向生产者提供生产资料及其他生产和业务所需的货物、资金、技术、信息及劳动力。市场也可以分为货物市场、劳务市场和其他生产要素市场三大类：货物市场包括消费品市场、生产资料市场和房地产市场；劳务市场包括消费服务和劳动力市场；其他生产要素市场包括除生产资料及劳动力以外的生产要素，如资金、技术、信息等。市场还可以分为货物市场与非货物市场两大类：货物市场包括基础产品、中间产品与最终产品市场；非货物市场包括劳务、资金、信息、技术市场等。完善市场体系，首先要求各类市场之间完整配套，各个市场内部协调统一。

近年来，随着商品生产的发展和经济体制改革的深化，国内市场有了一定程度的发展，生产资料、资金、劳务及智力商品市场开始建立，但发展都还很不充分，市场运行机制还很不健全，并且缺少市场机制赖以正常运行的条件。

社会主义初级阶段的国内统一市场，应当是建立在公有制基础上的有计划的商品经济充分发展的市场。建成这样的市场，整个社会生产都必须或多或少地同市场发生联系，凡用以满足社会需要的产品都应让它卷入商品交换的洪流之中，市场机制将在更大程度上成为社会经济运行的机制。社会主义统一市场的建立和完善，必须在商品生产进一步发展的基础上，实行“三多一少”（即多种经济成分、多种经营方式、多种流通渠道、少环节）开放式的流通体制，逐步建立一个完整的市场结构。

在社会主义市场体系中，货物市场是基础。其中，生产资料是重要的生产要素。生产资料进入市场，为生产者平等竞争提供了最重要的前提条件，也为资源的合理利用开辟了有效途径。鉴于生产资料市场直接关系到商品生产发展的规模和速度，同时生产资料市场供求矛盾还较为突出，因此，当前进一步发展货物市场的重点应放在扩大生产资料市场上。房地产市场既包括作为生产资料的一部分固定资产，也包括作为消费资料的住宅。以往由于未能实现住宅商品化，业已造成种种弊端，发展房地产市场，已成为当务之急。

对劳动力市场尽管争议尚多，但劳动力是生产的主要因素，只有生产资料和劳动力有效结合，商品生产才得以正常发展。通过开辟劳动力市场，促进劳动力的合理流动，实现劳动力和生产资料的优化结合，使劳动力得到合理使用，各种生产要素充分发挥作用，有利于提高社会生产力。开放劳动力市场，必须改革统包统配的劳动力管理体制，建立和发展劳动者和企业之间相互选择的交换关系，允许企业自由招工，择优录用，允许劳动者自由择业，合理流动。劳动力市场的发展，将有利于推动生产资料、资金的加速运转和推动社会财富的形成。

资金市场是包括货币资金和各种证券的金融商品交易的场所，又是资金融通关系的总和。它包括直接融资市场和间接融资市场，前者指资金供求双方直接交易形成的市场，后者指以金融机构为中介进行资金交易形成的市场。开放并搞活资金市场，调剂资金的供求，实现资金融通，有利于提高资金的使用效益。完善资金市场，要在发展多种形式的金融业的基础上，运用利率的调节作用引导资金的流向，进一步发展和完善短期资金市场，逐步形成长期资金市场。

由于技术、信息等商品的特殊性，决定了有其不同于货物市场的特点，但它们都是市场体系的组成部分，并且主要表现为要素市场。随着商品生产的进一步发展，它将起着越来越重要的作用。由于它起步较晚，因而必须采取强有力的措施，使之逐步完善。

二、健全市场机制是运用经济手段调节经济活动的需要，改革价格体制是健全市场机制的关键

市场即流通领域，流通领域发生作用的诸因素共同构成市场机制。直接因素有：价值、价格、供给、需求、竞争；间接因素有：工资、利润、

利率、税收等。市场机制的调节作用，正是通过相互依存的交换过程的各因素，对经济机制运行起着主导作用。

有计划的商品经济，必须以市场为中心组织生产和流通，因而经济机制只能是市场机制。当然，在以公有制为基础的商品经济中，这种市场机制既应当也可能主要是有计划的市场机制。在社会主义初级阶段，总体的有计划市场与局部的自发市场同时并存，决定了机制结构是有计划的市场机制为主、自发的市场机制为辅。在有计划的市场上，有计划的市场机制居主导地位，并与自发的市场机制相互配合、相互渗透，在自发的市场上，则是完全自发的市场机制。这种市场机制结构的特点，必然要反映到市场机制各因素的作用过程中。

计划调节与市场调节相结合，是有计划的商品经济运行机制的重要特点，也是经济改革在运行机制上所要达到的目标。由于改革后的计划应以同市场结合的指导性计划为主，故间接计划调节在一段时间内将占支配地位。实行以间接控制为主，市场机制对宏观经济的调节，将是对微观经济调节的结果。例如，价格在总体上表现着价值，并代表价值影响着供求和竞争，供求规律迫使价格与价值背离，对市场价值的形成起着某种程度的作用，竞争既作用于市场价值的形成，又作用于供给与需求的结合，竞争使价格在围绕价值的运行中背离的程度不致过大，并使供求易于保持平衡。

在以间接控制为主的条件下，市场机制实质上是一种用来实行计划调节的重要工具。所谓间接控制，就是国家不是直接用计划来调节经济活动，而是借助于市场机制的作用来实现计划的要求。由于在公有制基础上商品生产者利益的共同性，产生了经济的计划性，市场机制不再表现为不可控制，价值规律和供求规律也不再是完全自发地起作用，竞争的目的、手段和结果都与资本主义自由竞争不同，企业的自主行为并非绝对的经济自由，生产要素不是不受约束地自由流动，价格不是完全自由地大起大落。这样的调节机制，既有利于充分发挥商品经济的活力，又能有效地运用和发挥计划经济的优越性。企业的经济行为和经济活动，不仅有来自外在力量的推动，而且更重要的是以自身内在的动力为基础，从而使企业充满活力。

市场机制主要是价值规律发挥作用的机制。价值规律在生产过程中的要求是：商品的价值决定于生产商品所耗费的社会必要劳动时间，在流通过程中的要求是：商品的市场价格要符合于市场价值。市场机制正是以此为契机，在经济机制运行中，价值规律通过它的孪生规律——竞争规律的作用，无情地鞭策着商品生产者、经营者，督促着落后者向先进者看齐，促进技术进步和生产力发展。由于价值规律的作用，资本主义社会曾经像用魔术一样唤醒了沉睡在社会劳动里的巨大生产力，使得在不到一百年间创造了比先前一切世代总共造成的生产力还要宏伟得多。我们要在社会主义初级阶段大力提高生产力，为何不可自觉采用这种魔术呢？价值规律是伟大的学校也是一匹烈马，每一商品生产者都必须在这个学校里当好学生，学会驾驭的本领。因此，健全社会主义市场机制，首先应让价值规律在生产和流通中更好地发挥调节作用，由价值规律直接调节商品交换，并通过交换调节商品生产，引导微观经济活动适应宏观经济的目标。要实现以间接控制为主，必须为价值规律发挥作用创造必要的条件。主要是：引起商品经济运行的动因——物质利益，要让商品生产者真正成为有独立经济利益的经济实体，引导商品经济运行的手段——经济杠杆，要让价格、成本、工资、利润、信贷、利率、税收等能有效地调节企业与个人的经济利益。

在流通领域经常发生作用的与价值有关的各因素，共同构成市场机制，因此，让价值规律充分发挥作用，是健全市场机制的主要目标，改革价格体系，大体上理顺价格，是健全市场机制的中心环节。以往由于长期忽视价值规律的作用，加上历史的原因，价格体系存在紊乱现象，不少商品的价格不反映价值，也不反映供求关系。这种状况不改变，就不能正确评价企业的生产经营效果，不能保障城乡物资的顺畅交流，不能促进技术进步和生产、消费结构的合理化，就必然造成社会劳动的巨大浪费，阻碍社会生产力的提高。

在有计划的商品经济条件下，建立具有中国特色的社会主义价格体系，其主要特点是：价格决策主体的多层次。国家、地方、企业定价并存，逐步做到以企业定价为主。价格形式的多样性。国家定价、国家指导价、市场调节价并存，在今后一段时间里，将以国家指导价为主。价格决定因素的多元化。计划价格的制定，坚持以价值为基础，同时把供求因素放在重要地位，国家政策仍然是重要依据。这样的价格模式，企业将拥有必要的定价自主权；价格决策正确与否，也将直接关系着企业的生存和发展，供求因素对价格的影响将增大，国家也将更多地利用价格杠杆去调节供求。因此，从一定意义上可以说，市场机制主要是价格机制。这种价格模式的理论和政策依据是：在社会主义商品经济中，价值规律作用的形式有两种，一是自发地起调节作用，即市场调节，限于部分不作计划的产品的生产和流通，其范围是根据不同时期的具体情况，由国家统一划出；一是国家自觉利用价值规律的作用，包括指令性计划和指导性计划的生产和流通，运用价格杠杆引导企业重视国家计划的要求。当然，实行这样的价格模式，必须具备一定的条件。历史的经验表明，我们即便肯定了社会主义经济是商品经济，肯定了商品经济应按价值规律的要求运行，愿意把价格放开，而如果宏观的平衡搞不好，总供给和总需求不相适应，市场供应紧张的局面不能缓和，还是想放也放不了。没有供求的相对平衡，供求矛盾突出，计划和价格放了就易失去控制，结果，为保证重点和稳定物价，又不得不求助于指令性计划和统一价格。因此，价格改革必须谨慎从事，要考虑各方面的承受能力，强调放调结合，小步前进。今后国家将继续减少直接分配调拨、实行指令性计划的商品种类和数量，缩小统一定价的范围，企业的定价、调价权也将相应扩大。但这种缩小和扩大的程度，要取决于国家从宏观上加强对经济活动间接控制的能力，关键还在于组织实现社会总需求与总供给的相对平衡。

按照国家调控市场，市场引导企业的模式，价格也应逐步由以国家统一定价为主的体制向以市场价格为主的体制过渡。但从我国的国情出发，不应认为自由价格的自发调节才是唯一有效的调节机制。实际上，价格的调节机能并不是万能的，由于很多因素（包括社会心理、政治法律的因素）都能影响价格的波动，市场上变幻无常的自由价格所发出的错误信号可能更多，自由价格并不能保证资源的合理配置和社会效益最大化。即使在一种交通发达、信息灵通、生产力发展水平较高的自由经济中，由于投资周期、生产周期或流动资金周转周期的关系，价格所反馈的信息与生产调节之间也会存在时间差，常常使供给跟不上需求的变化，从而导致价格的剧烈波动，引起周期性的结构失调（即“蛛网现象”）。各种重要的商品出现这种失调，就会产生结构型经济危机，造成社会劳动的巨大浪费。当前我国商品经济还不发达，地区差别大，信息不灵，交通不便，如果把平衡供求、合理配置资源的任务全交付给自由价格，让价格自发地调节全部经济活动，那么，资本主义条件下的那种盲目性和生产无政府状态必然产生，而且会酿成更加深重的灾难。

价格体系改革的最大难点，就是如何处理好理顺价格与稳定物价的关系。在当前货币流通量偏多，总需求大于总供给的条件下，价格改革必将经历一个长期的过程，只能分步走，小步走，近期的价格改革应掌握在国家可以控制的范围内进行。

价格体系改革还是一项复杂的系统工程，价格改革只有同物资管理体制改革、税制改革、工资改革以及财政体制改革等衔接起来，协调配合，才有可能取得大的成效。市场机制不仅反映在企业对价格信号的反应是否灵敏上，而且反映在企业对其他信号的灵敏反应上。因此，健全市场机制，价格体系的改革是关键，各种经济杠杆的合理运用、协同动作，也是不容忽视的。

（原载《云南财贸学院学报》1987 年第 4 期）

略论计划经济与市场调节的有机结合

江泽民同志在庆祝新中国成立40周年大会上的讲话中指出："坚持计划经济与市场调节相结合"，"在总体上自觉实行有计划、按比例地发展国民经济，是社会主义制度优越性的体现，是社会主义经济的一个基本特征。"① 认真学习和领会这一论断，有助于重新认识和正确处理社会主义经济运行中计划与市场的关系问题。

一

关于计划与市场的关系问题，是政治经济学的一大课题，是自社会主义制度诞生后长期争论的一个焦点。

围绕着社会主义商品生产、商品经济问题，苏联国内经济学界对计划与市场关系问题的争论，从20世纪20年代一直持续到现在。同时，东欧社会主义国家的经济学家也对计划与市场问题展开了辩论，提出了多种计划—市场模式。

计划与市场问题不仅引起马克思主义经济学家的重视，而且受到资产阶级经济学家的关注。早在20世纪二三十年代，西方经济学家就对计划与市场问题展开过辩论。1920年，奥地利学派的米塞斯认为实行计划经济使"社会主义如同一只没有经济计算的'指南针'的小船，随风漂泊在海洋里"。其反对者则认为，社会主义实行计划经济并不绝对排斥市场调节，

① 《中华人民共和国国务院公报》，1989年第18期。

只是避免了市场调节的自发过程罢了。在争论中，资产阶级经济学家并不一概否认社会主义国家通过计划调节合理组织社会生产的可能性，并且，在资本主义经济危机日益加深的条件下，加强国家干预经济的主张曾盛极一时。

然而，近年来在社会主义国家相继实行改革开放政策之际，“计划无用论”和“市场万能论”又甚嚣尘上，西方发达的资本主义国家把在社会主义国家推行市场经济作为“和平演变”的重要手段之一，把实行市场经济、取消计划经济作为支持某些社会主义国家“改革”的前提。1985 年初，美国国务卿舒尔茨在参院外委会发表讲话时说：“中国走向市场的长征是一个真正的历史事件。”如果说，当时他可能将我国发挥市场调节的辅助作用误解为实行市场经济，那么，现在有的西方国家领导人的说法就明确得多了。他们直言不讳地要求某些社会主义国家推行市场经济，取消计划经济，以此作为给予“援助”的条件，并公开宣称：“我们的钱不能白花。”一位西方国家领导人在谈到苏联参加发达国家首脑会议问题时说，在考虑这种意见之前，苏联应“特别是向市场经济变化”。他们推行市场经济的用心不是十分明显了吗？

从 20 世纪 50 年代中期开始，我国理论界也曾多次对计划与市场问题展开讨论。党的十一届三中全会以后，又重新研究这个问题。1981 年党的十一届六中全会通过的《关于若干历史问题的决议》中指出：“必须在公有制基础上实行计划经济，同时发挥市场调节的辅助作用。”1984 年 10 月党的十二届三中全会《关于经济体制改革的决定》中进一步明确：“就总体说，我国实行的是计划经济”，市场调节“在国民经济中起辅助的但不可缺少的作用”。这可以说是对前 30 余年我国关于计划与市场问题的实践与理论争论的基本总结。三中全会以来，讨论还在继续、在深化，其中大多数是不同学术观点之争，但也有人贬低甚至否定计划经济，抛出了在中国实行完全的市场经济，进而否定社会主义公有制的主张。

面对发达资本主义国家“和平演变”的战略和政策，也针对资产阶级自由化代表人物推行私有化和市场经济的主张，江泽民同志明确地指出：“如果一味削弱乃至全盘否定计划经济，企图完全实行市场经济，在中国是行不通的，必将导致经济生活和整个社会生活的混乱。”因此，弄清计划与市场的关系，从而坚持计划经济与市场调节相结合，具有重大的现实意义和深远的历史意义。

二

讨论计划与市场的关系问题，有必要先弄清两组概念：

市场—市场机制—市场调节—市场经济

计划—计划机制—计划调节—计划经济

市场是商品交换的场所，商品交换关系的总和，也是商品经济的载体。市场机制是指价格、供求、竞争、利润等市场因素相互制约、有机结合在一起而产生的一种基本功能，通过市场供求与价格的波动，对商品交换进而对商品生产起到刺激或抑制的作用。商品经济发展的程度、市场发育的程度和市场体系的完善程度，决定着市场机制的强弱及其对经济运行作用的大小。市场调节就是市场机制作用于商品交换和商品生产的过程。通过市场机制的调节作用，使社会生产与社会需求趋向于平衡。这实质上是价值规律以及供求规律和竞争规律作用的具体表现。市场经济作为一种经济制度，是以生产资料私有制为基础的商品经济制度。完全的市场经济，实质上就是资本主义经济。在这种经济制度下，市场机制对商品交换和商品生产自发地起调节作用，整个社会再生产由"看不见的手"自发地进行调节。

计划是经济管理的手段，是在调查研究的基础上，通过科学的预测，制定未来的经济活动方案。计划机制是指通过经济计划来推动微观和宏观经济的运行。在微观经济领域，通过企业计划工作，协调其内部各环节的经济活动，并力求与外部环境相适应，争取增加产量，降低成本，提高产品质量，加速商品流转，从而提高企业的经济效益。在宏观经济领域，通过国民经济计划，协调各部门和各地区的经济活动，力求生产、分配、交换和消费都保持一定的比例关系，有效地利用社会资源，从而提高全社会的经济效益。计划调节是指国家对社会经济实行计划管理，通过计划手段或自觉利用价值规律来指导和约束企业的经济行为，调节生产资料和劳动力在各部门之间的分配比例。计划调节既包括国家通过下达指令性计划实现的调节，也包括通过指导性计划，利用各种经济杠杆，自觉利用价值规律进行的调节。因此，计划调节的程度和范围，不仅要受生产的社会化和组织性程度的制约，还要受生产资料所有制的制约。计划经济就是建立在生产资料公有制和社会化大生产基础上的经济制度，是国家对社会主义经济进行管理的基本形式，也是社会主义生产方式区别于其他生产方式的一个重要标志。实行计划经济是社会主义公有制基础上产生的国民经济有计划按比例发展规律的客观要求。计划经济不是指个别企业经济活动的计划性，而是指全社会经济活动的计划性，其目的是为了最大限度地满足整个社会日益增长的需要。

三

市场、市场机制和市场调节是商品经济所共有的属性，不论是资本主义商品经济，或是社会主义商品经济，市场和市场机制都是客观存在的，也都可由市场机制调节社会经济的运行。计划、计划机制和计划调节是社会化大生产的客观要求，在社会化大生产条件下，资本主义经济和社会主义经济都要保持一定的比例关系，也都需要有计划地调节社会经济的运行。

在自由放任的资本主义阶段，社会经济曾经完全由市场机制自发调节，在价值规律自发作用下和竞争与生产无政府状态中，靠周期性的经济危机来强制纠正经济发展中的不均衡状态，完全由价值规律自发调节社会经济运行，即完全的市场经济。由于以生产资料私有制为基础，不可避免地有其固有的缺陷：市场机制对实现全面协调和制约企业短期行为的有限性，独立的商品生产者为各自的利益而参与竞争的盲目性，通过价格波动的晴雨表反馈供求信息的滞后性，通过危机强制实现按比例分配社会劳动的破坏性。因此，随着社会化大生产的进一步发展，资本主义国家也力图利用现代科学技术，通过经济计划干预社会经济生活，强化国家在经济管理中的作用。不可否认，当代资本主义经济中的计划调节，在一定范围和一定程度上实现了国家对社会经济的宏观控制，作为适应社会化大生产对国民经济进行计划管理的方法，也取得了一定的成效。但在生产资料私有制条件下，资本主义经济不可能转变为计划经济。资本主义社会所实施的计划调节，不可避免地存在固有的局限性。由于生产资料私人占有，整个国民经济掌握在若干各自为政的资本主义企业或资本集团手中，它们为了追求最大限度的利润相互进行着剧烈的竞争。尽管个别企业内部可能是有组织、有计划的，但国家的计划调节只能是有限度、预测性的，不可能要求资本家牺牲自己的利益去服从国家计划的要求，政府提出的计划对企业并不具有强制性和约束力，在利润法则支配下，国家计划往往被排除在资本主义企业的视野之外。可见，对整个社会经济运行来说，资本主义经济的调节手段，必然是市场调节占主导地位，或者说基本上是市场经济；而计划调节手段的运用，只能在很有限的范围内发挥一定的作用。

计划经济是与社会化大生产和生产资料公有制紧密地联系在一起的。社会化大生产决定了实行计划经济的必要性和可能性。列宁曾经指出："没有一个使千百万人在产品的生产和分配中最严格遵守统一标准的有计划的国家组织，社会主义就无从设想。"① 恩格斯指出："一旦社会占有了生产资料……社会生产内部的无政府状态将为有计划的自觉的组织所代替。"② 社会化大生产和生产资料公有制在社会主义经济中占统治地位，决定了不仅有必要而且有可能实行统一的计划管理，根据社会再生产的客观规律，按照一定的比例来分配社会劳动。

四

商品经济是存在社会分工和生产者具有自身物质利益条件下，直接以交换为目的的经济。我国社会主义经济建设的实践证明，社会主义商品经济的广泛发展，同样会产生某种自发性和盲目性。相对独立和独立的商品

① 《列宁选集》第3卷，人民出版社1960年版，第545页。
② 《马克思恩格斯选集》第3卷，人民出版社1972年版，第323页。

生产者具有追求自身物质利益的内在动力，势必会产生自发性；在复杂的社会分工体系中，个别商品生产者的地位决定了他们难以及时、全面、准确地掌握社会供求信息，势必会产生盲目性。因此，社会主义商品经济必须实行计划调节，加强计划管理，以克服自发性和盲目性，增强统一性和自觉性。在生产资料公有制的基础上，国家按照社会主义生产目的和国民经济有计划按比例发展的要求，制订统一的经济计划，调节社会总劳动时间在各部门的分配比例，使社会总供给与总需求趋向平衡，力求国民经济以较高速度持续稳定地发展。40 年来，我国社会主义计划经济已经显示出巨大的优越性。首先，对十分落后的经济基础进行了伟大变革，建立了比较完整和相当强大的国民经济体系，工业经济规模不断扩大，农村经济逐步走向繁荣，国家的综合经济实力大为增强。其次，在社会生产力发展的基础上，人民生活水平显著提高，一个脱胎于一穷二白的半殖民地半封建社会的大国在几经磨难之后，业已基本解决温饱问题，正顽强地迈出走向小康的步伐。40 年所取得的成就相当于某些发达资本主义国家一个多世纪所取得的成就，两者由于历史造成的差距正在大大缩小。

当然，实事求是地肯定计划经济的巨大优越性，绝不是说我们的计划管理十分完美，计划经济的优越性已获得充分发挥。事实上，在党的十一届三中全会以前，我们实行的是高度集中的计划经济体制，在一定程度上把计划经济和商品经济对立起来，排斥市场的调节作用，集中过多，统得过死，限制了社会主义制度优越性的发挥，严重阻碍了社会生产力的发展。历史的经验教训使我们终于懂得了，适应有计划商品经济发展的要求，社会主义的计划体制应该是统一性同灵活性相结合的体制，亦即在坚持计划经济的同时，必须发挥市场调节的积极作用。这是因为：在不同所有制和不同生产力水平的众多企业尤其是中小企业大量存在的情况下，商品生产千门万类，社会需要千变万化，加之我国幅员广阔，人口众多，交通不便，信息不灵，经济文化发展很不平衡，企图把一切经济活动统统纳入计划，忽视市场调节的重要作用，结果必然会造成计划同实际严重脱节。我们必须牢记列宁的告诫："现在对我们来说，完整的，无所不包的，真正的计划 = '官僚主义的空想'。""不要追求这种空想"。而且，实行计划经济不等于必定以指令性计划为主。指令性计划和指导性计划都是计划经济的具体形式，应当将二者有机地结合运用。在有计划商品经济中，社会供求总量和结构的变化，主要通过市场灵敏地反映出来，国家实行计划调节不应过多地采用直接下达实物指标的方法来进行，而是要充分运用各种经济杠杆，把计划调节的重点转向调节市场。

计划经济与市场调节的有机结合，实际上也是有计划按比例发展规律与价值规律的交互作用。社会主义公有制的主体地位决定了计划调节和计划经济的主导作用。价值规律是商品经济的固有规律，自觉运用价值规律便成为计划经济与市场调节的结合点。完全由市场调节的部分产品，国家不作计划，由企业根据市场变化自行安排生产，这种生产和流通，受价值规律自发作用的调节，也要受计划经济主导作用的影响和制约，自觉利用价值规律将引导和限制价值规律的自发作用。

中国十年改革的伟大成就业已证明，中国坚持改革的前景还将证明，坚持计划经济与市场调节的有机结合，在总体上有计划按比例地发展国民经济，是社会主义中国更加繁荣富强的希望之所在。

（原载《云南财贸学院学报》1990 年第 1 期）

培育市场　搞活流通
加速云南省经济的发展

一、云南商品流通与商业发展滞后的主要表现

云南地处祖国西南边陲。由于历史的、地理的等多方面原因，资源丰富的云南，商品经济发展却十分落后，商业很不发达。改革开放十多年来，尽管云南商业与商品流通获得较大发展。但与沿海地区的差距在扩大，商业的发展滞后于国民经济发展的客观需要，使本来不甚发达的工农业生产，常因流通不畅受到影响。搞活流通，振兴商业，是加速云南经济发展的必由之路。

云南流通与商业发展滞后的主要表现是：

（1）在全国商品流通中的地位趋于下降。1989 年，云南人均社会商品零售总额，仅相当于全国平均水平的 62%，而 1978 年为 67.5%，1965 年则为 83.6%。与此相反，商业人员负荷偏重，每个商业网点服务的人口比全国平均水平多 36%，每个商业人员服务的人口比全国平均水平多 76%。从产业结构看，第三产业产值的比重，全国平均水平为 27%，云南仅为 17%。

（2）市场发育不健全，市场机制不完善。在经济政策放宽后，集体、个体和私营商业的发展，集市贸易、长途贩运等组织形式，虽弥补了国营商业一统天下时的诸多不足，但还不能适应现代商品经济发展的需要，要素市场和专业市场体系尚未形成，高层次市场组织建立迟缓，大宗商品流通的规范化的批发市场和期货市场尚待建立。由于封闭式的行政区划市场

依然存在，价格、竞争等因素存在扭曲现象，市场的组织和创新功能极弱，交易方式单一，形不成各具特色的分类商品市场，使得市场机制难以正常发挥作用。

（3）商品经济观念淡薄，商业人员文化素质不高。重生产、轻流通的观念不同程度地存在，以消费需求为中心的市场导向尚未形成。全国农业商品率已超过 60%，而云南仅占 41.9%。由于商品生产和商品流通不发达，商品生产者多未经受市场的锻炼，开拓市场和参与竞争的能力较差。近几年，省外各地商人纷纷涌入云南，甚至深入穷乡僻壤，但云南商人运销土特产品到外地市场者甚少。国合商业职工队伍 30 余万人，文化素质偏低，大多数为初中以下学历，还有少数文盲、半文盲。

（4）国合流通企业经营机制不健全，缺乏发展后劲，活力不足。国合商业构成云南流通力的主体，在经营网点、职工数量、物质手段等方面有一定优势，但从整体上看，在竞争中的状况不佳，阵地短小，效益下降，市场占有率越来越小，亏损面和亏损额扩大。从根本上说，国有流通企业承担着双重职能，集商品经营者职能和市场调节者职能于一身，政府对企业经营活动干预过多，是企业经营机制不健全的重要原因。国合商业的经营自主权尚未完全落实，经营范围、用工和分配不能完全自主，有的企业要承担政策性亏损的经营任务，批发企业要代行税务机关的部分职能，多数企业还要承担社会保障系统不能解决的各种负担，企业没有成为真正意义上的市场主体，即成为完全自主经营、自负盈亏的商品经营者，实在难以担负社会赋予的经济职能。

（5）商业设施不足且陈旧，市场交易工具落后。国合商业，特别是粮食、供销社系统基础设施严重不足，全省现有粮食仓库 30% 需大修改造，大量粮食露天堆放；供销社现有仓容仅占需要量的 36.2%，经营设施仅占需要量的 37.5%，而且这些仓库设施中约有三分之一属应拆除和改造的危房。交通运输是商品实体运动的重要条件，云南山区面积占 94%，交通不便成为商品流通的主要障碍。全省有近 80% 的县无铁路，商品运输主要靠公路，不仅运输成本高，而且物流难度大，仓储、运输、通信等市场疏通的基础设施和基本工具发展滞后，制约了商品流通，市场半径小，覆盖功能差。

（6）市场管理法规不健全，有效地调控市场的机制和手段尚未形成。

目前省、地（州、市）、县各级尚缺乏商品流通的综合调控部门，未建立起一套行之有效的调控体系，缺乏明确的市场交易规则，对社会商业不能进行有效的管理，致使流通体系显得比较混乱。价格双轨制及过大的价格落差，多种出厂价、批发价，乱了价格源头，为投机经营者提供了可乘之机。加之法制不健全、税负不均等，造成不公平竞争的市场环境，严重阻碍着守法经营的商业的健康发展。

二、搞活流通的基本思路

发展商业，搞活流通的关键是转变观念，出路是深化改革。转变观念首先要明确流通、商业在社会再生产中的地位、作用，在承认生产决定流通的条件下，应承认流通也决定生产，生产与流通相互决定，商品经济越发展，流通对生产的作用越大。全社会都要树立正确的流通观念，真正把流通摆在和生产同等重要的地位。在现实经济生活中，商品流通主要是由商业组织经营的，发展商业是发展工农业生产的重要条件。全社会都要重视商业，在社会劳动分配和建设投资的分配中，商业劳动和商业投资都应保持恰当的比例，使商业与国民经济发展的要求相适应。

深化流通改革的基本思路是：

（1）积极创造市场发育的必要条件，建立和健全市场体系。相对稳定的市场环境，是市场健康发育的必要条件。应对原有流通组织形式的再造和新的流通组织形式的开拓同时并举，应按照市场运行规律的内在要求，建立、健全各具特色的分类市场，在中心城市可试办期货交易所，改造现有的批发机构，逐步形成批发市场体系，通过企业兼并与横向联合，组建流通企业集团和连锁商业组织，提高规模经济效益。商品市场的不断发展与完善，必然要求建立金融市场及其他要素市场与之配套。

（2）建立统管社会商业的职能机构，加强行业管理。统筹安排商业布局，调整商业发展速度和规模，建立与健全市场规则、法规，依法管理社会商业；协调主辅渠道之间、多种经济成分商业之间的分工协作关系，开展公平、有秩序的竞争，反对和制止不公平竞争；加强市场监督管理，特别要加强广告、商标管理，维护生产经营者和消费者的合法权益，严格查处违法经营，对制造和出售假冒伪劣商品、做假账、偷税漏税者，一经查实，要绳之以法，严厉制裁。

（3）结合地区和行业的实际，积极推行商业“四放开”。“四放开”的实质，是还权于企业，使企业成为自主经营、自负盈亏的商品经营者。供销合作社是集体所有制的商业，理应享有更充分的自主权。应对国合商业给予一定的政策倾斜，加强流通设施和商业网点建设；减轻企业负担，增强企业自我积累、自我发展、自我完善的能力，加快自有流动资金补充的速度，增强国合商业综合经营和服务功能，确立其在城乡市场上的主渠道地位，夺取市场竞争的主动权。

（4）深化企业内部改革，健全企业经营机制。国合企业实行全员风险抵押承包，把职工个人利益与企业兴衰、职工收入与企业盈亏紧密联系在一起，加速企业内部生产要素的合理配置，首先要改革用人用工制度，优化劳动组合，促进人才竞争和流动。实行承包时要公开招标，选贤任能。在企业内部，可给予各经营部门相应的经营自主权，使其在企业领导下灵活自主经营。扩大企业资金来源渠道，从企业内、外部多方面筹集资金，以增加流通中的资金总量。

（5）提高商业人员的文化、业务素质。商业企业有了自主权，有了好的机制和体制，还需要有素质高的职工队伍，才能把企业办好。商业企业的人才，特别是管理人才，应具备战略的眼光，决策的能力，现代营销观念，了解消费需求和消费心理，能在适当的时间、地点以适当的价格和方式，把适合消费需求的商品供应给顾客。为培养新一代的社会主义商业人才，要增加智力投资，强化对商业职工的培训，提高职工队伍的整体素质。民贸的发展，要把培养少数民族从商人员放在突出的位置。

（6）加强对外贸易和经济技术交流，大力发展边境贸易。充分利用云南对外开放面临的好机遇，加强对外贸易和引进外资、技术与智力，扩大出口创汇。充分重视边境贸易在云南的特殊地位，把有关优惠政策、特殊政策用足用够。

（原载《商业经济研究》1992 年第 8 期）

论社会主义市场经济的一般性与差异性

一、市场经济的内涵

“市场经济”一词是在 19 世纪末才流行起来的。关于什么是市场经济，当今在西方存在不同的解释。一种观点认为，市场经济是具有特定内涵的概念，是指以生产资料私有制为基础的资本主义经济。持这种见解者，把市场经济归结为一种经济制度，并就此提出市场经济制度的基本原则，或称为内在规定性，如以私有制为基础，私有财产神圣不可侵犯；契约自由原则，签约内容政府不得干预；自我负责原则，决策分散，盈亏自负、风险自担。他们据此把市场经济与统制经济和计划经济相对立，进而把市场经济和计划经济看作资本主义和社会主义两种不同的经济制度。某些政界和新闻人士，已习惯于把资本主义国家称为市场经济国家，把社会主义国家称为非市场经济国家，世界银行历年的《世界发展报告》，也是作如是划分。另一种观点认为，不应把市场经济的含义固定化，市场经济是指主要通过市场机制作用配量社会资源的经济方式，并不注定以私有制作为其唯一基础。有的经济学者依据所有制基础不同，也采用资本主义市场经济和社会主义市场经济的提法。比较经济体制学的作者，多半把计划和市场都视作提供信息、调节决策的机制，二者可以结合运用。他们认为计划与市场不是固定不变的经济制度，而是经济手段、措施、政策，甚至只是解决问题的工具。纯粹的市场经济并不存在，在现实中存在的都只是计划与市场的混合体。有的甚至认为，那种把市场经济当作资本主义独有的，社会主义经济必然排斥市场经济的观点，似有教条之嫌，是“教条的反社会主义者”。

以上可见，关于市场经济的所谓制度派和体制派的两派观点，西方经济学中早已存在。各国经济生活实践表明，制度派并未能说明非社会主义国家为何曾实施高度集中的统制经济，资本主义国家也都存在一定规模的社会公有制或国有经济。因此，把计划与市场视作资源配置的两种手段，分析比较两者的优点缺点，正是比较经济体制学兴起的客观依据，相比之下，体制派的观点无疑更具有科学性。

在资源配置中，计划与市场各有所长与所短，即各有有效与失效之处，正因此，现代市场经济已不是放任自流市场经济，各国都有不同程度和方式的国家干预。社会主义不可逾越商品经济充分发展的阶段，在进一步发展商品生产的过程中，必须利用市场机制作为配置资源的手段。与在传统体制下引入市场机制不同的是，在市场经济体制下，市场机制对资源配置起基础性作用。市场经济遵循利益最大化原则，能使社会资源配置比较合理、有效。市场经济中产权关系独立的利益主体，比较机会成本取舍投资方向，比较边际成本与均衡价格，决定发展规模，把有限的资源，分配使用于社会需要最迫切、效益最好的地方，实现资源优化配置，因而更有利于社会生产力的发展。作为有效配置资源的手段，价格机制是市场机制的核心，价格信号使及时进行经济计算、比较和选择成为可能。价格信号既是市场导向的指针，同时也是在市场供求力量的激烈竞争中形成的。价格信号既能灵敏地反映市场供求情况，同时又具有滞后性与盲目性，这就使有效的宏观调控成为必要，不再单纯由看不见的手进行调节；必要和有效的宏观调控，正是现代市场经济的题中之意。

二、市场经济的一般性

市场经济的一般性，主要是指市场经济的共性，在基本条件与方法上，社会主义市场经济与资本主义市场经济基本相似。这些共同点主要是：

（一）经济运行市场化

市场经济是市场对资源配置起基础作用的商品经济，一切经济活动都直接或间接地处于市场经济之中。市场化也就是社会化，产品、劳动与产权的社会化，构成生产或经济社会化的完整概念，产品、劳动和产权都通过市场为社会所用。人类社会实践证明，利用市场机制配置社会资源，是一种有效的方式。资源有限与需求无限是人类社会发展面临的共同经济问题，为了使资源得到充分合理的利用，使需求得到最大限度的满足，要求资源配置市场化。生产要素商品化、市场化，企业所需要的各种生产要素从市场取得，产品也通过市场实现价值补偿和实物替换。市场机制是价值规律发挥作用的形式，是市场主体在交换活动中所形成的价格、利率、供求、竞争、风险等方面的联系和制约的方式，市场导向的作用或市场调节的功能主要靠价格来实现，企业接收价格信号，按利益最大化原则决定、调整经营方向和规模，使资源配置合乎社会需要，优化社会经济结构，同时也节约资源耗费、减少资源占用，使社会经济效率增长。

市场机制的共同特性是：关联性，市场机制的任何一方面的作用，都会引起其他方面的连锁反应；制约性，市场机制的作用直接影响每一个主体的利益，又与一定的市场环境联系并受其制约；时滞性，市场机制的作用过程和效果，不是直接的而是迂回曲折的，所反映的供求信息往往是滞后的。

市场是市场机制发挥作用的场所，没有发达的市场，市场经济便失去载体，就不可能通过市场机制去调节社会经济生活的过程。只有各类商品市场和要素市场得到充分发展，市场机制才能充分发挥作用。因此，经济运行市场化和资源配置市场化，要求从商品流通的实际需要出发，培育发展商品市场，同时重视各种要素市场的建设，使各类市场完善配套，形成全方位、多功能、综合配套的市场体系。

（二）企业行为自主化

企业是市场行为的主体，只有企业不仅能接收市场信息，并且可及时作出反应，市场机制才能发挥有效配置资源的作用。市场经济中的企业，必须自主、自立、自负盈亏，在市场竞争中自行发展。企业要自主，必须摆脱行政机构附属物的地位，真正自主决策，关于生产、经营的方向、范围、规模和方式等，完全由企业自主决定。企业的自立，是指依靠自身的经济实力和竞争能力，而不是依赖行政权力的照顾和财力的支持，在参与公平竞争中求生存和发展。企业应是产权界定清楚、产权关系明晰的利益主体单位，这不仅是自主经营的基本前提，也是真正做到自负盈亏的必要条件。在明晰产权、自负盈亏的基础上，企业在竞争中形成破产、兼并、扩张的淘汰选择机制，既有强烈的激励性，又有强大的压力。不难设想，如果企业未能享有充分的经营管理自主权，就不能依照法律、法规，根据市场需求自主地从事生产经营和再投资活动，自主调整产品结构、营销组合和企业结构，也就不能真正面向市场、自觉按商品经济规律办事。早在20世纪30年代，波兰经济学家兰格已意识到社会主义经济也需要市场机制，但他的“模拟市场”，不仅由于技术上的困难不能实现，特别是由于忽视了利益机制，当企业不是独立自主、自负盈亏的商品生产者时，就没有足够的动力和压力促使它们对市场价格信号灵敏地作出反应，市场化成了“乌托邦”，资源的优化配置就不可能实现。

（三）市场竞争规范化

市场经济是竞争性经济，只要有商品生产和商品交换就必然有竞争。价值规律是通过竞争机制和供求规律来实现的，鼓励竞争、保护竞争是商品经济基本规律的要求。正是竞争，鞭策着每一个商品生产经营者，遵循利益最大化原则，合理配置资源，否则将在竞争中被淘汰。恩格斯指出：“在一个进行交换的商品生产者的社会里，如果谁想把劳动时间决定价值这一点确立起来，而又禁止竞争用加压力于价格的办法，即一般说来是唯一可行的办法来确立这种价值的决定，那就不过是证明，至少在这方面，他采取了空想主义者惯有的轻视经济规律的态度。”①

规范化的市场竞争具有三个特点，就是自由、平等、公开。市场竞争的特性，要求自由地生产和销售，自由地比较和选择，所以竞争也叫作自

① 《马克思恩格斯全集》第20卷，人民出版社1975年版，第215页。

由竞争。在市场经济中，企业在遵守一定法律、法令、条例的条件下，能自由参与或退出竞争，自主制定和实施营销战略、策略。对企业的经营范围和商品流通范围，不应有过多的限制，要打破条块分割、行业垄断和地区封锁，形成统一的国内市场。竞争要求平等。商品是天生的平等派，商品要求等价交换，竞争也必须遵循平等的原则。平等不是指竞争者之间在生产规模或经济实力等方面的绝对均等，而是指机会均等，也就是要在同一起跑线上开展竞争。平等更不是消灭差别，相反，竞争正是为了展现差别，使素质不同、努力程度不同者在竞争中拉开档次。竞争还要求公开。竞争要互相比较，决出优劣，不公开就不能公平较量。竞争和选择分不开，商品要由消费者的货币选票来决定优胜劣败，不公开就无法选择。公平竞争要求将竞争的条件、规则和结果公开。自由、平等、公开，可以说是规范化的市场竞争所必备的条件。

（四）宏观调控间接化

既借助市场机制，通过竞争实现资源的最佳配置，又实行有效的宏观调控，保证社会经济的正常运行，这是现代市场经济与自由市场经济区别之所在。亚当·斯密强调，如果赋予个人以追求他们私人利益的自由，市场这只看不见的手，将使他们以对社会负责的态度相互行动，人们会使用最有效的生产手段，生产出适应消费需求的产品，无需政府采取行动。政府充当“守夜人”的角色，只是维持经济持续，经济是由“看不见的手”来调节。20世纪以来，随着生产社会化的发展，交换更加发达，市场体制进一步完备，市场机制更加强化，市场在更广阔的领域成为配置资源的主要力量。但市场调节毕竟是“借不实现而实现”，是一种带有盲目性的机制，难以保持再生产的比例性和运行的有序性，故高度发达的市场经济，也孕育着更加尖锐的周期性危机。同时，有些关系到经济和社会发展全局的问题，如人口、环境等方面的问题，又是市场力所不及的。因此，为减少经济波动，实现稳定增长，促使当前利益和长远利益、局部利益和整体利益有效地结合，要求引入某种有制衡生产无政府性的机制。20世纪30年代起，西方发达资本主义国家纷纷采用政府的宏观调控，通过财政政策、货币政策以及其他手段，对经济活动进行干预。这种市场经济条件下的宏观调控，不是由政府各部门直接干预企业生产经营的具体事务，而是以市场为中介，通过非指令性计划、经济杠杆、产业政策等调节和规范企业的经济活动。

间接宏观调控不同于以行政命令为基本特征的直接管理方式，调控对象从实物形态为主转向价值形态为主，调控内容从指标管理为主转向政策指导为主，调控手段从以行政手段为主转向以经济手段为主，同时运用法律手段和必要的行政手段。宏观调控是国家管理经济的基本功能，有利于弥补市场调节的不足，促进生产与需求的及时协调。

（五）经济管理法制化

市场经济也是法制化的经济。市场法制是指在市场活动中，运用反映市场经济规律要求的法律来管理经济，把一切经济活动纳入法制轨道。不以规矩不能成方圆，没有健全的法制，就如同竞赛没有规则，或者说，在体育比赛中，允许某一参与者犯规，必然侵犯循规参赛者的权利，也就没有真正的公平选择，就不可能存优汰劣。市场经济并非无政府的自由经济，秩序是市场经济的第一要求，要以法律的规范性、强制性、统一性、稳定性的特殊功能，保障市场机制的正常运行。在市场经济体制中，市场运行要有序，市场竞争要公平，企业行为要自主，间接调控要有效，都需要建立、健全相应的法制，用法律规范企业行为和政府行为。没有一定的法制基础，市场经济就不可能从根本上确立起来。

严谨、科学、统一和完备的经济法规体系包括：使市场经济基本关系规范化的法律、法规，如民法、公司法、预算法、银行法等；使市场主体行为规范化的法律、法规，如反垄断和不正当竞争法、消费者权益法、房地产交易法等。竞争性的市场机制，还需要制定社会保障法，以有利于在促进开展公平竞争的同时，保障职工生活和安定社会环境。

以上五点是市场经济的基本要求，也是建立社会主义市场经济体制的重要内容。目前，我们的现实情况是各方面都还存在一定的差距，都还有很多工作要做，要把新的经济体制全面建立和完善起来，还需要经历一个相当长的过程。

三、市场经济的差异性

市场经济的差异性是指资本主义市场经济和社会主义市场经济的制度属性、本质特征存在差别。二者的差异性主要表现在以下两个方面。

（一）所有制关系

社会主义市场经济以生产资料公有制为主体、为基础。

国际上市场经济的客观实践证明，市场经济可以与公有制兼容。有的西方经济学者认为，市场经济的关键是企业，其当事人是企业家，企业家必须能自由决策并对自己的决策负责。企业家的决策自由和责任可以与各种不同的产权形式相联系，这些产权形式，可以是私有产权，也可以是混合产权和国有产权。

社会主义市场经济坚持社会主义公有制的主体地位，从根本上与资本主义市场经济相区别。如果不以公有制为基础，社会主义就不成其为社会主义。人类社会的实践表明，经济上的两极分化，主要是由生产资料占有造成的。社会主义的本质是解放生产力，发展生产力，消灭剥削，消除两级分化，最终实现共同富裕。如果不实行公有制，这一目的就不可能达到。坚持社会主义原则实行市场经济，是要从资本主义市场经济中吸取某些反映生产社会化、商品化、现代化共同规律的人类社会文明成果，这些并不是资本主义的专利，既可为以私有制为基础的资本主义所用，也可为以公有制为基础的社会主义所用。

利益主体多元化以及为实现主体利益而开展的竞争，是市场经济的最本质要求，只有单一的所有者，或者说只有单一的利益主体，竞争会失去实质性意义，因此，以公有制为主体、为基础，并不是说公有制越“纯粹”、越“高级”越好，同时，公有制并不等于国有，国有并非都要国营，从我国社会主义初级阶段的实际出发，相当长的时期内，还要多种经济成分并存。至于各种经济成分到底占多大比例，一般说来，应由实践决定。从目前的所有制结构看，只要符合社会需要，有利于社会生产力的发展，应培育更多的非国有经济成分，私营、个体经济则需要有较快的发展。

所有制的结构要改革，公有制的实现形式也要改革。在保持公有制性质的条件下，改革公有制企业的运营形式，首先还是要让企业拥有必要的经营自主权，成为名副其实的法人实体和市场主体，从而提高其运行效率。我国经济体制改革的实践证明，公有制企业只要享有独立自主的经营权利，是可能适应国内、国际市场竞争，并在竞争中发展壮大的。我国有些改革试点的大中型企业搞得很好，城乡集体经济蓬勃发展，也都说明市场经济和公有制是可以兼容的。

（二）收入分配关系

公平与效率的适度选择是社会主义市场经济的又一重要特征。建立社会主义市场经济体制，要以共同富裕为目标代替传统的按劳分配方式。在以按劳分配为主体，其他分配形式为补充，允许一部分人先富起来的格局中，实现共同富裕。

传统的计划经济体制，对劳动工资实行指令性计划的统分统配，强调公平，漠视效率，并未能实现以按劳分配调动劳动者积极性的初衷。相反，平均主义已成为最普遍的分配不公现象，企业、组织内部干多干少、干好干坏一个样，不利于调动积极性和劳动生产率的提高。近几年，在大多数国有企业和行政事业单位，平均主义的现象并未有根本改变，而是在内部分配平均主义泛滥的同时，部门、行业间收入悬殊。问题还在于这种收入分配差别并不体现按劳分配原则，价格双轨制和价格扭曲现象，垄断利润归于部门或某些单位，助长了分配不公。在市场经济体制下，以共同富裕为目标，既要允许一部分人通过诚实劳动、合法经营先富起来，还要通过国家法律与政策调节居民收入水平，缓解差别悬殊，这应是确立公平原则、实现共同富裕的根本途径。但是，解决的办法不能求助于统一的、僵化的计划分配体制，而应大胆引入市场机制，按照市场竞争的规则来改革劳动、人事和分配体制，力求公平与效率妥善结合。社会主义既要利用市场经济高效率的优点，又要防止金钱成为统治世界的“暴君”，力求使社会保持适度的平等。在效率和效益不高的情况下，应更多地体现效率第一、公平第二的原则，以利于工作效率和人才素质的提高。

在社会主义市场经济体制下，要让生产资料进入市场，劳动者同时又是财产的所有者，在很多场合实行按劳动分配和按资分配相结合，应成为不可避免的现象。当前允许一定范围和限度内按资分配，既有其必要性也有合理性。我国民间金融资产已达3000亿美元之巨，如动员其中的三分之一用作投资，对解决建设资金不足，加快经济发展具有重大意义。因为我们对私人通过储蓄、买债券得到利息收入，历来褒之为“功在国家、利在自己”，对外商投资也一直强调要让人家有利可图，怎能不允许国内居民从投资中获利致富呢？更何况，把货币用于投资、买股票或直接用作经营资本，较之储蓄和买债券要承担较大的风险，获得较多的收入，不也是相对合理的吗？要坚持社会主义原则，坚持按劳分配为主，实现共同富裕，不是要限制私营、个体经营的发展和取消按资分配，其主要途径应是：除以税收调节收入分配外，要进一步深化改革，搞活国有经济，保证国有资产保值、增值，同时，大力发展城乡集体经济，壮大公有制经济的实力。

（原载《云南财贸学院学报》1993年第4期）

企业资产量化的理论与方法探索

一、资产量化的含义

资产量化是指在资产评估产权界定的基础上，对存量资产中明确归属企业的那一部分资产，依据一定的因素，全部或部分地分解到职工个人。

对于集体所有制企业来说，归属企业的资产，应为出资者和职工共同拥有。原为国有企业的资产，在产权界定中，按政策界定归属企业的部分资产，也应由职工共同拥有。但是，共同拥有毕竟是一个模糊的概念。有人说："共同拥有，不知终究归谁所有?" "共同拥有，不知我有几许?"由于没有真的解决好生产资料归部分劳动群众占有的问题，产权模糊，使职工的主人翁责任感淡漠了。

资产量化就是要明晰企业内部的产权关系，让职工实际上拥有对企业这一部分资产的所有权和收益权，职工就是经营者、劳动者，同时又是资产的所有者和受益者，企业利益与职工利益息息相关，一荣俱荣，一损俱损。这样，资产量化使企业从内部所有权关系上区别于以往的国有企业和传统的集体所有制企业。以往国有企业属全民所有、国家经营。理论上人人有份，实际上包括本企业职工在内，任何个人都不得占有。传统的集体所有制企业的产权也没有量化到个人，集体所有的资产具体到职工个人是多少，谁也不知道。资产量化是近年来股份合作制企业的重要标志之一，也是对企业产权制度的重大改革。通过这一改革，职工除拥有属于消费资料的家庭财产外，还可拥有公有制企业中的部分资产，这部分资产也构成职工受法律保护的个人财产的一部分。

资产量化的法律依据是我国《民法通则》的有关规定："财产可以由两个以上的公民、法人共有。共有分为按份共有和共同所有。按份共有人按照各自的份额，对共有财产分享权利，分担义务。共同共有人对共有财产享有权利，承担义务。"据此，属于企业所有的存量资产，可分为两部分：一部分为共同所有，其产权不可分割，只能由企业法人占有、支配和使用，其收益也由企业法人支配；一部分为按份共有，产权量化到职工个人名下，职工作为按份共有人，按照各自的份额拥有股权，按股参加分配，资产仍由企业法人占有、支配和使用。依据《民法通则》："按份共有财产的每个共有人有权要求将自己的份额分出或者转让。但在出售时，其他共有人在同等条件下，有优先购买的权利。"

二、资产量化的作用

企业存量资产中量化一部分到职工个人名下，其积极意义在于：

（1）有效地激发职工的主人翁精神。资产量化使职工真正成为企业资产的所有者，按照量化到自己名下的股权，可参与企业经营和分配，职工与企业利益共享，风险共担。职工作为股东，理应比产权模糊时更能从切身利益上关注企业经营，重视经济效益，力求企业资产增值，使企业发展具有强劲的内驱力。职工作为股东参与企业的民主管理和对领导层的监督，必将对改善企业经营发挥有益的作用。

（2）有效地提高职工个人股份的比重。由于目前大多数企业职工收入水平不高，内部投资入股的经济能力有限，这就决定了老企业（包括国有和集体所有企业）改造为股份合作制企业时，单靠职工投资入股，其所占比重不可能很大，规模较大的企业，职工个人股的份额更是微不足道，难以收到预期效果。为了使职工关心企业的兴衰成败，使企业真正成为"利益共同体"，把劳动积累形成的存量资产界定为企业资产的一部分，量化到个人，可有效地提高职工个人股的比重，企业经济效益好时，还可增加职工的收入。

（3）有效地推进企业制度改革。产权明晰化是建立现代企业制度的重要条件。正是在产权关系明晰的基础上，企业拥有全部法人财产权，成为享有民事权利，承担民事责任的法人实体。资产量化后，职工按所拥有的份额享有所有者权益，包括资产受益、重大决策和选择经营者等权利，企业破产时，职工也以拥有的股份对企业债务负有限责任。这样的企业组织，以法人制度为基础，以有限责任为特征，无疑是向现代企业制度迈进了一大步。

三、资产量化的方法

在产权界定的基础上，把归属企业或集体的资产量化到个人，不同地区、不同企业采用的具体方法很多，基本方法一般可分以下几个步骤：

（1）确定量化总额。企业或集体股权，是全部或部分量化到个人，部分量化的比例大小，决定量化的基数，需首先慎重加以确定。共有股权的收益，可用以增加公共积累，改善集体福利，或量化到职工个人名下，这都有利于企业的长期发展，有利于增强企业的凝聚力。同时，企业资产中，有一部分是国家实行减免税及税前还贷等优惠政策形成的，并且考虑到职工的流动性，劳动积累也不宜全部量化到现有职工。因此，历史较久的企业，保留一定的共有股份，是比较有利和合理的。完全没有公共积累，则与合伙企业没有区别。在解决企业内部产权关系时，有的地方采用"集体产权占小头、个人产权占大头"的原则，把处于虚置状态的集体资产的主体部分分解到个人，确立劳动者在产权上的主体地位，实践已证明这有利于更好地明晰产权，充分尊重和维护劳动者的根本利益和合法权益，防止集体财产流失和分配上的平均主义，有利于企业经营机制的转换和改善经营管理。因此，被认为是"集体所有权和个人所有权关系的最优化处理"。

（2）确定量化对象。投资者的股权，一般是在产权界定时明确的。确定资产量化的对象，最主要的是适当处理新老职工、现在与前任经营者的权益关系。资产量化时充分考虑到企业各个时期的职工和经营者的贡献，尊重历史，固然有其合理性，但对于多数企业，特别是历史较久、人员流动性大的企业，量化对象要包括全部已离任的原有职工，不仅难以操作，甚至无法操作。加之历史因素和个人情况异常复杂，要区分清楚非常难，不区分又不尽合理。而且，量化总额既定，范围扩大，量化到现有职工的份额就较少，也不利于调动积极性。因此，量化的对象要有一个比较合理又便于操作的时限规定。例如，一定时点仍然在册或在本企业离退休的职工，可以参加量化。对于已离开企业的职工和经营者，即使曾对企业资产的形成有贡献，也只能淡化处理。

（3）确定量化因素。资产量化的具体操作比较复杂细致，量化时要引入多种权数，要考虑到职工的工龄、职务、职称、学历、经历、业绩等与资产形成有关的因素，通过各种权重来综合评价职工的贡献大小。一般在量化时主要依据工龄长短、责任大小、实际贡献三方面因素。

第一，工龄。指职工实际在公有制企业工作的年限，有的企业又将工龄区分为连续工龄和本企业工龄，在决定权重时本企业工龄高于连续工龄。

第二，责任。指职工的岗位职务，包括实际聘任的专业技术职务，由于职务的不同，担负责任大小也不一样。简单劳动与复杂劳动，在量化时要体现其差别。

第三，贡献。指经营者与劳动者的工作业绩和成果。企业的创业者、经营者、管理人员、工程技术人员、生产能手、劳动积极分子，在不同的岗位上都可以作出较大的成绩，以至有突出的贡献，量化时要适当体现差别。例如，有的企业的创业者、经营者，企业的发展和他们的努力不可分，单独提出一定份额量化给他们，职工也认为是合情合理的；有的企业划出一定份额量化给贡献较大的专业技术人员，有的经营者任职期间业绩平平，甚至决策错误造成损失，量化时就不宜单独强调责任大小，还要看尽职尽责的实际情况和效果。此外，实际操作时还可根据企业的具体情况，灵活制定适当的量化标准。

第四，确定持有份额。量化对象和量化因素确定后，还要确定量化的标准或权重，如量化到职工个人的资产在企业资产中的比重是多少，创业者、经营者和专业技术人员在量化总额中的比重是多少，工龄、责任、贡献在量化时各占比重多少工龄、责任、贡献等因素要划分档次，具体到人还要有所差别。这些权数确定后，即可具体计算每个职工所应持有的份额是多少。显然，依据多种权数量化到职工个人名下的份额，虽不能说完全合理，但不会是平均主义地再现往日的“大锅饭”。

四、有关问题的理论探讨

（1）“虚划”与“实划”。所谓“虚划”是指量化到职工个人名下的股权，只是作为分红的依据，不得继承、转让、离开企业不能带走，人在企业股权在，人不在即归企业，所有权属企业法人。“实划”则是承认个人的所有权，不仅可以继承，而且在量化一定时间后（如两年、三年）可以转让。主张“虚划”的论点认为，全面承认个人所有权似乎是“私有化”了，允许转让不利于企业的稳定和发展。主张“实划”者认为，资产量化后即属按份共有，按《民法通则》规定，持有者应有所有权。允许出售、转让，有利于资源优化配置，特别是有利于人才合理流动，一般并不会削弱企业经济实力。而且，只有承认持有者的所有权，量化给职工的资产，才是真有而不是假有，是实有而不是虚有，产权归属也才是真明晰而不是假明晰。所有权共有，收益权归个人，所有权与收益权分离，只能增加产权的混乱。特别是集体企业，理应坚持“自愿组合，退出自由”的原则，允许在企业内部转让股权，对企业的生存并不构成威胁，假如企业经营管理不善，股值可能下降，持有者失去信心，自愿降价转让，对企业发出警告，这并不一定是坏事。

（2）“老股”与“新股”。有的企业在实行股份合作制量化资产时，为筹集资金，提出“以老带新”，要求“老股”的持有者投入一定量资金后才生效，即“引导”职工按量化到自身的共有资产份额，投入相应的资金。姑不论这种“引导”的强制性违反了自愿原则，问题是职工是否普遍具备必要的经济实力。要求新投入额过少，则集资额有限；要求新投入较多，势必有人因缺少资金被迫放弃量化的股份。有些因贡献大等因素量化得份额较多者，也会因缺少资金不能全部兑现。因此，这种“以老带新”的做法，无异在按多种合理因素量化存量资产时，又增加了一个投入资金的条件，如不能或不愿投入，事实上就否定了量化的结果。因此，征集资金一般不宜采用“以老带新”的办法，而应根据实际需要扩股，充分发动职工自愿认购。

（3）公平与效率。企业存量资产的一部分，按多种权数量化到职工个人，不是把股权平均分配给职工，其结果必然在一定程度上体现差别，适当拉开档次，避免了在股权分配上的平均主义，进而也避免了股利分配上的平均主义。实践证明，按工龄、责任、贡献等因素量化资产，使每个人对企业资产的贡献转化成产权份额，体现了对职工劳动价值的尊重和肯定，有利于保护和激发职工的工作热情，鼓励他们多作贡献。以量化对分配带来的影响看，资产量化体现了按劳分配的原则，按股分红也就包含了按劳分配的因素。所以说，资产量化搞得好，实际上贯彻了公平与效率兼顾的原则。

（原载《云南学术探索》1995年第3期）

新一轮通货膨胀的特点、成因和对策

从1993年3月份开始，全国零售物价总指数突破一位数水平，1994年更超过20%，创新中国成立以来最高水平，1995年虽要求控制在15%以内，但仍在高位运行。可以说，我国正经历改革以来继1988年之后的新一轮通货膨胀高峰的冲击。

一、新一轮通货膨胀的特点

（1）时间长、幅度大，影响也大。1993年至今已两年多，要把物价控制在两位数以下，看来还要经历一段时间，也就是说总计在三年以上，甚至在今后一段时期内都将面临10%左右通胀率的威胁，同时，1994年商品零售价格涨幅高达21.7%，已成为经济生活中的突出问题。新一轮通货膨胀，时间之久，幅度之大，均为新中国成立以来所未有。严重的通货膨胀对经济发展和社会稳定都非常不利。政府宏观调控出现两难选择，不少准备出台的改革项目只好迟迟按兵不动，投资风险加大，使投资者徘徊观望。

（2）城乡价位都高，消费品尤甚。1994年商品零售价格环比指数，城市为20.9%，农村为22.7%（1988年零售物价指数城市为21.3%，农村为17.1%），居民消费品价格涨幅又高于商品零售价格，城市为25%，农村为23.4%，据测算，消费品价格影响商品零售价格涨幅达70%以上。在消费品中，吃的商品，如粮、油、肉、菜等，涨幅最大。恩格尔系数越大的地区，消费品价格涨幅越大。1995年上半年，商品零售价格指数涨幅虽有回落，同比仍上升18.5%。

（3）物价从上游产品高涨开始反射到下游产品。从工业品出厂价格看，生产资料价格涨幅 1993 年高达 33.7%，原材料、燃料、动力购进价格更持续大幅度上涨，一季度为 28.9%，二季度为 40.2%，三季度为 40.6%，四季度为 29.3%。在高价位的基础上，1994 年全社会生产资料销售价格继续升高。农副产品收购价格 1993 年上升了 13.4%，1994 年更上升 39.9%，很多工业原料价格大幅度上涨。上游产品价格牵动了下游产品价格上升。

（4）收入差距扩大，部分居民实际生活水平下降。1993 年和 1994 年，城镇居民人均生活费收入增加了 27.15% 和 36%，农村居民人均纯收入增加 17.55% 和 32%，扣除物价上涨因素，平均实际收入都有增长。但由于按要素分配分量加大，在收入差距扩大的同时，部分城乡居民实际收入有所下降。典型调查材料表明，全国 2% 的居民占有总收入的 30%，相当一部分居民收入却赶不上物价上涨。

（5）物价高涨的同时，储蓄余额大幅度增加。1993 年全国城乡储蓄存款余额净增 3658.1 亿元，1994 年又净增 6315 亿元，两年合计净增近 1 万亿元（9973.1 亿），1994 年末储蓄存款余额达 21519 亿元，比 1992 年末余额增长 86.38%，绝对额和增长率都创纪录，相当一部分有支付能力的消费需求在持币观望中未变成现实需求。

（6）稳定物价的措施缺乏效率。面对新一轮高通货膨胀率的冲击，1993 年上半年起，政府为稳定物价采取了一系列措施，包括抛售粮食平抑粮价，推迟价格改革措施出台，开展物价大检查等。但随着各类商品价格逐步放开，传统调控方式和手段的作用范围和力度日渐缩小，国家对重要物资行使吞吐能力的储备有限，加上市场法规不健全，无序的市场不利于形成合理的价格，故宏观调控不仅未能较快地见效，而且通货膨胀率依然不断攀升。

二、通货膨胀的主要成因

导致通货膨胀的原因很多，主要在于两方面：经济过热和改革滞后。

从经济过热的影响来看，1993 年上半年，已有经济过热的迹象，但各方面认识很不一致。1993 年 7 月，中央决定进行宏观调控，但出于对 1989—1992 年治理整顿教训的吸取，各级政府和理论界都只是强调“微调”。1993 年 8 月后，不赞成宏观调控的呼声渐高。1993 年 10 月底，北京“中国当前形势与深化改革问题研讨会”上，部分学者认为：“在新旧体制转换过程中，经济秩序出现一定的混乱是难免的”，经济不是“双过热”，而应该“双加快”。1994 年元旦社论提出“加快改革，加快发展”。不能不说这与后来的形势发展有一定联系。1994 年 1 月，钢材期货价格从 3000 元上升到 4000 元 1 吨，全社会出现高通货膨胀预期，1994 年 1—2 月，零售物价指数上升 20%。3 月份以后，才强调将改革、发展和稳定结合起来，并采取了一系列稳价措施。

经济过热与否虽意见不一致，但经济高增长是事实，国内生产总值 1992 年比上年增长 13.6%，1993 年又增长 13.4%，1994 年加强了宏观调控的力度，仍增长 11.8%，三年累计增长 44.4%，不能不说是超高速。问题还在于，经济发展的高速度，是由投资超高增长、货币超量发行和信贷超额投放支持的，这势必引发需求膨胀，导致供求缺口加大从而推动物价上涨。

全社会固定资产投资，1991 年增加 23.4%，1992 年增加 47.67%，1993 年增加 50.6%，1994 年增加 27.8%，四年累计增加 1.5 倍。1994 年总规模达 15926 亿元，相当于国内生产总值的 36.36%，约占国民收入的 45%（1992 年积累率是 34.4%，1993 年为 38，7%）。据国家计委初步调查，1995 年初全社会在建规模达 4.7 万亿元，剩余工程量有 2 万多亿元，这直接推动了以建材为主的生产资料价格上涨，同时倒逼货币发行，引起物价大面积、大幅度上涨。

流通中的货币量，1992 年比上年增加 1158.2 亿元，增长 36.4%；1993 年又增加 1528.7 亿元，增长 35.3%；1994 年再增加 1424.3 亿元，增长 24.3%；三年累计增加 4111.2 亿元，1994 年末已达 7289 亿元，比 1991 年增长 1.29 倍，远高于同期 GNP 和 GDP 的增长率。

国家银行各项贷款逐年增长，1992 年末余额为 18043 亿元，1994 年已达 31603 亿元，两年共增加 13560 亿元，增长 75.15%。

另一方面，在体制改革滞后的情况下，价格改革迈大步，财税改革对物价上涨也有一定影响。

体制改革滞后形成的投资膨胀与消费基金膨胀，是新一轮通货膨胀的直接成因，公款消费膨胀更起着推波助澜的作用。在投资体制上，责权利不明，片面追求规模与产值，恶化了“投资饥渴症”，争投资、跑项目依然是很多地方的“强项事业”，而投资效率则呈下降趋势。1993—1994 年上半年完工项目中，60% 没有效益或少有效益，有的甚至成为包袱。

消费基金膨胀表现为：工资性收入增长远高于效益增长和劳动生产率增长的速度。非规范化分配行为，相互攀比，滥发奖金、津贴和擅自提高工资标准，相当普遍。工资性现金支出，1993 年比 1992 年增长 30% 以上，1994 年 1—9 月，比上年同期又增长 42% 。在效益没有明显好转的情况下，1994 年城镇职工平均工资比 1993 年增加 1139 元，增长了 34% ；加上灰色收入，工资性收入增长更多。公款消费，特别是高消费，名目越来越多，档次越来越高，社会各方面反映强烈，但实际有增无减。国有企业用于请客送礼的不正常开支，估计每年已达 1000 亿—2000 亿元的规模。虽然绝大部分是由企业开支，最终多数要直接或间接加入生产成本，影响财政收入并推动物价上涨。

在体制改革总体滞后的情况下，价格改革出台措施的力度和集中度是空前的，1993 年价格改革对价格上涨的影响，约占 60% ，加上连锁反应，可能超过 80% 。1994 年农产品收购价格提高了 39. 9% ，其中四种粮食收购价格每 50 公斤提到 52 元，比上年实际增加 16 元，比市场价高 5 元；棉花收购价，1993 年每担提高 70 元，1994 年每担再提高 80 元，综合价由 420 元提到 500 元。能源、运输价格也有所提高。一般认为，消费品价格上涨，成本推动是主要因素。

三、治理通货膨胀的对策

首先是正确处理发展与稳定的关系，克服“通货膨胀无害论”的影响。国内外历史经验表明，高通货膨胀率既不利于稳定，也不利于推进改革和发展，15% 以上的通胀率被认为是有百害而无一利。高通胀率使劳动者收入大打折扣，货币收入如低于物价上涨幅度，意味着实际收入以及生活水平下降；高通胀率传递错误的市场信息，扭曲投资与消费行为，导致信用恐慌。发展并非与通货膨胀不可分，我们有很多年份增长率不低而物价相对稳定，问题是超过一定的度就难以避免物价大的波动。说发展才是硬道理，是说只有发展经济，增加供给，人民生活才能改善，综合国力才能增强，物价才能稳定。以高积累、高投放、高发行为支撑的高速度，势必造成通货膨胀。通货膨胀关系到每一个人，但反映到不同阶层影响不同。对于恩格尔系数偏高的工薪阶层而言，近年来以食品价格领先的物价上涨超过居民承受能力，其后果绝不能说无损于稳定。正确的选择应是以提高经济效益为中心追求国民经济适度增长。

其次，管住货币是管好物价的前提。流通中的货币量应随着商品生产与流通的发展相应增加，但货币量的增长如超过国民生产总值的增幅，就会产生通货膨胀。我国在连年货币超量发行，流通中的货币量很大的情况下，将货币供应量控制在比较合理的水平上，既是必要的，也是可能的。如将经济增长速度定为10%，投资为20%，物价在10%以下，货币供应量的增长以不超过20%为宜。固定资产投资是经济高增长的重要支点，投资过快增长一般又以超量发行和扩大信贷规模为条件。从这个意义上说，管住货币能制约投资膨胀和增长过快，有利于价格的稳定。要避免货币超经济发行，必须减少财政赤字。现仍作为国家税收主要来源的国有企业，存在大面积的亏损，既是财政出现赤字的重要原因，也是某些抑制通货膨胀措施难以出台的重要原因，加快国有企业改革，无疑是治理通胀的必由之路。当前，加强税收征管工作，既能调节分配，缓解分配不公，又可增加财政收入，仅个人所得税一项，每年将不下数百亿元。坚决刹住公款消费风，既有利于党风和社会风气的好转，属于政府开支的可减少财政支出，属于企业开支的可增加税收，每年对财政的影响，也不下于数百亿元。财政的增收节支，直接关系到货币发行，进而也关系到物价的稳定。

再次，强化地方政府的协调治理功能。尽管物价问题涉及面广，大的方面与中央政府的宏观决策息息相关，但地方政府并非完全无能为力，强化对物价的协调治理功能，也能收到一定的效果。

“菜篮子”的价格，与生产流通各环节都有关系，但当地的“菜篮子”工程，生产基地建设，流通体制改革，对价格水平起决定性作用。要把“菜篮子”“米袋子”作为各级领导的一项主要工作，大力组织好粮、油、肉、菜的生产和流通，稳定基本生活必需品的价格。

对生产、经营者的税负，各种费、捐和摊派，都要反映到价格上，最终都由消费者负担。清理、整顿各有关部门的设卡、收费和摊派，坚决制止乱收费，加强物价监控管理，有利于降低商品和服务的价格。

流通环节过多，某些领域竞争过度，是物价上涨的因素之一。垄断性的市场，不利于形成合理的价格。但市场竞争过度，流通环节过多，广告、促销费用增加，虽说是“薄利多销”，各环节都还要赚钱，因此，在生产者价格或进货价格既定的情况下，对消费者不可能有利。商业网点布局，市场建设特别是大商场建设，地方政府要统筹规划，合理布局，既促进竞争，又避免竞争过度，既方便消费者选购，又力求节约流通费用和降低价格。商业的连锁经营有利于减少流通环节，降低流通费用，各大中城市的很多行业，应大力提倡、发展这种商业形式。

实践证明，政府对物价的调控，经济手段应是最基本的手段，也是最有效的手段。1993年抛售粮食平抑粮价效果不能持久，主要是因储备粮数量有限，特别是适合居民消费需求的品种数量不足。有的地方国家仓库里物资存量大，政府掌握的平价基金多，调控能力强，价格就相对稳定或涨幅相对小。因此，在地方财力许可时，各地都要自己搞一些储备，建立平价基金，增加调控物价的经济实力。

最后，增加有效供给是治理通货膨胀的根本。通货膨胀的成因是多方面的，但根本原因是供求有缺口，名义总需求大于总供给，治理通货膨胀的根本办法还是要增加有效供给。农业是国民经济的基础，我国多次物价上涨，在很大程度上都根源于农产品供给不足。不仅总量不足，还有结构不适应问题。增加农业投入，加强和发展农业，适应和满足社会生产和人民生活的需要，是平抑物价的关键措施。工业生产要加快企业制度改革，调整产品结构，适应市场需求，提高经济效益。不必要存在的亏损企业，应尽快关停并转或实行转让、兼并、破产。不适合市场需要的产品，不能再注入资金，继续生产只会增加库存，浪费资源。

（原载《云南财贸学院学报》1996年第1期）

公有制与社会主义本质

一、分歧依然严重存在

关于所有制问题的争论，值得注意的是迄今仍存在一些尖锐对立的论点。在此，仅据1996年一份很有影响的刊物上的一篇文章而论，虽管中窥豹，亦可见一斑。

文章作者带批判性地揭露："当前否定公有制经济，大刮私有化之风，莫过于改变'身份'，而且毫不掩饰地阐述：现在市场经济活跃，私营企业有的收购国有、集体的厂，有的向国有、集体企业注入资金，变成大大小小的股东，这就构成了一种'围城'现象。有朝一日一觉醒来，'城头变幻大王旗'，'正是这一时代的特征'。""在首都一家大报上，有的学者则宣称，国有经济是不可能都改革好的，应当通过产权变更，使其非国有化，并用一句话概括说，'总之，改变国有制经济就是要尽量减少国有企业'。另外一些学者则呼应说：'改革就是要尽量缩小国有企业的经营范围'。他们说，把国有变为非国有，才有利于经济发展，是符合生产力标准的，因而是完全必要的。在实践上与这种理论相适应，有的地方公开提出国有企业'向海内外出售'……有的地方宣布已实现'无国有企业县'。"

与以上相对立的是文章作者的部分论点。作者认为，要"研究确定公有制经济的主体地位、国有企业的主导作用的合理的数量界限"，"对'主体''主导'概念进行量化……必须落实到再生产各个环节"，"如果公有制经济只在生产领域占有较大比重，而在流通领域以非公有制经济为主，则整个国民经济仍然不能保证公有制经济的主体地位"。"在我国理论界早有人认为我国国有工业占整个工业的比重保持在20%或25%左右就可以了。……台湾经济起飞时是以公有制为主的，50年代国营工业的比重在50%以上。为什么我们现在非要把国有工业的比重削弱到如此地位呢?”“党的十四大报告白纸黑字地写着：‘发挥国有企业的主导作用’，而我们的学者在报纸上公开的提法却是‘发挥国有经济的主导作用’。这里不是一个字眼之差的问题……把中外合资、合作企业、股份制企业以及其他联营企业中的国有部分，加到国有工业中去，这样比重就提高了。于是就说：有人担心国有经济比重下降是否还起主导作用是不必要的。我认为，这是搞数字游戏，是要麻痹人们的意志。”“公有制经济的比重总的来说大体应占70%，国有企业的比重大体应占50%，当然具体到各个行业所占比重多少会有所不同。”“在计划上不仅要对生产、建设、流通、分配等经济指标作出安排，而且要对各种经济成分在这些领域内的作用和地位作出安排。”

对以上两个方面的见解，这里不想加以评论，仅仅感到对公有制问题的研究和理解还有待于深化。

二、理想中的公有制

马克思、恩格斯曾经设想，在共产主义第一阶段，虽然还存在劳动成果分配上的事实上的不平等，但个人已无法占有生产资料，从而消除了人们在占有生产资料方面的不平等。

占有先于所有，当占有的排他性变得必要时，占有上升为所有。随着所有关系的发展，所有演化为独立于占有的财产权利，并成为凭借所有关系而取得经济利益的对某物的占有。

所有制是通过人和物的关系表现的人和人的关系，其本质特点不在于对生产资料的占有，而在于由劳动的社会形式决定的，通过对生产资料的占有达到对剩余产品的占有。所有制的实质是对剩余产品的占有。所有制是围绕着剩余产品占有而展开的完整的生产关系体系。当资本家凭借对生产资料的占有，而不断无偿地攫取雇佣劳动提供的剩余价值时，资本家才成其为资本家，资本家所有制才实际存在。建立公有制，实质在于消灭凭借财产所有权对剩余产品进行占有，也就是消灭剥削。恩格斯从现实形态即从生产关系上给公有制下的定义是：共同使用全部生产工具和按共同协议来分配产品。公有制不仅否定了部分人对生产资料的私人占有，也使得所有及所有权观念在公有制内部成为过时的东西，私有权从而是所有权，将从生产领域被摈弃。

社会主义与资本主义具有决定意义的差别，在于它是在实行全部生产资料公有制的基础上组织生产。公有制使得劳动者的地位发生了深刻的变化，从根本上否定了任何人凭借对生产资料的占有，谋求个人私利的特权，每一个劳动者在生产资料所有权上实现权利平等，实行按劳分配的原则，使劳动成果归于劳动者。

所有制是社会制度的主要经济基础，建立在阶级对立和一些人对另一些人剥削上面的资本主义私有制，是资产阶级及其统治存在的条件。资本主义私有制与生产社会化的矛盾，不利于社会生产力继续发展，资本主义内在矛盾的积累和发展，决定了资本主义被社会主义取代的历史必然性。“生产社会化不能不导致生产资料变为社会所有，导致‘剥夺剥夺者’。”因此，“从这个意义上说，共产党人可以用一句话把自己的理论概括起来：消灭私有制”，“把资本变为属于社会全体成员的公共财产”。

在国家存在的条件下，公有制将采取国家所有制的形式。“无产阶级将利用自己的政治统治，一步一步地夺取资产阶级的全部资本，把一切生产工具集中在国家即组织成为统治阶级的无产阶级手里，并且尽可能快地增加生产力的总量。”① “无产阶级将取得国家政权，并且首先把生产资料变为国家财产。”② 可以说，国家所有是国家消亡前公有制的一种形式。

可见，按照马恩的设想，要进一步发展生产力，消灭剥削，实现按劳分配，必须以社会主义公有制取代资本主义私有制。而在国家消灭前，公有制表现为国家所有制，由国家把一切生产工具集中在自己手中，尽可能快地增加生产力的总量。

① 马克思、恩格斯：《共产党宣言》，《马克思恩格斯选集》第 1 卷，人民出版社 1995 年版，第 293 页。

② 恩格斯：《反杜林论》，人民出版社 1970 年版，第 334 页。

三、现实中的公有制

马克思主义告诉我们，历史上所有制关系的变革，都是同旧的所有制关系不再相适应的新生产力发展的必然结果。社会主义公有制的建立和发展，也必须遵循生产关系一定要适合生产力状况的规律。

恩格斯在《共产主义原理》一文中指出："能不能一下子就把私有制废除呢？答：不能。正像不能一下子就把现有的生产力扩大到为建立公有经济所必要的程度一样。因此……只有在废除私有制所必需的大量生产资料创造出来后才能废除私有制。"① 在《反杜林论》中，恩格斯更指出："自从资本主义生产方式在历史出现以来，由社会占有全部生产资料，常常作为未来的理想隐隐约约地浮现在个别人物和整个整个的派别的脑海中。但是，这种占有只有在实现它的物质条件已经具备的时候才能成为可能，才能成为历史的必然性。正如其他一切社会进步一样，这种占有之所以能够实现，并不是由于人们认识到阶级的存在同正义、平等等等相矛盾，也不仅仅由于人们希望废除阶级，而是由于具备了一定的新的经济条件。"②

社会主义的实践证明，由于经济条件的制约，现实中的社会主义公有制，并不能采取全部生产资料归全体社会成员所有的形式。社会主义革命首先是在生产力发展水平不高的沙皇俄国取得胜利，苏联不得不在实行国家所有制的同时，创造性地实行公有制的另一种形式——集体所有，并保留集体农庄庄员的宅旁园地。

我国的社会主义实践也说明，当私有制所能容纳的生产力的发展余地还比较广阔时，过早地想要消灭私有制，是不符合社会发展规律的，也是不成功的。因此，在我国社会主义现阶段，只能也必须实行公有制为主体，非公有制为补充的多种经济成分共同发展的所有制结构。生产力发展

① 《马克思恩格斯选集》第1卷，人民出版社1972年版，第219页。
② 《马克思恩格斯选集》第3卷，人民出版社1972年版，第321页。

水平还不够高而且极不平衡，大量的剩余劳动力和每年新增约1500万劳动力，以及社会生产呈现大型化、集中化、分散化等多种趋向，都决定了必须多种经济成分并存。吸取历史的经验教训，面向现实，坚持以公有制为主体，必须克服“一大二公三纯”和“公有即国有”的错误观念。现阶段的公有制，不仅包括全民所有制和集体所有制，而且还要有其他经济成分作补充。公有化的水平和程度以及全部所有制结构，不能脱离一定时间、地点的经济条件，不能超越生产力发展水平。由于各地区、各部门和各行业的生产力发展情况不同，不应不加区别地要求同样的所有制结构。在生产力发展水平低、经济发展不平衡条件下的后进地区，如贫困山区、部分民族地区，理应更加重视非公有制经济的发展。在一些特殊地区，只要经济能发展，群众能脱贫致富，于国于民皆有利，即使那里的非公有制经济目前占了优势，也没有什么可怕的，并不会影响全国的公有制主体地位，而且新生产力发展到一定程度，必将促成所有制的变革。

公有制的主体地位，是数量与质量的结合。一切事物都具有量的规定性和质的规定性，量的变化达到一定限度必然引起质的变化。因此，在整个国民经济中公有经济的总量应占一定比重，虽不一定要求占70%或50%以上，但应具有相对优势。公有制的主体地位，更主要的应体现在素质上，体现在对主导和主要产业部门，如关系国计民生的经济命脉部门、基础产业部门、高利润的自然垄断部门、以社会公益为目标的公共工程部门等的投资和控制上，而不是体现在对一切产业部门的占领上。

随着社会主义市场经济的发展，公有制主体地位只能在平等竞争中实现，而且公有与非公有经济的融合是必然趋势。国有企业实行股份制或参加混合经济的股份公司，并不改变国有的性质。只要进入股份制企业的公有制经济的资产能保值增值，就不必要求公有股份在每个地方都占“大头”。

四、社会主义的本质

邓小平同志对社会主义本质作了科学的概括：“社会主义的本质，是解放生产力，发展生产力，消灭剥削，消除两极分化，最终达到共同富裕。”这里没有直接提到公有制，但公有制本身同社会制度、经济制度存在着本质的联系。要体现和实现社会主义的本质，坚持社会主义公有制为主体是万万不可缺少的基本前提和重要保证。

首先，只有坚持以公有制为主体，才能真正解放和发展生产力。解放和发展生产力，是坚持和发展社会主义制度的物质手段。无产阶级夺取政权后，要“尽可能快地增加生产力的总量”，“要把创造高于资本主义社会的社会经济制度的根本任务，提到首位地位，这个根本任务就是提高劳动生产率。”人类社会发展的历史和总趋势表明，资本主义私有制曾起过解放和发展生产力的作用，但随着生产力的发展，后来逐渐失去这种作用，变为生产力发展的桎梏，并将最终由继起的社会主义公有制所代替。公有制是社会化大生产的必然趋势，它消除了资本主义对生产力的“障碍”“浪费”和“破坏”。公有制能保证在经济尚不发达，物质尚不丰富的时期，集中社会资源进行大规模经济建设，实现地区间优势互补，促进整个国民经济快速发展。在社会主义市场经济中，以公有制为主体是保证宏观调控及时、有力、有效的基本条件。我国现阶段的公有制企业主要是部分国有企业，确实存在着效率不高的问题，但这并非社会主义公有制本身造成的。改革正是要在坚持公有制为主体的前提下解决效率不高的问题，目的是要巩固社会主义制度并发展生产力，国内外改革的实践业已证明，私有化并非市场经济正常运行的必要和充分条件，公有制与市场经济可以兼容。国外学者认为，中国的改革和东欧的改革目标都是要建立现代市场经济，出发点都是以国有财产和计划经济为主，但取得的效果大相径庭：中国取得了亘古未有的经济奇迹，而东欧则陷入前所未有的社会经济灾难之中，中国的改革提高了各个社会阶层的收入和生活水平，东欧则使绝大多数人实际收入减少。东欧的改革彻底打破原有的经济模式，倡导完全的私有化和自由化，中国的改革方式是在发展私营企业的同时使国有企业逐步适应市场机制。① 当然，历史也早已证明，超越生产力发展水平，盲目追求单一公有制形式，结果损害了生产力的发展，这种导致普遍贫穷的所有

① 参见《参考消息》1995 年 9 月 17 日。

制关系，最终必将遭到普遍反对。

其次，只有坚持以公有制为主体，才能真正消灭剥削和消除两极分化。私有制是产生剥削和两极分化的根源。在资本主义私有制条件下，一极是财富的积累，少数人凭借对生产资料的占有，剥削劳动者，过着寄生的生活；一极是贫困和积累，广大劳动人民被剥夺了种种权利，处于受奴役的地位。只有在社会主义公有制条件下，生产资料和劳动产品归劳动者共同占有和支配，实行按劳分配，才能从根本上消灭剥削和消除两极分化。在多种所有制并存时，以按劳分配为主，其他分配形式为补充，允许一部分人先富起来，事实上承认“按资分配”，或按其他要素分配的必要性和相对合理性，国家同时采取调节收入的措施，目的正是为了发展社会生产力，最终消灭剥削和消除两极分化。这样，就整体而言，坚持公有制的主体地位。劳动成果属于人民，国民收入分配要使所有的人都得益。没有太富的人，也没有太穷的人，就可以避免两极分化。正如邓小平同志所说的：“如果走资本主义道路，可以使中国百分之几的人生活富裕起来，但是绝对解决不了百分之九十几的人的生活富裕的问题。而坚持社会主义，实行按劳分配的原则。就不会产生贫富太大的差距。再过二十年、三十年，我国生产力发展起来了，也不会两极分化。”①

最后，只有坚持以公有制为主体，才能最终实现共同富裕。共同富裕是社会主义的根本原则，发展生产力，消灭剥削，其目的都是为了实现共同富裕。贫穷不是社会主义，社会主义要消灭贫穷，“社会主义最大的优越性就是共同富裕，这是体现社会主义本质的一个东西。”② 一定社会形态的生产目的并不是由人们的主观意志所决定的，而是由该社会占主导地位的生产资料所有制形式决定的。生产资料归谁占有和支配相应地就有为谁服务的社会生产目的。在社会主义公有制条件下，劳动者是生产资料和生产过程的共同主人，根据社会需要组织生产，劳动成果归劳动者共同占有、支配和使用，这就决定了社会主义生产目的是最大限度地满足广大劳动者不断增长的物质和文化需要。共同富裕之所以是社会主义的本质和生

---

① 《邓小平文选》第3卷，人民出版社1993年版，第64页。

② 同上书，第364页。

产目的，归根到底是由社会主义公有制决定的。所以说，一个公有制占主体，一个共同富裕，这是我们所必须坚持的社会主义根本原则。

（原载《云南学术探索》1996 年第 2 期）

对香港回归后经济前景的展望

香港回归是我国1997年的一件历史性大事件，也是世纪之交世界上最重大、最引人关注的事件之一。香港今后经济发展前景怎样？对内地经济发展影响如何？本文依据实际资料，着重阐述以下基本观点："东方明珠"会更加璀璨，优势互补将共创辉煌。

一、"东方明珠"更加璀璨

确保香港平稳过渡，保持长期繁荣稳定，已经成为广泛的共识，是中国政府香港政策的精髓所在，也是中国对香港恢复行使主权后的主要目标。

保持香港繁荣稳定的主要因素：

（一）香港市场经济体制独树一帜，是世界上最开放的自由港

香港市场经济的基本特征是自由竞争，自动调节，市场体系比较发达。长期以来，港英政府奉行"积极不干预"政策，形成了最大限度地利用市场机制进行自由调节与政府少量间接干预相结合的市场经济管理模式。资金、技术、货币、黄金、人员进出自由，商品自由进出口，不实行进出口管制，除毒品、危险品和战略物资外，其他商品均可自由进出，企业注册登记十分简便，可以根据市场情况自行决定一切经营活动，在竞争中求生存和发展，除烟、酒、甲醇、碳氢油类等极少数商品外，其余商品均免征关税，所得税率也较低；港币由政府委派商业银行发行，充分的外

汇保证维护了港元相对稳定，不存在货币滥发问题；所有的资源与劳动力分配，均由市场调节，绝大多数商品价格受供求规律制约；香港政府十分重视建立和完善经济立法，有完善的会计制度，依法规范市场运作，保护公平竞争；政府对经济干预相当自律，主要致力于在基础建设方面给予良好的支援，如教育、治安、通信、电力、港口、机场等，注重营造良好的经济环境。虽然“积极不干预政策”存在若干缺陷，但市场机制在资源配置中发挥了基础作用。

（二）香港有得天独厚的地理条件，有完善的现代化基础设施

香港扼太平洋和印度洋航运的要冲。20 世纪 80 年代以来，西太平洋地区经济一直迅速发展，香港处于本地区的中心，是自东到西和从南到北的中途站。香港的地理位置占有时差优势，纽约日落时，香港天刚亮；香港日落时，伦敦是白天。香港与纽约、伦敦两大国际金融中心衔接，是国际金融业务 24 小时连续运转的一个接力站，与世界各地的外汇买卖昼夜不停。

香港是世界三大天然深水良港之一，拥有本地区最完善和最现代化的基础设施。1996 年货柜吞吐量达 1330 万标准集装箱，为世界第一大集装箱港。香港拥有商船 1330 多艘，船队规模与美、日、挪威、希腊齐名，与世界 100 多个国家和地区的 460 多个港口有航运往来，形成了航线通达五大洲、三大洋的完善的海上运输网络，平均每天 140 多艘远洋轮船在港装卸。香港启德机场是世界上三大繁忙机场之一，货运量在全球排名第二，1994 年接待旅客 2400 多万人次，新机场建成后可接待 8000 万人次。香港有设备完善管理良好的公路网、地铁和多样化的运输网络，交通十分方便。

香港的信息业发达，被称为“不夜”的世界通信中心和世界贸易“知风鸟”。通信网络与全球现代通信网络相连接，电话普及率仅次于纽约和东京，居世界第三位；直拨国际电话通达 160 个国家和地区，1996 年 10 月移动电话客户总数超过 120 万户，可及时获得全世界重要信息数据，快速进行各种业务活动。

香港的商业环境非常理想，包括低税率、健全的法制和高效率的服务业，还有先进的商业设施和发达的国际通信系统。从事服务性行业的专业人员，其素质被公认为国际一流水平，在全球以服务业为中心的经济体系排名表上居首位。1995 年服务出口总值达 374 亿美元，占本地生产总值的 26%，是全球第九大服务出口地。香港以服务业为经济主导，担任统筹、协调及后勤支援的角色，为内地、亚洲以至全球提供各种服务，人们称之为“中国的纽约”“亚洲的伦敦”。

（三）香港是“购物天堂”，国际商贸中心，全球最大转口港

零售消费市场是香港最重要的市场。香港零售业经营方式多种多样，商品来自世界各地，花色品种繁多，应有尽有。由于进口免税，价格相对便宜，被誉为“购物天堂”。

随着香港商贸枢纽地位不断加强，大型跨国公司纷纷在香港设立机构，已设地区总部或办事处的境外跨国公司 2300 家，其中从事批发、零售及出入口的占 50%。

香港是亚洲的贸易展览之都。不论采购或推销，都可以在国际贸易展览会上找到最出色的产品、意念和科技。

香港的外贸按进出口和转口贸易额计算，1996 年在世界排名第七，外贸总额相当于本地生产总值的 248%。① 转口贸易是香港对外贸易中最独特的部分，1985 年前约占外贸总额的 20%，1989 年增加到 30%，1991 年已超过 1/3，是世界上最大的转口港。

香港还是仅次于纽约和东京的世界第三大钻石交易中心，与伦敦、纽约、苏黎世一道共称世界四大金市，有 8 种产品的出口值或出口量名列世界第一。

香港自由贸易政策的特点是：没有关税与非关税壁垒，对进出口既没有限制也不提供优惠或补贴，不搞反倾销或补贴立法，本地与外来企业一视同仁，与外贸有关的金融、航运等均实行自由政策。正是这样高度的开放政策，使香港形成公平竞争的良好经济环境并发展成为国际商贸中心。

---

① 陈佳：《自由经济和中国因素是香港贸易发展的关键——访香港政府贸易署署长黎年》，《云南政协报》1997 年 5 月 17 日，第 4 版。

（四）香港是举世闻名的国际金融中心，是国际资本的汇集地

香港是世界第三大国际银行中心，银行机构数量仅次于伦敦和纽约。据1996年6月统计，外来银行总数达329家，其中世界排名前100位的大银行，有85家在港设有分支机构。香港持牌银行总数185家，其中外资银行154家，有限制持牌银行64家，接受存款公司129家；还有一些外资银行的办事处。

香港是世界第八大股票交易市场，1996年上市公司552家，上市证券超过1000种。香港是世界第五大外汇交易中心，外汇储备超过600亿美元，人均占有量居世界第二位。

香港是亚洲地区基金管理中心，1995年共有基金1183种，管理的资金总额达942亿美元，其中90%的基金来自海外。

香港是世界第四大海外投资者，仅次于美、英、法，占全东南亚外国直接投资的52%，1995年海外投资250亿美元。

20世纪80年代，香港形成独具特色的三级银行体制，对稳定和提高国际金融中心的地位起了积极作用。随着环境的变化，暴露出一些问题，于是在90年代实施新的银行条例，进行金融体制改革，提高了银行国际化的程度，加强了对存款人的保护，使银行抗风险能力大大提高，进一步巩固了国际金融中心的地位。自由开放的金融政策，为香港金融业的发展提供了良好的条件。1973年起，先后解除了外汇管制，解除了对外国银行设立机构的限制，使多种不同来源、不同规模和性质的资金汇集在香港，形成了多元化的资本结构，使之日益同世界经济体系紧密结合。

（五）香港拥有在国际市场上极具竞争力的市场营销系统

作为全球性的商贸中心，香港曾被研究机构在《1995年度世界竞争力报告》中列为位居美国和新加坡之后的世界第三位最具竞争力的经济地区。除了高度开放、充分自由、法律健全、税率较低和基础设施良好等因素外，主要决定于政府效率和企业与营销人员素质。

香港贸易发展局不断通过新的拓展计划，宣传香港作为一个开放的市场和公平的贸易伙伴形象，宣传香港作为国际金融、商贸、通信及运输中心所担当的角色，宣传香港作为亚洲及地区性服务业枢纽的领导地位。最近，贸发局又于1997—1998财政年度推行一项全球拓展计划，预计耗资5.3亿港币，在多个大型国际展览会设置阵容庞大的“香港馆”，在新兴市场开展全面的贸易拓展项目，组织贸易访问团，对产品市场作出专题调研报告，协助厂商及贸易商巩固现有市场占有率，进军新兴市场，加强与内地的贸易合作，扩充出口产品门类。

香港拥有第一流的营销人才，他们的聪明才智和创造精神，为香港昔日的繁荣作出了贡献。在长期的开放历史中，东西方文化的融合，孕育出香港同胞刻苦创业、积极进取的拼搏精神，对高度开放、充分自由的竞争性市场有极大的适应性。先进的信息网络和完善的分销渠道，使香港企业和营销人员既有可能了解哪些产品适销对路，从而便于选择经营方向，也有可能有效地为优质产品选择目标市场和开拓市场。

新华社香港分社社长周南曾经指出，在探讨香港经济发展的时候，“中国因素”“一国两制”“港人治港”和社会稳定是决定香港未来的四大因素。现在，人们越来越清楚地看到，回归后，这四大因素都有利于香港经济持续繁荣。

香港具有种种优越条件，有强大的经济实力，也有持续发展的基础。香港过去的繁荣，是以中国人为主体的香港人民努力奋斗的结果。香港回归后，香港人民真正当家做主，正勤奋地去创造更加美好的明天。繁荣稳定的香港，不仅有利于中国，有利于亚洲，也有利于全世界。绚丽多姿的“东方明珠”，定将放出更加夺目的光彩。

著名国际问题评论家梁厚甫在1989年发表的《香港的繁荣是坚韧的——从“形势地理学”所得出的结论》文章中宣称：“要香港不发达是不可能的!”

二、优势互补　共创辉煌

香港回归后，实行“一国两制”。作为“一国”，香港与内地的经贸已是一个国家内部的事，彼此取长补短，互相促进，共同为经济发展、国家富强作出努力；作为“两制”，香港是独立的关税地区，实行资本主义制度，所以，内地同香港之间的经贸关系，仍按对外关系处理。

香港有一种独特的比较优势，就是它与中国内地经济的互补关系。香港有中国内地作腹地，使经济发展具有无限潜力。香港是中国通向世界的大门，“香港和中国的国民经济的融合程度已超过许多人的想象。”① 内地与香港唇齿相依，休戚与共，谁也离不开谁。回归后，内地与香港的经贸联系更加密切，优势互补，经贸合作更上一个新台阶。

（一）内地与香港的发展，相互提供机遇与支援

我国政府一贯奉行稳定香港的政策，从各方面支持香港经济发展。今后仍将一如既往，以优惠条件与价格供应香港副食品、日用品、燃料、淡水等，使香港有一个长期、稳定的物资供应基地，为香港的生存与发展提供基本保障。

我国1996年开始实施“九五”计划和十五年远景发展规划，“九五”期间经济将保持8%的增长率，2010年GDP将比2000年再翻一番，这将为香港经济发展提供巨大的机遇。内地建设事业发展及加快中西部开发，为拥有资金优势的香港提供了机遇。内地外贸持续发展所产生的巨大需求，将促进香港对外贸易和航运业的新发展。

从20世纪70年代起，香港制造业持续向内地转移，90%以上劳动密集型工厂迁往内地，中国南方最早成为香港的生产基地（所谓“前店后厂”式经济），内地的廉价劳动力为香港企业创造了巨大竞争优势。据香港总商会统计，珠江三角洲在港资企业做工的约为300万人（香港贸易署署长黎年称：中国南方有400万至500万人在港资工厂工作），② 一年可节省工资2000亿港元。随着港资企业向内地纵深和中西部扩展，在相当长的时期内，仍将有利于降低产品成本，在国际市场上获得新的发展空间。

香港从1950年至1995年的45年间，人均GDP增长了10多倍，1996年为2.53万美元，已超过英国、加拿大，在亚洲仅次于日本。国际货币

① 《中国通向世界的大门》，[德]《时代》周报，1993年10月29日。

② 陈佳：《自由经济和中国因素是香港贸易发展的关键——访香港政府贸易署署长黎年》，《云南政协报》1997年5月17日，第4版。

基金组织官员于1997年5月19日宣布，将香港从“发展中国家（或地区）”分类提升为“先进经济体系”。香港回归，无疑壮大了我国的综合国力。

香港对内地的投资，近年已转向大中型项目为主，并开始扩大到基础设施和第三产业。回归后，香港的大企业集团可利用融资与信息广泛的优势，采取直接或间接投资方式，参与内地重点经济建设项目和现有企业的技术改造。

内地拥有大量优秀科技人才，在一些基础科技领域已逐渐攀居世界前列。内地的科技优势、生产优势与香港的信息、市场、资金等优势结合，既有利于在香港形成若干高科技产业，为香港的长期繁荣作出贡献；也有利于内地的科研机构与生产高科技产品的企业快捷地掌握世界高科技发展趋势和各类新产品需求信息，更多地引进开发资金，促进科研成果的应用开发，加快科研成果的商品化和产业化，并及时进入国际市场。

（二）内地与香港互为贸易伙伴，合作前景未可限量

目前，香港是中国内地第二大贸易伙伴和最大出口市场，是极为重要的外贸转口港和进口来源地，是中国改革开放和走向国际社会的窗口和桥梁。1978—1995年，内地与香港双边贸易额增长90倍。内地的外贸总额，到20世纪末将达4000亿美元；20世纪末的最后4年，将向世界提供近7000亿美元的市场，巨大的进出口需求，将有力地促进香港外贸特别是转口贸易的增长。虽然随着内地直接出口能力增强和港口建设加快发展，近年来内地对香港转口港的利用有所减少，在今后一个较长时期内，内地直接对外贸易比重将会增加，但经香港转口的数量不会减少。

近年来，内地与香港、香港与台湾、台湾与内地之间三角经贸关系发展迅速，已具相当规模。香港在海峡两岸经贸关系中地位特殊，被台商誉之为“黄金跳板”。为进入内地市场，台商已在香港设立上千家子公司。对内地而言，台湾也是不断扩大的进出口市场，1995年两岸贸易总额为178.8亿美元，1996年为189.8亿美元。在两岸经贸关系中，香港以其多种优势功能发挥了重要的桥梁作用，充当贸易货品转口港，商情收集站与传递媒，资金往来、通汇的中转站，商品展示和贸易洽谈的场所，经贸机

构布点的重要基地，人员往返的通道。由于香港自身经济实力的增强，与两岸经贸关系日益密切，即使未来两岸实现“三通”，香港的中介作用仍会蓬勃不衰。

香港拥有庞大的国际展销和市场网络，有一批在管理和经营方面非常成熟的大企业，有大量富有经验与营销技巧的国际营销人才，由于地位优势，条件完善，交通便利，信息及时，出入境手续简单，熟悉国际营销方式和惯例，在经营活动中往往较内地营销机构更为方便。回归后，内地企业可以利用香港大量培训营销人员，更多地学习香港的营销经验，还可以选用香港的营销机构与人员，扩大和加强国际营销，为中国产品进入和占领国际市场发挥积极作用。

香港高度发展的服务部门，如金融、零售、酒店、咨询、广告、会计、律师等，具有国际高水平的效率。香港第三产业占 GDP 比重已达到 84%，其经营经验与经营技术，有助于加快内地第三产业的发展。

（三）香港是国际金融中心，也是内地筹资的重要窗口

10 多年来，内地约有 62% 的外资是通过香港市场筹措的。1979—1995 年间，香港三级金融机构对内地的债权与债务总额平均每年增加三成多。截至 1995 年底，已超过 5000 亿港元。香港银行对内地银行和企业的贷款，1983 年只有 90 亿港元，1996 年增加到 3064 亿港元。

香港是世界银团贷款中心，以往内地使用银团贷款 90% 是由香港安排的。

香港证券市场的规模超过上海和深圳，与国际资本市场联系密切，内地企业在香港上市发行 H 股，已成功地筹集了大量资金。

1979 年至 1995 年，香港投资内地的项目占同期内地吸收外资总数的 58.5%，到 1995 年底，内地实际利用香港资金 778 亿美元，占实际利用外资总数的 57.6%。

可以预见，今后香港的融资作用将更加突出。内地巨大的投资需求，也为香港提供广泛的发展空间和良好的发展机遇。“九五”期间，内地基础产业和基础设施建设，将吸收 1000 亿美元的外商直接投资，香港在内地筹资中发挥更大作用，促进内地的经济发展，增加就业机会，拓宽了海外市场；同时，也使香港投资者得以分享内地经济的高增长率成果，获取资本的最大增值。

改革开放以来，内地与香港的金融联系日益密切。中银集团是香港的第二大银行集团，也是三家港币发行的银行之一。中资在港投资已超过200亿美元，开设公司1500家，在服务行业举足轻重。市场占有率：出入口为22%，银行23%，保险20%，运输25%，建筑12%。一般认为，随着内地经济迅速增长，今后对香港投资力度还会加大。

香港历来是一个经济中心，而不是什么政治中心，这也是它的优势和价值所在。今后，要进一步发挥香港国际金融、贸易、信息和航运中心的作用，加强内地与香港的经贸合作，实行优势互补，为香港的繁荣和中华民族的振兴创造更辉煌的业绩。

（原载《云南财贸学院学报》1997年第5期）

对发展非公有制经济的再认识

一、改革的成就与存在的疑虑

党的十一届三中全会后，我国进入了社会主义现代化建设的新时期。通过改革开放，以公有制为主体，多种所有制经济共同发展，解放和发展了生产力，取得了举世瞩目的成就。

1997 年，国内生产总值 74772 亿元，为 1978 年的 583.7%，继 1995 年提前实现翻两番的任务后，又有新的发展。1993—1997 年平均年增长率 11%，居世界前列，我国经济实力显著增强。1997 年，我国 GDP 总量居世界第 7 位，外贸总额排名世界第 10 位，年末外汇储备居世界第 2 位。主要工农业产品中，煤、钢、水泥、化肥、卷烟、纱、布、粮、棉、水果、肉类等，产量均居世界第 1 位。

在生产发展的基础上，人民生活水平显著提高。就整体而言，城镇人口基本进入小康阶段，恩格尔系数由 1995 年的 49.9%，降至 1997 年的 46.4%；农村人口生活质量综合评分 81.5 分，正逐步接近小康标准。

以上可见，以公有制为主体、多种所有制共同发展的生产关系调整，基本适应我国现阶段生产力发展水平，完全符合邓小平同志提出的“三个有利于”的标准。

在多种所有制共同发展中，非公有制经济增长幅度超过公有制经济增长幅度，这就必然会使得在整个国民经济中，公有制经济特别是国有经济比重下降，个体、私营经济及三资企业中的外资份额增加，非公有制经济在国民经济中的地位、作用日显重要。实行允许一部分人先富起来的政策，使得一些人靠合法经营勤劳致富，积累了可观的财富。同时，在经济体制转轨的过程中，也有一些人靠不正当手段成了暴发户。

在上述情况下，对非公有制经济的发展，出现了一些分歧见解，有些人产生了这样那样的疑虑。如私营、个体经济和三资企业的发展，股份制改造使得有些国有企业不再由国家完全占有，被认为“已对社会主义经济基础的性质产生严重影响”；个人收入差额拉大，“是可怕的两极分化”，私营企业主被称为“民间资产阶级”；“私有经济的迅速发展，必将成为新生资产阶级政治要求的经济后盾”。产生这样一些看法的原因，与传统观念的影响关系甚大。新中国成立后的头30年间，我们长期受“左”的思潮束缚，被姓“公”姓“私”、姓“社”姓“资”的观念死死纠缠，对导致压迫与剥削的私有制有刻骨铭心的仇恨，把社会主义表述为“公有制+按劳分配”，以为“越大越公越好”，“越公越先进”，急于搞所有制升级，“割资本主义尾巴”，“穷过渡”。这也说明，姓“公”姓“私”问题的背后，实质上还是姓“社”姓“资”的问题。如不能从思想上真正澄清这个问题，发展非公有制经济是难以做到“放心、放手、放胆、放开”的。

二、全面认识公有制经济

江泽民同志在党的十五大报告中，总结了改革实践创造的新经验，概括了理论研究的新成果，提出：“调整和完善所有制结构。公有制为主体、多种所有制经济共同发展，是我国社会主义初级阶段的一项基本经济制度”；“公有制经济不仅包括国有经济和集体经济，还包括混合所有制经济中的国有成分和集体成分。公有制的主体地位主要体现在：公有资产在社会总资产中占优势；国有经济控制国民经济命脉，对经济发展起主导作用”；“公有资产占优势，要有量的优势，更要注重质的提高。国有经济起主导作用，主要体现在控制力上”；“公有制的实现形式，可以而且应当多样化”。

以上论断，有助于我们全面认识公有制经济的含义，对于所有制改革具有重要指导意义。在实践中，我们还必须注意到：

公有资产在社会资产总量中占优势，“是就全国而言，有的地方、有的产业可以有所差别”。局部地区在一定条件下出现非公有制经济占较大比重，并不影响全国公有制经济的主导地位。

发挥国有经济的主导作用，关键在于不断提高国有资产的质量，不断提高国有企业的竞争力。国有企业要始终保持在行业上和技术上的领先地位，不断向新兴产业、新兴行业转移，不断开拓国民经济的新领域。

国有经济控制国民经济命脉，不等于在关系国计民生的行业、领域，都只允许国有企业垄断经营。除少数极特殊的部门和企业外，一般国有企业都可以而且应该参与市场竞争，在竞争中增强活力。公有经济的主体地位和国有经济的主导作用，都只能在竞争和发展中实现。

公有制实现形式多样化，是具有历史意义的伟大进步。要努力寻找能够极大促进生产力发展的公有制实现形式。一切反映社会化生产规律的经营形式和组织形式都可以大胆利用。对于抛弃社会主义基本制度的错误主张，必须坚决拒绝，但对原有公有制的实现形式，则必须大胆改革。

股份制是伴随市场经济和社会化大生产而产生的产权组织形式和企业财产组织制度，其本质表现为一份资产有两个所有者，即最终所有者和企业法人所有者。一个股份制企业，往往既有公股，又有私股，各种资本联合融为一体。不能笼统地说股份制姓“公”或姓“私”，凡是包含公有制经济成分的股份制企业，都是公有制的实现形式。如果是国家和集体控股，则有利于扩大公有资本的支配范围，增强公有制的主体作用。

股份合作制是又一种重要的公有制实现形式。它不同于股份制，也不同于合作制，是以劳动合作为基础，吸取股份制的一些做法，使劳动合作与资本合作有机结合。由于资产的不可分性，劳动合作的社会性，决定了它的公有性质。有的股份合作制企业，在发展中偏离了劳动联合与资本联合相结合的原则，由少数人或个人控股，生产过程不再体现劳动联合的关系，分配过程也不再体现按劳分配为主的原则。只要符合“三个有利于”的标准，可允许其存在和发展，根据实际情况确定其性质和名称。

公有制和私有制是两种极端的所有制形态。实际上，任何社会都不存在纯而又纯的单一所有制形态，现实社会都是混合所有制。公有制的兼容性，就在于它可以与其他所有制形态结合，从而组成混合所有制。国有经济和集体经济这两种形式，在改革中都可以通过与其他所有制的混合，发展成为股份制、股份合作制和合资、合作等经济形式。

三、重新认识非公有制经济

马克思主义认为，资本主义面临的种种困境和危机，植根于它的社会化大生产和生产资料私有制之间的矛盾。《共产党宣言》指出："资产阶级的生产关系和交换关系，资产阶级的所有制关系，这个曾经仿佛用法术创造如此庞大的生产资料和交换手段的现代资产阶级社会，现在像一个魔法师一样不能再支配自己用法术呼唤出来的魔鬼了。"① "社会再不能在它统治下生活下去了。"② 如今，距《共产党宣言》问世已经150年了，资本主义社会不但依然存在，而且在经济上还有相当程度的发展。这并不说明《共产党宣言》中所指出的资本主义基本矛盾不复存在，而是由于资产阶级国家经历了几次大的经济危机后，总结了经验教训，主动在生产关系方面进行了调整，使之尽量适应生产社会化的要求。例如，早在1856年，马克思就曾预言，股份公司的出现，标志着现代各国经济生活中的新时代的开端。股份制既保护了个人所有权，又适应了生产社会化，使资本主义制度得以继续发展和完善。

在对私有制的认识上，以往存在着若干禁区。一是只讲私有制剥削、不平等的一面，不敢讲私有制促进生产力发展，激励提高效率的一面。历史上各种以私有制为基础的社会形态，都有比前一种社会形态进步的一面，有利于解放和发展社会生产力。封建制度代替奴隶制度，资本主义制度代替封建制度，无疑都是历史的进步。二是只用静止的、片面的观点看待私有制，不敢用动态的、发展的观点看待私有制。实际上，封建社会的私有制代替奴隶社会的私有制，资本主义社会的私有制代替封建社会的私有制，都是私有制的完善和发展。当今资本主义的私有制与早期的资本主

① 马克思、恩格斯：《共产党宣言》，载《马克思恩格斯选集》第1卷，人民出版社1972年版，第256页。

② 同上书，第263页。

义私有制，已经有很大差别，原始的单个业主制度的私有制不再占主导地位，股份制是对资本主义私有制的“消极否定”，资本主义私有制也在自我完善和发展。三是只能把私有制和生产力发展水平低相联系，不敢正视私有制的历史地位。以往我们总是说保留私有制是因为生产力发展水平低，似乎只有在经济落后的地区才需要私营、个体经济，虽也说多种经济成分共同发展，却一直认为非公有经济是“必要的补充”或“有益的补充”，直至党的十五大才肯定非公有经济是社会主义市场经济的重要组成部分。

实践是检验真理的唯一标准。生产关系一定要适合生产力发展水平，是马克思主义的基本观点。社会主义公有制建立在社会化大生产的基础上，具有私有制无可比拟的优越性。但是，苏联解体、东欧剧变提醒了我们，除多种国内外的因素外，固守公有制的传统观念，生产关系的调整明显滞后于解放和发展生产力的要求，不能不说是社会主义遭受严重挫折的重要原因。中国得以避免苏联和东欧的厄运，正是由于十一届三中全会后，拨乱反正，认真总结历史经验，深刻汲取政策偏差产生恶果的沉痛教训，不断调整和完善所有制结构，促进了国民经济持续快速健康发展。我国将在相当长的一个时期内处于社会主义初级阶段，必须始终坚持公有制为主体、多种所有制经济共同发展的基本经济制度。随着社会主义市场经济体制的建立和社会化大生产的发展，在实践中进一步创造丰富多彩、充满生命力的公有制实现形式，鼓励和引导非公有制经济发展，将是党和国家的一项长期政策。非公有制经济的进一步发展，也必然是当前和今后一个时期经济的新增长点。

四、正确对待非公有制经济

为贯彻落实党的十五大精神，鼓励、引导非公有制经济发展，使其成为国民经济的重要组成部分，各地方政府先后都召开了个体私营经济工作会议，制定并实行了有关政策措施，如云南提出实行“四个纳入”（把个体、私营经济发展纳入省的长远规划和年度计划、纳入统计科目、纳入两个文明建设的重要内容、纳入政绩考核的指标体系）和“八个一样”（在登记注册、经营范围、项目报批、许可证管理、用地审批、科技人员职称评定、科技成果鉴定和申报进出口经营权八个方面同公有制单位一样对待），为非公有制经济发展营造良好环境，有的省、市还出台了一系列优惠政策。

一般认为，当前加快非公有制经济发展，不能过于指望政策倾斜，更重要的是要给非公有制经济以“国民”待遇。多种所有制经济共同发展，理应对各种经济成分一视同仁。给非公有制经济以同等待遇，是建立竞争性市场、搞活经济的客观需要，也是让市场机制发挥基础性作用、优化资源配置的客观需要。

给非公有制经济以同等待遇，首先要从思想上、理论上加深对非公有经济地位、作用的认识，明确公有制经济和非公有制经济都是社会主义市场经济的重要组成部分。

给非公有制经济以同等待遇，关键是要落实宏观管理方面对“公”与“非公”一视同仁，以及鼓励和引导非公有经济发展的各项政策措施，让不同所有制的市场主体机会均等，在同一起跑线上公平竞争。

给非公有制经济以同等待遇，还需要健全财产法律制度，依法保护各类企业的合法权益和公平竞争。理论界和企业家们已提出，随着经济体制改革的深化和社会主义市场经济的发展，现行宪法中涉及所有制的某些条文也应作必要的修改。根据党的十五大关于所有制改革问题的若干重要突破，现行宪法的一些条文应作相应修改：

宪法规定“社会主义的公共财产神圣不可侵犯”，“国家保护社会主义的公共财产”。虽然1995年发布施行的《关于惩治违反公司法犯罪的决定》，对保护包括私营企业的公司的财产，作了一些规定，但宪法还没有明确的保护私有财产的条文。有的地方出现了私营企业的职工贪污、盗窃事件，法院却不受理，多数情况是按民事纠纷处理。私有财产未能得到明确有效的保护，已影响了一些私营企业主扩大再生产的积极性。

宪法中关于“生产资料私有制的社会主义改造已经完成”“社会主义经济制度的基础是生产资料的社会主义公有制”、非公有经济“是社会主义公有制经济的补充”等内容，已和十五大提出的“非公有制经济是我国社会主义市场经济的重要组成部分”不相符合。

关于社会主义分配方式，宪法规定“实行各尽所能，按劳分配的原则”，党的十五大提出“坚持按劳分配为主体、多种分配方式并存的制度，把按劳分配和按生产要素分配结合起来”。按要素分配是市场经济条件下的必然要求，劳动力是一种能动的生产要素，按劳分配理应包括在按要素分配之中。宪法如能将按要素分配定为社会主义市场经济的分配原则，并不否定按劳分配。

（原载《云南学术探索》1998 年第 5 期）

更新观念　寻觅商机　开拓市场

20世纪90年代最后几年，中国买方市场初步形成：主要工农业产品全部供求平衡或供大于求，不少产品生产能力过剩，商品价格持续稳中有降；卖方竞争异常激烈。面对买方市场，企业必须树立现代市场营销观念，深入开展市场营销调研，主动寻觅商机，锐意创新，开拓市场。

一、更新观念至关重要

改革开放后我国重新引进市场营销学，企业界和理论界在营销理论、策略与方法的研究和运用上，作了长期的努力并取得巨大的成绩。随着社会主义市场经济体制的建立和发展，买方市场的出现和初步形成，从20世纪80年代起，政府部门和国家领导人，对市场营销理论的传播和应用也日益重视。1983年1月，袁宝华曾指出："学习外国经验，要从头到尾，原原本本地学，学通了，才能从中吸取有用的东西，至少在专家范围内应该这样。学学皮毛，满足于一知半解是不行的。大连培训中心开始工作时，我们就对美国人说：'美国怎么干，你就怎么讲，不要保留。'这样才能把美国的东西学透，才能有分辨能力，才能真正消化吸收。将来我们和其他国家合办培训中心，也采用这个办法，专门研究这个国家的经验。不能拿来即用，没有捷径可走，而要勤奋地学，不把'众长'学透，就不能'博采'，要想自成一家，就先学透百家。"[①] 可以说，20世纪的后20年，

① 《经济参考》1983年1月22日。

我国在引进西方市场营销理论的同时，在消化吸收的基础上，结合中国的国情和市场环境，从实际出发，着意创新，致力于在博采众长的基础上，融合提炼，自成一家。综观改革开放以来获得成功和发展的企业，无不在学习和应用市场营销理论方面，付出了努力，真正下了功夫。

1996年3月，全国人大和政协“两会”期间，有关部门采纳了政协委员、中国人民大学郭国庆教授的建议，在中央文件中多处用“营销”取代了以往常用的“经营”和“推销”。八届人大四次会议通过的国民经济和社会发展《“九五”计划和2010年远景目标纲要》中指出，国有企业要按照市场需求组织生产，“搞好市场营销，提高经济效益”。还指出，要积极发展新的营销方式，建立科研、开发、生产、营销紧密结合的机制。（郭国庆，1999）国家经贸委于1997年初也发出《关于加强国有企业市场营销工作的通知》。

1999年6月25—26日，江泽民主席在青岛主持召开华东七省市国有企业改革和发展座谈会时指出，企业必须有明确的市场营销战略，实现由单纯偏重生产管理到重视市场营销的转变。有关专家认为，这是对国有企业改革与发展战略目标的高度概括，是在新的历史条件下对邓小平理论的继承和发展，是对党的十四届三中全会提出的“两个根本性转变”的必要补充和完善，是对社会主义市场经济理论体系的重大贡献。实践证明，经济体制由计划经济向市场经济转变和经济增长方式由粗放型向集约型转变的战略任务的提出，对于国有企业改革的深化和效益的提高，对于中国经济的繁荣和发展，对于综合国力的增强，都起到了历史性的指导与推动作用，也为实现由偏重生产管理向重视市场营销的转变提供了必要的条件。没有“两个根本性转变”，就没有今天国有企业生存发展的有利环境，就没有国有企业面向市场、适应市场和开拓市场的动力和压力。在新的时代背景下，提出经营管理模式由生产型向市场营销型转变，正是前两个转变的支撑点和根本保障。市场营销是与市场有关的人类活动，其核心观念是交换。实现“两个根本性转变”，归根结底要解决好市场问题，根据市场需求合理配置资源，即经济体制要加快向市场化转变，经济增长方式要以市场为导向。只有企业面向市场组织生产和经营活动，其产品才能提高市场占有率，进而提高企业竞争力和整体效益，真正实现“两个根本性转变”。（郭国庆，1999）为了实现前述三个根本性转变，我们必须更新观念，树立现代市场营销观念。

市场营销观念强调：企业的一切计划与策略应以顾客为中心；满足消费者的需求与愿望是企业的责任；在满足市场需求的基础上，实现长期、合理的利润目标。贯彻营销观念要求：实行顾客导向，了解顾客的真正需求，在市场细分的基础上，选定目标市场，并优化资源配置，以具有特色的营销组合，更好地满足目标顾客的需要；开展整体营销，在内部各职能部门协调配合的条件下，使企业各方面营销要素协调配合；实现顾客满意，目标是超出满足顾客，满意比满足更高一筹。

二、现代营销观念的体现

当前树立营销观念的重点，主要应体现在三个方面。

首先是正确认识中国的买方市场。中国已初步形成买方市场是客观存在，主要标志是供大于求、价格稳中有降、消费心理趋于理性。现代市场营销观念认为，企业的全部经营活动要以满足顾客的需要为出发点，达成顾客满意为根本目标。为此，企业必须了解顾客，即调查他们的现实和潜在的需求，分析他们的购买动机与购买行为特征，研究他们的消费习惯与消费水平，以便准确地选择服务的重点对象和具体内容。现代市场营销管理与传统的生产型管理的重要区别在于，开展营销必须调查分析市场需求，发现市场机会，选定目标市场后再去精心组织生产；而生产型管理模式往往忽视市场调研，能生产什么就努力生产什么，决策的主观随意性大，市场导向没有真正得到贯彻。树立营销观念，必须加强市场营销调研，发现尚未满足的现实与潜在需要，结合企业的资源条件，正确制定自己的发展方向和发展战略。与社会主义初级阶段的经济发展水平相适应，中国的买方市场具有低层次、结构性等特征。现今生产和供给能力“过剩”，主要是技术含量较低的传统产品和一般消费品。这种买方市场不是真正的饱和与过剩，未被满足的市场需求还有很多，问题是如何去发现市场机会，利用市场机会开拓进取。

其次是强化竞争意识，全方位提高竞争力。中国加入 WTO 在即，国内市场国际化，市场竞争也必然日益国际化。中国买方市场商机无限，我们自己不努力发现市场机会，提高竞争力，更好地满足市场现实与潜在的需求，就会把国内大市场大片、大片地拱手让给别人。在科学技术发达、市场国际化的今天，除极少数国家外，几乎全球都是买方市场，市场竞争无处不在，没有“‘市’外桃源”。瑞典伊莱克斯公司的信条是：“市场永远没有迟到者。”在中国冰箱生产能力大量过剩，卖主竞争异常激烈之际，20 世纪 90 年代后期，伊莱克斯进入中国市场，并以性能、质量和服务等特色，很快就获得冰箱市场占有率居第 5 位的成绩。可见，在市场竞争中，适时“抢滩”固然重要，但买方市场决非禁区，“狭路相逢勇者胜”，要强化竞争意识，就要勇于参与竞争。据国外有关综合国际竞争力排队研究结果，中国企业和产品的竞争力还不高。要参与竞争并赢得胜利，必须全方位提高竞争力。我们有巨大的潜在市场，也有不少资源优势，如能真正树立现代市场营销观念，按市场需要安排产品项目，进行业务创新，不仅能提供物美价廉的产品，而且优化营销组合策略，就可以提高竞争力，变资源优势为竞争优势。在买方市场条件下，消极等待是没有出路的。“等市场转旺，等价格回升，等政策更宽松”，等来的市场机会不一定属于你，市场份额要靠全面提高竞争力去拼搏和争取。

再次，要心系消费者，选准目标市场。营销观念的精髓在于心系消费者，想消费者之所想。同样是经营消费品的商场，有的顾客盈门，有的平平淡淡，有的冷冷清清。除了经济实力、地理位置等因素外，最重要的是经营观念的差异。有一种看法，中国大型商场竞争过度，谁都难以生存和发展。但有些“洋”商场在中国同样处于买方市场，生意做得活，效益就比较好。设在昆明的沃尔玛超市，成功经验之一就是：贴近消费者，选准服务对象，经营的商品比较适应目标市场。沃尔玛的食品经营占较大比重，也最具特色和吸引力。这家“洋”商场不仅卖昆明的传统小吃，如炒饵丝、炒米线，而且卖老昆明人日常爱吃的酸腌菜。虽然这些商品的营业额不大，但无疑吸引了一定数量的消费者。一些大城市的豪华高档商场，往往忽视这样一个事实：中国有一个富裕阶层，但是相对的、少量的，无论城乡，占多数的还是大众消费者。当然，这并非说豪华高档商场不该设，高档商品不该卖，但如我们在国际竞争中，自己专卖高档“洋货”，而把大众消费品让给“洋”店去卖，竞争的结局是可想而知的。

三、锐意创新开拓市场

我国自改革开放后重新引进市场营销学，迄今已出版编著和译著的市场营销学教科书约500种，出版外文市场营销学著作也有数十种。接受过市场营销学教育的学生和职工少说也有数百万人。营销之道，丰富多彩，运用之道，贵在创新。

（1）产品创新，层出不穷。产品不但能满足需要，而且能创造需求。不仅消费的对象，而且消费的方式，都是生产所创造的，所以，生产创造消费者。在买方市场初步形成，对传统产品的需求得以满足后，更需要开发新产品以创造和满足新的需求。走向知识经济时代，未来的新产品，肯定会越来越多。新产品不仅要开发，还要储备。江西汇仁集团与十几家院校、所合作，研究开发十余个国家级新药，规划每年上市一个新品，使新品产值占70%以上。他们认为新产品开发重要，储备也重要，一齐都上了，过一段时间就缺少新品了，要适时推出，层出不穷。

（2）市场创新，各得其所。市场创新有多种选择。如：①先近后远。先在当地牢固占领市场，再有选择地向外扩张。实力不强的中小企业和产量有限的产品，更不宜舍近求远。②先中小城市后大城市。汇仁集团认为特大城市消费者比较成熟，市场开发投入大，不易站稳脚跟，一旦失利，再进入就更难。因此，他们优先开发省会所在城市和其他中小城市，实力壮大了，再进京、沪和广州。③收缩覆盖率，扩大占有率。覆盖率与占有率是不同的概念。某种牙膏，记者报道和厂家介绍都称市场占有率达100%，实际是不可能的。“众口难调”，一个地区很难只卖一种牙膏。市场占有率要力求逐步扩大。“伤其十指，不如断其一指。”莫津津乐道于产品“行销几十个国家和地区”，要看销售量和市场占有率。④选择重点，主销某一市场，海尔冰箱曾以外销为主，现仍是我国冰箱出口主要厂家。本溪电缆厂，职工数百人，规模并不大，1998年出口额达1100多万美元，经营者丁风坤说："咱不在国内跟同行争了，我把产品卖到国外去。"⑤农村包围城市。乐凯以比柯达、富士低得多的价格，先占领县以下市场，扩大销量，降低成本，并依靠科技，提高竞争力，为国货争市场。

（3）渠道创新，"借船出海"。采用直接分销渠道或是间接分销渠道，是营销决策的重要内容之一。所谓间接渠道，就是通过中间商把产品卖给用户和消费者的分销模式。由于用户分散和消费者人多面广，企业资源（包括人力、资金、仓储、运输设施等）有限，以及经销商的营销能力和经验等因素，很多生产者特别是消费品生产者，愿意采用间接销售渠道。实践表明，"借船出海"是开拓市场的有效分销策略。例如，当云烟开拓市场遇到阻力时，云南与一些省的烟草公司联合建立销售公司，扩大云烟销售并有效防止假冒商标的"云烟"，不仅产地与销地"双赢"，而且保护了消费者的权益。

（4）服务创新，粘牢顾客。大连市曾在1997年开展"市场营销年"活动，在服务方面的确有一些超常规的特色。例如：在大连电视塔上的旋转餐厅，服务员对观光的游客能主动招呼："不论就餐与否，都欢迎就座观光"；在大连商场，营业员可对经销的一种本地产衬衫给予换货，而且"不论是否在本商场购买的，只要商品无损坏，不同颜色、尺码都可以换"。这样的服务，比广告的效果要大得多。

（5）促销创新，讲求实效。促销不排除做广告，但广告并非促销的唯一"法宝"。广告预算和广告责任，是广告决策中必须重视的两大问题。有的企业不计算投入、产出比，盲目争"标王"结果为"标王"所累，几乎把企业拖垮；有的广告夸大其辞，对消费者是欺骗，促销效果也并不好。成功的企业在促销方式上多出奇招，可以少做广告或不做广告。

（6）管理创新，迎接挑战。中国加入世界贸易组织，是第二次开放，"入世"将使中国重返世界贸易舞台。中国为"入世"承诺关税减让，承担与本国经济贸易发展水平相适应的必要义务。"入世"带来机遇与挑战，企业必须抓住机遇，迎接挑战。参与国际竞争，提高竞争力，迫切需要进一步提高管理水平。我们在管理模式上存有不少缺陷，迎接新的挑战，必须着重解决一些关键的问题。应当高度重视人力资源开发，既要造就职业企业家队伍，也要致力于提高员工人力素质。为此，在争取提高效益的同时，投资于员工教育和激励员工的成本，都应比以往增加。我们还必须更加重视控制生产成本和销售费用，成本和费用是定价的最低界限，成本和费用的显著降低，是竞争力的基础。具有高质量和同行业最低成本水平的产品，再加上恰当的营销努力，在竞争中注定会成为赢家。进入知识经济时代，降低成本已不能完全指望廉价劳动力的优势，甚至也不能过多指望规模经济优势，最重要的是要依靠科技，发挥营销创新的优势。高科技创造出高性能、高效、低成本的产品，以更便捷、更节约时间和费用的营销渠道开拓市场，产品将能更快地为市场所接受，不至于成为沉睡在仓库中的滞销品。

参考文献：

韩国庆：《社会营销理论》，中国人民大学出版社 1999 年版。

（原载《云南经济管理干部学院学报》2000 年第 3 期）

中国买方市场的形成及其特征

一、中国买方市场逐步形成

20世纪90年代，可以说是中国买方市场初步形成的时期。

早在20世纪80年代初，特别是1983年和1984年，我国经济理论界就比较集中地进行过关于买方市场的讨论。当时，人们常把买方市场作为市场形势好转的同义词。认为买方市场指商品供过于求，卖主竞争激烈，买方不仅有选择商品的余地，而且价格趋于下降。1982年，我国以往曾长期采用凭证限量供应的消费品，大部分可以敞开供应；不少流行适销的商品，已出现滞销积压；就是名牌产品，供求矛盾也有了很大的缓和。对市场形势的估计，大致有三种看法：一种是说买方市场已经形成了；一种是说处在卖方市场向买方市场的转化过程中，还很不稳固；一种是认为尚未形成。鉴于部分地区、部分产品一旦出现供大于求的局面，就被人们称之为“买方市场”，笔者曾经提出：“供求状况固然是买方市场能否建立的重要标志，但买方市场毕竟不应和供大于求画等号。”因为，“就整体而言，是否商品可供量大于社会购买力的年份，就是买方市场；就局部而言，某类商品出现了供大于求，是否就是出现了买方市场；一旦供求情况发生变化，又是‘由买方市场转为卖方市场’？再说，由于质次价高、货不对路引起的呆滞、积压，也算是供大于求，从而叫作‘买方市场’吗？”① 关于“买方市场”的极不稳定，《经济参考》报1983年5月30日就有一篇

① 吴健安：《浅议买方市场》，《安徽财贸学院学报》1984年第4期。

报道《一些商品由买方市场转为卖方市场》。在大多着眼于市场商品供给和需求量的比例讨论买方市场时，也有的学者认为，买方市场应当是真正为消费者服务，听消费者意见，由消费者做主的市场。① 对此，笔者在同一篇文章中曾指出："从我国目前情况来说，供给适应需求和自觉维护消费者权益，这两个条件都还没有完全具备。""从物质基础和思想基础这两个方面看，我国社会主义买方市场还处在逐步形成的过程中。"②

经历了近20年，我们可以较为明确地认定，在20世纪80年代前几年，我们最多只能说卖方市场开始向买方市场转化，直至90年代中期，都处在逐步转化的过程中。其主要依据是：

（1）商品供求格局，依然存在较多的短缺商品。1985年至1989年，被称为"我国改革开放以来主要商品短缺最为严重的时期，持续时间长，涉及商品范围最广"③。在上述期间，粮、油、肉、禽、蔬菜、水产品和食糖等副食品，曾不同程度出现短缺，一些大中城市对猪肉采取了控制投放、限量供应或凭票定量的办法。部分工业消费品供不应求，优质名牌冰箱、彩电供应偏紧，棉毛针纺制品和火柴、肥皂、洗衣粉等处于求大于供状态。1993年上半年，在原内贸部商品信息中心追踪排队的731种商品中，供不应求的商品74种，占10.2%，主要是农业生产资料、文化用品和日杂用品。直至1997年上半年，排队的商品中，仍有32种商品供不应求（下半年为10种）。问题还在于，1995年以前，建筑材料和工业生产资料多半处于紧缺状态，1996年下半年以后，供求格局才发生根本转变。

（2）物价指数逐年攀升，部分年份涨幅较大。在商品经济条件下，价格的形成必然与市场供求形势紧密相关，市场价格水平的波动，在相当程度上取决于市场供求状况及供求关系的变化。就商品零售价格而言，1997年以前的20年，总指数逐年上升，1997年为1978年的380.8%。其中，1985—1989年和1992—1996年增幅较大，1984—1989年的5年间，零售价格指数上升了72.7%，1991—1996年的5年间，则增长76.9%。在此期

① 刘国光：《再论买方市场》，《财贸经济》1983年第9期。

② 吴健安：《浅议买方市场》，《安徽财贸学院学报》1984年第4期。

③ 孔繁金：《从主要商品供求排队看我国买方市场的形成》，载陈淮主编《过剩经济！过剩经济？——形势与对策》，经济科学出版社版1998年版，第56-63页。

间，居民消费品价格指数，一般又比社会商品零售价格指数高出1—3个百分点。毋庸置疑，物价涨幅基本上反映了众多商品求大于供的态势。例如，多数年份的食品价格指数都略高于居民消费品价格指数，即反映了吃的商品求大于供的情况较之穿的、用的商品为多。而在生产资料领域，由于几度经济过热，价格涨幅比消费品还要高，1996年的生产资料出厂价格水平，相当于1991年的200.5%，同期原材料工业品出厂价格则增加了1.86倍。突出的如冶金工业1993年出厂价格比上年上涨57.7%，造纸工业1995年出厂价格比上年上涨44.5%，建材工业1993年出厂价格比上年上涨42.8%。①

（3）消费者权益尚未得到应有的尊重和保障。从消费者的选择自由来说，由于行业垄断在较大的范围内存在，对某些产品和服务，消费者在质量、价格以及时间、方式等方面，还没有选择的余地。消费者的知情权不仅受到虚假广告的困扰，而且在长期短缺经济中形成的消费心理，使市场信号容易引起不成熟的消费行为，1988年的抢购风潮，不少消费者要承受经济损失。大量经营者的不正当竞争行为，不仅损害了其他经营者的合法权益，扰乱社会经济秩序，更为普遍的事实是，消费者是假冒伪劣商品、虚假广告的直接受害者。刚刚步入市场经济的中国消费者，不仅不善于自我保护，受骗上当不知应该去投诉、去索取赔偿，而且往往易受利诱而甘愿“上钩”。1997年10月，中国境内通过审批的传销公司有500多家，非法传销公司超过3000家，传销商竟达2000多万人。② 在法制不健全、人员素质低的条件下，受害者岂止是那些走火入魔的大量下线传销商，还有比传销商人数更多的消费者，而且主要是传销商的亲朋故旧。

20世纪的最后几年，大体上是1997年后，随着经济调整的“软着陆”成功，出现了“高增长、低通胀”的良好发展态势，我国以短缺经济为特征的卖方市场初步转变为买方市场。买方市场的形成，为深化经济改革创造了比较宽松的外部环境，为国民经济持续、快速、健康发展提供了良好的物质基础，也为消费者提高消费质量、档次提供了良好的物质基础。

① 《1999中国统计年鉴》，中国统计出版社1999年版，第292－309页。

② 韩星：《传销大揭幕》，当代世界出版社1998年版，第247、310页。

二、中国买方市场形成的标志

我国初步形成买方市场，可从以下几方面进行考察。

（1）商品总供给基本适应总需求，供求平衡与供大于求具有全面性和相对稳定性。这种全面性的具体表现是，主要工农业产品，无论是消费资料或是生产资料，基本供给层面上的商品已不存在供不应求。国家内贸局商业信息中心对600余种商品的供求情况排队分析表明，从1998年上半年起，这些商品的供求关系发生了历史性的变化，以往一些供应紧张的商品已经变为供求平衡或供过于求。相对稳定性的具体表现是，相当多的工农业产品生产能力过剩，开工不足，一旦需求扩大，供求形势变化。很快就能增加供给，继续维持供求平衡与供大于求的格局。从1998年起，许多商品供过于求的状况愈演愈烈，1999年下半年，25大类商品中就有14类商品供过于求，所占比例比上半年又有所增加。① 在生产资料领域，由于前些年累积的生产能力过大，新增资源快速增长。总体市场货源充裕，继续为供大于求的买方格局。② 以往制约经济发展的所谓“瓶颈”已开始发生变化，交通运输能力出现了一定的闲置，电力在一些地区已供大于求。在买方市场条件下，社会商品库存不断增加，国家战略物资储备量也达到历史最高水平。

（2）市场价格总水平持续走低，消费心理相对稳定。截至1999年12月，社会商品零售价格，已连续27个月同比下降，居民消费价格指数连续21个月同比下降，部分生产资料价格持续下降时间更长、降幅更大。需要特别指出的是，关系“民以食为天”的粮食，自1953年实行凭票证供应，经历40余年，一直被认为是供给不足，粮价看涨。事实上，改革开放以来，除1990年和1991年有所下降外，1996年以前，大多数年份粮

① 郭守中：《中国消费品市场：1999年状况和2000年发展趋势》，载《2000年经济蓝皮书》，社会科学文献出版社2000年版，第248页。

② 陈克新：《1999年生产资料市场形势分析及2000年展望》，载《2000年经济蓝皮书》，社会科学文献出版社2000年版，第240页。

价都有所上升，最高的增长年份是1979年上升30.5%。1990年和1991年粮价回落，应视为对1988年和1989涨幅较高的调整，1988年粮价上升14.6%，1989年上升26.9%，1989年粮价水平比1987年高45.4%。在“软着陆”成功后，粮价趋势发生了大变化。1997年起，粮食价格持续回落，尤其难得的是在大灾之年，包括1998年特大洪水灾害之后，在全国范围内，粮价并未上扬，继1997年粮食收购价格指数下降9.8%之后，1998年再降低3.3%。尽管政府为保护农民生产积极性实行按保护价敞开收购和顺价销售政策，粮食价格仍然是趋于回落。按城市居民的体验，2000年上半年优质米的价格，仅相当于1996年上半年的50%左右。这一方面是由于1996年的粮价大约比1991年上涨了146%，从高位下落有一定的合理性：另一方面也由于市场物价总体上都是稳中有降，粮食供应充足，消费心理稳定。无论是“金融风暴”的阴影，或是莱斯特·布朗先生一再操心的“谁来养活中国”，20世纪的最后年份，中国居民越来越不担心吃、穿商品的供应，在收入水平并不太高的情况下，储蓄存款依然迅速增加。如果说，1990年底城乡居民储蓄余额7034.2亿元，为1980年底399.5亿元的17.6倍，相当于GDP的37.9%；那么，1999年底的储蓄余额达59622亿元，为1990年的8.48倍，已相当于GDP的72.7%。中国的高储蓄率，从一个侧面反映了居民在短缺经济中形成的消费心理和价格预期已发生根本性的变化。

（3）卖主之间竞争激烈，消费者日趋成熟。重复建设与存货增加，势必导致卖方的激烈竞争以致竞争过度。市场经济中的竞争规律表明，众多卖方之间虽然在和买方相对立时有可能成为伙伴，特别是在求大于供时，“卖者都会共同努力，力图按照高昂的市场价格来出售”①。但在供大于求、销售困难时，“只要自己这一方变成劣势的一方，而每个人都力图找到最好的出路，共同行动就会停止。”② “尽管他的做法，不仅影响他自己，而且也影响到他所有的同伙。”③ 20世纪90年代虽然有一些行业已从单纯的价格竞争转向非价格竞争，但在更多的场合，仍然是价格大战愈演

① 马克思：《资本论》第3卷，中译本，人民出版社1975年版，第216－217页。
② 同上。
③ 同上。

愈烈。在家电市场上，1996 年以后，降价促销已成为主旋律，彩电、VCD、微波炉等商品价格都频繁下调，几年间，价格降低幅度多在 50% 以上。打折甩卖是另一种形式的降价，全场九折、八折已成为一些大商场的时髦用语。有些商业、供销企业为了让商品变为货币，缓解资金不足的矛盾，纷纷搞起有奖销售活动；甚至各银行为吸引更多的储户，也搞起有奖储蓄。在供求排队的商品中，穿着商品自 1991 年起，全部转为供求平衡或供过于求。用的商品、吃的商品也先后于 1996 年和 1997 年下半年全部转为供求平衡和供过于求。生产资料的需求是派生需求，消费品的供求关系必然要反映到生产资料市场上。随着卖方市场向买方市场转变，居民消费心理也趋向正常，理智消费、按需选购已成为主要的消费行为。亚洲金融风暴、特大洪水灾害、连续几次调低利率、消费信贷、降价促销和有奖促销，都没有像以往那样形成消费热潮。消费者对商品的质量、外观，档次、品牌的要求更高了，比较、选择更认真了，对厂家和商家的质量保证和售后服务要求更严格了，消费者开始有了些“上帝”的感觉。

三、中国买方市场的基本特征

中国出现买方市场，这是人们的共识。但中国毕竟处于社会主义初级阶段，初级阶段的买方市场具有不同于发达市场经济的若干基本特征。

（1）购买力水平与消费层次不高。1999 年，中国城镇居民人均可支配收入 5854 元，农村居民人均纯收入 2210 元，纵向比较，分别比 1978 年增长了 16 倍和 15.5 倍，但和发达国家比，差距依然很大，在国际比较中，处于中下水平。在购买力水平较低的条件下，居民消费必然是以满足生理需要为主。按抽样调查资料，1998 年城镇居民消费性支出中，食品支出占 44.5%，比 1985 年降低了 7.7 个百分点；农村居民生活消费支出中，食品消费占 53.4%，比 1978 年降低了 14.3 个百分点，这都反映了改革开放以来，人民生活水平有了很大的提高。[①] 可是，就恩格尔系数而言，既不足

① 《1999 中国统计年鉴》，中国统计出版社 1999 年版，第 317、319、341 页。

以与主要发达国家比，也不能和新、马、泰、韩等国相比。① 在收入水平不高的情况下，收入分配差距过大。1998 年城镇居民人均可支配收入为农村居民人均纯收入的 2.5 倍，城镇最高收入户人均可支配收入为最低收入户人均可支配收入的 4.4 倍。广大农村，不仅有三千多万贫困人口，刚越过温饱线的居民也为数众多。相当一部分农民家庭，还无力购买家用电器等耐用消费品。

（2）商品供大于求带有明显的结构特征。在供求排队的商品中，除少数家电、医药等行业有一些高技术产品外，多数产品技术含量较低，供大于求、库存积压的商品，大部分是传统产品。无论是在制造业、农业还是服务业，供给能力大都集中在技术层次相对较低的领域。例如，在钢材、纺织、化工等行业，初级产品生产能力大多过剩，而技术含量较高的产品仍然供给不足，依靠大量进口满足国内需求。每年进口的纺织面料达 60 多亿美元，拉舍尔毛毯用的腈纶、玩具用的长毛绒要进口，铺高速公路的沥青要进口，钢材一年进口上千万吨。“有关综合国力的工业和高新技术产业，中国的自主供给能力也是相当有限的。在农产品过剩的背后，也是品种和结构问题。服务业主要表现在传统服务业的过剩和新兴服务业的不足”②。在世纪之交，中国人民生活在总体上已从温饱转向小康，消费结构在进行着质的转变，供给结构与消费结构不完全适应，正是部分产品生产能力过剩、供大于求的主要成因。

（3）营销创新不足导致很多商品供大于求。“市场营销”与“营销观念”虽已进入政府文件，成为官场用语，但在实践中往往讲的是“市场导向”“以消费者需求为中心”，而干起来却是资源导向、以生产为中心。结构失衡在很多情况下是“长官意志”、盲目上项目、重复建设的结果。由于创新不足，在传统产品供给有余的同时，我们通过开发新产品，创造新需求，做得还很不够。只要看一看我们市场上现有产品的品种、质量，再

① 1990 年 7 月 30 日《参考消息》转载《亚洲周刊》7 月 27 日报道，一些亚洲国家和地区食品消费在个人消费中的比重：日本 26.8%，澳大利亚 20.8%，中国香港 18.3%，新加坡 23%，马来西亚 41.1%，泰国 37.4%，韩国 34.8%，中国 55.2%。

② 李泊溪：《2000 年中国经济发展的政策选择》，载《2000 年经济蓝皮书》，社会科学文献出版社 2000 年版，第 99 页。

回想一下20年前的商品品种、质量，就不难理解生产出消费的道理。正是日益丰富多彩的产品，才使得我国社会商品零售总额从1978年的1558.6亿元增加到1999年的31135亿元，21年间增长了近19倍。近20年间，我们已经对相当多的新产品产生了新的需求，我们今后还会对将要问世的更多新产品产生需求。问题的关键在于创新，创新会创造出有效供给力。初级阶段的买方市场，一方面是商品积压严重，另一方面是有效供给不足。值得注意的是，中国产品的国际竞争力不够强。在新的国际竞争力排名中，美国和新加坡分居第1、2位，中国香港居第14位，中国大陆居第22位，中国台湾省居第31位。产品的竞争力既来自它能更好地适应消费需求，也来自于它的物美价廉。《共产党宣言》中有句名言是："资产阶级……它的商品的低廉价格，是它用来摧毁一切万里长城、征服野蛮人最顽强的仇外心理的重炮。"① 产品成本高低，是产品竞争力的一个重要方面。营销创新要求在生产适销优质产品的同时，尽可能降低消耗，将成本控制在较低水平。

（4）市场法制待完善，市场秩序待规范。市场新秩序的建设与法律法规的健全和完善密切相关。从总体上看，我国市场管理还存在法律软化、法网不周、有法不依、执法不严等问题。在反垄断和反不正当竞争法制尚欠完善的情况下，我国买方市场上的不正当竞争行为还比较多，诸如制售假冒伪劣商品，进行虚假广告宣传，侵犯技术和贸易秘密的专有权，在销售和服务中进行欺诈，滥用行政权力限制外地产品进入本地市场等等，表现繁多，禁而不绝。初级阶段买方市场上的不正当竞争，有的固然是无法可依，有的则是有法不依，或是"权大于法"；有的属于厂商的违法经营，有的则是由于官吏的腐败行为给违法者开了绿灯。无序竞争与不正当竞争，其结果不仅损害了其他经营者的利益，而且也损害了买方市场条件下消费者理应得到的合法权益，行政权力的行使带有纵向性、强制性，往往容易违反市场交易中的平等原则和自愿原则。亚里士多德曾指出法治的基本条件有二：拥有良法和依法而治。良法是前提，无法可依即无法治可

① 马克思、恩格斯：《共产党宣言》，载《马克思恩格斯选集》第1卷，人民出版社1972年版，第255页。

言，有法但非良法，非但不能达到法治，反倒可使“法”沦为助纣为虐的工具。依法而治是关键，有良法而不依，则良法如同废纸。规范市场秩序，必须通过健全法制，全面规范市场主体的行为，并需对政府行为和企业行为加以明确界定，对权力干预行为用法律去约束和制裁。

（原载《学术探索》2000 年第 4 期）

浅谈市场学的几个问题

一门专门研究市场的经济学科——市场学，在我国已受到越来越广泛的重视。正式和非正式出版的市场学著作以及开设市场学课程的学校都日益增多，工科院校的管理工程系基本上都开了这门课，不少财经院校和大学经济系亦已开设市场学课程，十大城市的财贸干校和财经院校的金融系，银行学校，还有更多的中专和干校，都准备增设这门新课程。一个学习研究市场学的热潮正在兴起。在此情况下，探讨关于市场学的几个有争议的问题，当不为无的放矢。但由于作者水平有限，对于市场学真谛，尚未入门，因而虽命题为浅谈市场学，或许只是隔靴搔痒，好在抛砖旨在引玉，倘能引起大家议论一番，也就心满意足了。

一、市场学的名称

市场学的英文原名是“marketing”。在美国和欧洲，很多大学直接用“marketing”作为学科名称，因为他们都是用西方语言，并不存在什么问题。可是对我们来说，总得把“marketing”译成中文名称才方便，才能让人家懂得这是什么学科。但由于英语单词含义有广有狭，同义语多，运用中更多变化，因此，作为学科的名称，“marketing”到底怎么译，至今仍众说纷纭，尚无定论。

我所见到较早的译名，如 1933 年出版的由丁馨伯译编的教材，就叫《市场学》，直至现在，很多人也还是译作市场学。有些人要改译其他名称，据说是因为英文“marketing”含义带动态性，“市场学”容易被理解为静态的，不能充分反映“marketing”的丰富内容。于是中国人研究市场学，对“marketing”的汉译，便见仁见智，五花八门。

台湾政治大学把“marketing”译作行销学，突出一个“销”字，被称为政治大学学派。这种译法忽视了“销”的环境，市场没有表达出来，未普遍被人们接受。

北京外贸学院有的学者把“marketing”译为销售学，并从广义方面解释销售。我以为在中文商业经济学的用语中，销售毕竟只是商业活动的一个环节，研究销售只能是市场学的一个组成部分。

也有人把“marketing”译作“市场营销学”“市场营运学”“市务学”“市务管理”“市场管理”等等。

还有人为了“正名”，查阅了《英华大辞典》《新英汉词典》《牛津现代高级英语词典》（三版）《简明牛津词典》（八版）《朗曼当代英语词典》《经济与商业词典》，仔细地寻找和比较关于“marketing”的解释。

对学科的译名采取严肃的态度，力求较好地反映原文的含义，这是必要的。但更应注意的是学科名称必须切合这门学科研究的内容。从下面要探讨的这门学科的研究对象来说，译为“市场学”虽非十全十美，却也并无大错。何况市场学这个译名出现半个多世纪以来，不仅已为很多人所接受，而且也并没有因译名而引起人们的误解。例如，说市场学是静态的概念，在社会实践中人们可不是这么看的。近年来不少人研究市场学，主要是为了研究市场消费需求及掌握指导市场营销的原理、策略和方法，是为了学点竞争之道。可见，“市场学”的译名并不妨碍人们对“marketing”作动态的理解。当然，如译作“市场营销学”，也许更合适些。

二、市场学的研究对象

关于市场学的研究对象，以往人们多引用美国市场学会定义委员会所下的定义，即研究“引导商品和劳务从生产者到达消费者所实施的一切企业活动”。对此定义，一般认为范围显得狭小，因为现代市场营销活动的范围，并不限于已制成品到达最终消费者的过程，它不仅在产品的设计和准备原材料时即已开始，而在产品到达消费者手中时并未终结，产品售出后，还应了解消费者购买后是否满意，有何新的要求。

西方一些有代表性的市场学著作，对市场学的定义作了不同的解释。诸如：

（1）市场学是从卖方出发，研究如何向买方销售产品和劳务。

（2）市场学研究通过一定的销售渠道，把生产者同市场联系起来，以促使消费者购买的过程。

（3）市场学是一种为消费者服务的理论，研究商品和劳务从生产者到达最终消费者的全部商业活动，它包括提供产品以及为使消费者感到满意而必须的一切服务。

（4）市场学从企业——供给一方来研究需求，并将供给一方作为市场上同行业的竞争者。

上述定义虽各有不同，但其中心内容大体都是从卖方出发，研究供给如何适应消费需求，以便有效地开展市场营销活动。

最近，有的市场学著作又提出，市场学的研究应注意市场营销的“双向性”，即不仅应从卖方——供给者一方分析营销组合诸因素，而且应从买方——消费者一方分析营销组合诸因素，并且认为这是市场营销理论的重大发展。

国内关于市场学的研究对象，也有这样一些表述：

（1）研究整个商品流通领域的经济活动及其规律。

（2）研究商品供求关系并揭示商品流通规律。

（3）研究市场商品供应与需求之间的关系及其发展规律。

（4）研究商品从生产到消费的过程中，供求关系的发展规律，以及供应如何适应需求的途径、规律。

（5）研究我国社会主义条件下，实现消费供求的市场经济活动及其规律性。

（6）研究商品交换与劳务转移的客观规律性及其运用。

（7）主要研究有关市场形成和影响市场营销的因素。

（8）研究综合的商业活动过程，通过产品的销售和劳务的提供，满足消费者或使用者不断增长的需要。

(9)研究企业探求和刺激消费者的需求和欲望，通过交换，将满足这种需求和欲望的产品和劳务送到消费者手中，从而获取利润这个总过程的整体活动。

对以上定义，由于研究不够，体会不深，不敢妄加评论。我不揣冒昧，也提出一个社会主义市场学研究对象的定义，即：社会主义市场学研究企业为满足消费者日益增长的物质和文化生活需要，所实施的以产品、分配路线、定价、销售推广为主要内容的一切营销活动过程及客观规律性。简言之，社会主义市场学研究以消费者为中心的社会主义市场营销活动过程及其规律性。

当然，不能设想这一定义会立即为人们所广泛接受，这里也不想为推销这一定义大做广告或进行宣传。必须稍加解释的是，有些学者对于把社会主义和市场营销联系在一起，觉得不适合我国国情或不符合中国人的习惯，主张回避"市场营销"这几个字。我认为，承认社会主义社会存在商品生产和商品交换，就应承认存在一个"商品一般"；承认存在"商品一般"，也就应承认存在"市场一般"和"市场营销一般"。社会主义市场营销不同于资本主义市场营销的，主要在于生产资料所有制不同、社会性质不同、市场环境不同，研究社会主义市场营销活动过程及其规律性，能紧紧把握住这一特点就可以了。

三、市场营销观念的发展

按照西方市场学的概念，市场营销与市场营销观念不同。市场营销是指一种商业活动过程，即市场商品交换的运动过程，而市场营销观念乃是引导经营销售努力的一种指导思想，即所谓导向，是一种企业思维的方式，因而是一种商业的哲学。

20 世纪以来，资本主义市场营销观念的发展，大体经历了四个阶段，即生产观念、营业观念、营销观念及社会营销观念阶段。在不同的阶段，企业以不同的观念作为指导进行经营销售活动的基本思想。在生产观念阶段，企业以扩大生产和降低成本为中心课题，如美国皮尔斯堡公司在 20

世纪20年代前的口号是："本公司旨在制造面粉。"在营业观念阶段，企业以扩大销售为主要任务，如皮尔斯堡公司的口号改为："本公司旨在出售面粉。"进入营销观念阶段，企业重视了解并努力适应消费者的需求和愿望，许多大公司的口号是："哪里有消费者的需要，哪里就有我们的机会。"社会营销观念提出：以产生消费者满意及消费者与社会公众的长期福利，作为企业的根本目的与责任。这是资本主义企业为掩饰利润动机而提出的口号。

市场营销观念发展变化的依据何在？西方市场学的解释是不应完全接受的。目前我们有些市场学的教材和文章，沿用西方市场学的说法，认为20世纪20年代前，西方企业普遍采用生产导向乃是因为："当时市场趋势是供不应求……无需花费力气从事推销"，"市场总的趋势是供不应求的'卖者市场'……不注视销售和推广"，"市场的基本状况是供不应求……认为只要能生产出价廉物美的产品，就不愁卖不出去"等等，这是值得商榷的。

资本主义经济是商品经济的最高形态，一切产品都是作为商品来生产的，交换对整个社会生产起着决定的作用，市场、商品流通不仅是资本主义生产的一般前提，而且是社会再生产顺利进行的必要条件。商品生产出来以后，如不能及时推销出去，剩余价值就不能实现，资本主义生产的目的就不能实现。因此，任何一个资本家，甚至是最早期的产业资本家，为了追逐利润，决不会忘记推销产品。就市场供求形势来说，早在1825年就爆发了生产的商品不能实现的经济危机，也早在19世纪，竞争就已经使商业丧失了道德的最后一点痕迹。

那么，市场营销观念的发展究竟应如何解释？我认为，资本主义市场营销观念的发展变化是客观存在的，市场供求形势的发展变化也是客观存在的，可以说，市场学及现代市场营销观念正是在资本主义基本矛盾日益尖锐化的基础上，在竞争日益剧烈的条件下产生和发展起来的。为谋求解决由资本主义基本矛盾所决定的资本主义市场供求矛盾，在科学技术和社会生产发展的过程中，在市场商品日渐丰富和消费者选择余地日渐增多的过程中，资本主义企业逐步认识到仅仅靠生产物美价廉的产品，仅仅靠在产品生产出来后千方百计地推销，都不能保证商品价值的实现，而只有深入地了解并力求适应消费者的需求和欲望来组织营销活动，才可能使商品价值得以顺利实现，也才可能取得最满意的利润并在竞争中立于不败之地。因此，市场营销观念的发展，一方面是资本主义经济发展的产物，另一方面也是资本主义企业经营管理经验不断总结和积累的结果。

四、以消费者为中心

西方的“marketing”和我国的市场学著作，都强调市场营销活动应以消费者为中心。最近看到一本苏联 1982 年出版的《市场学》书目，也是着重分析研究消费者的商品需求的。消费者是市场的主体，市场营销活动以消费者为中心，正是顺理成章之举。

商品生产出来以后，必须拿到市场去进行交换。在交换中，实现商品到货币的变化，是一个惊险的飞跃。在货币与商品的对立中，主动权总是操之于货币所有者之手，货币的所有者不乐意，这一飞跃就不能实现，这一次实现了，如果货币的所有者不满意，再次实现就有困难，再生产的进行就会遇到阻碍。因此，资本主义企业的营销活动，必须以消费者为中心。精明的企业家都承认，消费者在市场上享有无上的权威，具有不可侵犯的购买选择自由，如同掌握经济投票权。所以他们说：“顾客永远是对的。”甚至说：“消费者是国王。”

然而，在资本主义制度下，生产只是服从使资本家发财致富的目的，有着无限扩大的趋势，而广大劳动人民的消费却被限制在狭小的范围内多使生产的发展经常遭到严重的破坏。“以消费者为中心”这一口号，绝不意味着资本家会以满足消费者的需要为目的，资本家总是为了实现最大限度的利润，而以此作为达到目的的手段。资本主义社会是商品世界，一切都商品化了，所有产品都需要实现从商品到货币的变化。企业要获取利润，必须使所提供的商品和劳务能满足消费者的需要。所以，有的资本家对店员说：“你的工资是顾客发的。”这并非假话，但这也正好说明，资本家把顾客尊为“帝王”，只是为了宣传，而“顾客就是财神”才货真价实。资本家对顾客谈不上什么真情实意，他们对顾客口袋中的钞票，才真的具有特殊的感情。

在社会主义制度下，生产的目的是为了满足人民日益增长的物质和文化生活需要，提高广大劳动人民的消费水平同社会主义生产目的的直接结合，为推动整个社会生产的发展提供了强大的动力。因此，社会主义社会从根本上克服了生产同消费之间的对抗性矛盾。

最大限度地满足人民群众不断增长的需要，归根到底，就是满足作为消费者的广大劳动人民的需要，一切为了消费者，乃是社会主义基本经济规律的要求。如果消费者的现实需要和潜在需要得不到满足，则满足人民需要就成为空话。全心全意地为人民服务，这是我们一切革命工作的宗旨。社会主义生产和经营活动以消费者为中心，一切为了人及其需要，可以说是为人民服务的宗旨的具体化。

令人费解的是，据说“以消费者为中心”在过去曾受到过批判，众所周知，在盛行“大批判”的年代里，有很多“批判”是批得莫明其妙的，连数学家写的“∞”，也居然被指责为“8”字写倒了。在社会主义生产与经营中，强调以消费者为中心，难道不应该吗？尽管亚当·斯密说过“消费是生产的唯一目的”，但在剩余价值规律支配下，消费不可能成为资本主义生产的目的。在资本主义制度下，高喊什么“保护全社会和消费者的利益”，只能是一个粉饰太平的骗人的口号。社会主义生产目的既然是满足人的物质和文化需要，社会主义企业的一切营销活动，围绕消费者的需要这个中心，应该说是理所当然的事。社会主义企业必须奉行为人民服务这个宗旨，一切营销活动以消费者为中心，全心全意地为人民谋福利，才能取得广大人民群众的信任，树立起社会主义企业的信誉。

五、我们为什么要研究市场学

市场学作为一门新兴学科，在我国虽已受到广泛重视，但并非已得到足够的重视。长期以来，我们忽视对消费、流通和市场理论的研究，对市场学的研究对象和基本内容还缺乏必要的认识。有的同志还认为：“三十多年来，没有学什么市场学，照样天天安排市场，天天做生意”；也有人认为：有计划的生产和流通，或者是“卖方市场”，就用不着市场学。

应当指出，当前我国商品生产和商品交换虽然较过去有极大发展，但比一些经济发达的国家还是落后的，我们的市场还不太发达。这对于我们充分认识流通在社会再生产过程中的地位和市场的作用，真正树立以消费者为中心的社会主义市场营销观念，显然是一个限制。但是，在中国共产党十届三中全会以来的四年间，我国商品生产和商品交换的长足发展，社会主义统一市场的优越性逐步得到发挥，同时在社会主义生产发展的基础上，我国市场业已开始了由“卖方市场”向“买方市场”的转变，因此，运用市场学的基本原理、策略和方法，指导社会主义企业的营销活动，重要性和迫切性显得与日俱增。在社会主义计划经济中，要使社会生产能更好地满足社会需要，提高人民物质文化生活水平，市场学的原理和方法，具有广泛的实用性。研究消费者的需求，不论是生产企业还是商业企业，也不论是经营计划商品还是非计划商品，更无论市场供求处于什么状况，都是完全必要的。现在我国金融系统，特别重视市场消费需求情况与研究，以便做好经济分析与信贷工作，使货币、信用活动更好地为市场服务，这也绝不是偶然的。研究和建立社会主义市场学，并非出于人们的主观愿望，而是社会主义商品生产和商品交换发展的客观需要，是社会主义现代化建设给我们提出的新课题。

（原载《经济研究参考资料》1983 年第 97 期）

现代市场营销观念的形成与发展

市场营销观念与市场营销不同。市场营销是指一种商业活动过程，即市场商品产销运动过程，而市场营销观念乃是引导营销努力的指导思想，是一种经营态度，一种企业思维的方式，是企业家经营企业所依据的经营哲学，它是随着市场营销环境的变迁而不断演变的。

一、市场营销与市场营销观念的形成

（一）市场营销的概念

市场营销是市场学的研究对象。国外市场学关于市场营销的概念，狭义的解释是引导商品与劳务从生产者到达消费者或使用者所实施的一切企业活动，广义的解释是创造与传递生活标准予社会。前者将市场营销仅视作一种传递功能，反映了幼年期对市场营销认识上的局限性，后者虽给人以广阔的视域，但欠明确具体。尽管市场营销这个词早在20世纪初即已出现，但至今仍无统一的解释。有些人认为，市场营销就是销售和促销，也有人认为，市场营销就是把货物推销出去。实际上，企业的市场营销活动应当包括整个企业的全部业务活动，即包括市场与消费者研究、选定目标市场、产品开发、定价、分销、促销和售后服务等等，销售和促销仅仅是企业的整个市场营销活动的一部分，而且不是市场营销活动的最重要部分。美国市场学家菲利普·科特勒说："销售不是市场营销的最重要部分，销售是'市场营销冰山'的尖端。销售是企业的市场营销人员的职能之一，但不是其最重要的职能。”

关于市场营销的较为完整的定义是：市场营销是通过市场交易满足现实或潜在需要的综合性经营销售活动过程。依据这一定义，市场营销的目的是满足消费者的现实或潜在需要，市场营销的中心是达成交易，而达成交易的手段则是开展综合性的营销活动。

由于资本主义生产经营的根本目的不可能是为了满足消费者的需要，在资本主义社会也就难以发现完全符合上述定义的市场营销。这里，姑且将市场营销的目的留待以后再分析，那么，以综合性的营销手段来达成交易的市场营销活动，又是何时开始的呢？美国企业管理权威彼得·德鲁克认为，市场营销最早于1650年左右产生于日本。那时三井家族的第一位成员在东京开办了世界上第一家百货商店，它比当代世界上最大的百货公司美国西尔斯·罗伯克公司早250年就实行“当顾客的采购员”，为顾客设计和生产他们需要的产品，把花色品种规格齐全的货色供应给顾客，并提出“保证满意，否则原款奉还”的市场营销原则。在美国，19世纪中叶开始出现市场营销。美国国际收割机公司的创始人塞勒斯·麦考密克不仅发明了收割机，而且还创造了“市场研究和分析”“市场地位观念”“定价政策”“为顾客提供零部件和服务”以及“分期付款信贷”等现代市场营销手段。20世纪初，美国一些大公司已开始设置市场营销研究（当时叫“商业研究”）部门，但当时仍被视作销售部门的附属物，主要任务是给销售部门提供市场信息，以利于把产品销售出去。后来，市场营销部门的职能逐步扩大，如销售分析、市场营销研究、广告宣传、售后服务等职能，先后都合并到市场营销部门。

战后50年代以来，美国等发达资本主义国家的市场竞争非常激烈，企业（卖方）要在竞争中求得生存和发展，它的一切经济活动都必须以顾客（买方）为中心，以顾客的需要、爱好为转移；否则，产品就难以推销出去，生产和流通就不能顺畅进行，企业就有破产的危险。因此，在新的市场形势下，市场营销又有了新的发展，许多制造商、批发商、零售商都逐渐认识到市场营销的重要性，在工商企业时经营管理中便产生了市场营销观念指导下的市场营销活动，即以满足消费需求为中心，以产品、定价、分销、促销为主要内容的综合性经营销售活动。

（二）市场营销观念的形成

资本主义企业市场营销观念的形成，大体经历了三个阶段。

第一阶段：生产观念。

约在19世纪末到20世纪初，资本主义进入了帝国主义阶段。当时，资本主义市场扩大，制造工业成长极为迅速，市场需求比较旺盛，企业的中心问题是如何利用新技术扩大生产，提高生产效率并降低成本，即大量生产物美价廉的产品。这时是以生产观念作为指导企业进行销售活动的基本思想。执行生产观念的企业，称为生产导向企业。具体表现为："我们能生产什么，就卖什么。"如美国皮尔斯堡公司自主1869年成立后的50多年中，主要目标就是发展生产，其口号是："本公司旨在制造面粉。"

生产观念是指导生产者的最古老的观念。它以如下假设为前提：消费者以品质与价格为基础来选购商品，对定价合适的优良产品会作出良好的反应，企业只需付出极少的营销努力，便可获得满意的销售量和销售利润。生产导向企业的生产活动，主要是根据生产部门的计划或工程师的意向去设计产品，缺少预先进行的市场调查，只凭直接间接得到的片断消息，就认定某种产品是市场所需要的，产品的设计和价格的制定完全由生产者主观决定。

如果说，在社会经济发展的某一阶段，商品生产量不多，供应不充足，竞争尚不激烈，产品不愁没有销路，特别是在按订单生产的情况下，企业按生产观念进行经济活动并无不可。但是，在生产规模扩大后，若企业的营销努力仍集中于生产定价合理、品质优良的产品上，而对消费者的需求与愿望却很少关心，在产品发展上趋于保守，那么，事实将证明，物美价廉的产品不一定是畅销的产品。由此可以得出结论，当生产力发展到一定水平之后，生产观念将成为生产与流通顺利发展的障碍。

第二阶段：销售观念。

从第一次世界大战后到第二次世界大战结束，资本主义经济虽有发展，但消费者在市场上选购商品的机会仍然不多。然而，资本主义已处于严重的经济危机和不景气之中，市场问题十分尖锐。随着资本主义基本矛盾的发展，"生产过剩""剩余物资"等给资本主义国家的政府和资本家增添了无穷的烦恼，人们担心的已不是如何大量生产，而是如何去销售。这时，是以销售观念作为指导企业进行销售活动的基本思想。执行销售观念的企业，称为销售导向企业，具体表现为“我们卖什么，人们就买什么”。大量生产使供给趋于饱和，而需求却增长缓慢，迫使企业不得不日益重视销售工作，改进推销技术。当时认为，企业的主要任务在于利用各种推销及促销活动来刺激需求，争取顾客，通过大量销售获取更多的利润。皮尔斯堡公司的口号这时改为：“本公司旨在出售面粉。”并且在公司内设立了商情调研部门，派出大量推销员扩大销售。1929 年，美国官方报告《美国经济新动向》指出：“过去，企业比较关心能满足需求的产量，现在企业所关心的是产品的销售活动。”

销售观念不同于生产观念的是在于它认定，消费者不会因自身的需求与愿望来主动地购买商品，而是经由推销的刺激才诱使其采取购买行为。销售观念还认为，对企业现存的产品必须努力进行推销，否则就不能增加销售量和利润。在销售观念指导下，企业致力于产品的推广与广告活动，以期获得充分的销售量和利润。但从广义上说，销售观念也仍然是建立在“我们能生产什么，就卖什么”的基础上，同属于“以产定销”的范畴，着眼于现有产品的推销，对消费者只希望通过促销手段诱使其购买，至于顾客满意与否以及会不会重复购买，则比较忽视。实践证明，一个企业如果单纯考虑如何尽量把产品推销出去，它的一切营销活动，包括实行减价、送赠品或其他促销策略，都只是为了把产品推销出去了事，而对产品能否满足消费者的需求则漠不关心，这在商品经济发达的社会里是行不通的。因为那里竞争者众多，产品丰富，买主有选择余地，不能更好地满足消费者需要的产品就难以推销出去。

第三阶段：市场营销观念。

第二次世界大战后，随着第三次科学技术革命的深入，企业更加重视研究和开发，技术不断创新，新产品竞相出笼，物资丰富，更多的商品处于供过于求的状况，可供选择的产品远较过去为多。不仅产量剧增，而且花色品种日新月异，竞争日益激烈。同时，垄断资本及其政府推行高物价、高工资、高消费的政策，社会经济环境快速变迁，消费者有较多的闲暇时间，较多的可任意支配收入，消费需求愈发多变。加之，消费者的教育水平也普遍提高，不仅比以往富有，而且更为精明，要求也更为苛刻。在这样的市场环境中，企业必须花费相当的力量来研究消费需求，企业的生存和发展端赖识别消费需求的技巧，以及适应需求变动而调整营销策略的应变能力。这时，许多大企业开始以市场营销观念作为指导企业进行销售活动的基本思想。执行市场营销观念的企业，称为市场营销导向企业，具体表现为“顾客需要什么，我们就卖什么”。许多大公司的口号是：“哪里有消费者的需要，哪里就有我们的机会。”企业的主要目标已不是单纯追求销售量的短期增长，而是从长期观点出发，力求占领市场，抓住顾客。皮尔斯堡公司在转向市场营销观念后，不仅深入了解消费者需求和愿望的变化，而且主动地采取措施对这种变化施加影响。战后生活方式有了变化，家庭主妇在采购食物方面逐渐以半成品和制成品（如饼干、点心、面包、蛋糕等）代替买面粉回家做饭。皮尔斯堡公司的业务活动也立即转向适应这一变化，1950 年设立了市场营销部，作为公司职能部门的核心，要求生产、财务等活动都围绕这个核心统一部署，1968 年更进而成立了皮尔斯堡销售公司。

市场营销观念乃是确立这样一种信念：企业的一切计划与策略应以顾客为中心，满足消费者的需求与愿望是企业的责任，在满足需要的基础上，实现长期的合理的利润。

执行市场营销观念的企业，在决定生产、经营什么和生产、经营多少时，必须预先进行市场调研，根据市场需求及企业本身条件，再去进行生产和组织货源，以便在满足顾客需求的同时，取得合理的利润。市场营销观念也就是以消费者为中心的观念。企业关于整体产品的设计，产品定价、分销与促销活动，都以消费者的需要为出发点。从设计产品时起，就要调查消费者想些什么、需要什么，根据消费者的需求去进行设计和生产。产品销售后，还要了解消费者买到产品或使用产品时有些什么意见，据以改进产品设计、品质、规格、包装、式样、颜色、商标、定价、分销渠道、广告以及售后服务等。总之，一切营销活动都要围绕消费者需求这个中心来进行。

这类企业营销活动的特点是：第一，企业的首要任务是决定目标市场的需求、愿望与价值。企业认定顾客据有最终的决断权，常以顾客的观点来指导和检查自己的经营策略，即所谓“透过顾客的眼光看企业”。第二，企业认识到顾客的需求比产品的精美更为重要。因此，从寻求生产方面的特权，转向重视市场方面的特权，以提高市场占有率为目标，力求比竞争对手更有效，更优秀地满足目标市场的需求。第三，企业的一切经营活动建立在市场调查预测的基础之上，而争取消费者的行动是在整体的营销控制之下进行的。第四，企业确认，只有满足消费者的需求并使其满意，才能建立企业信誉，促成顾客对商品的偏爱与忠诚。所有这些，便是判断企业营销活动优劣的标准，也是实现企业营销目标的保证。

（三）市场营销观念的重点

市场营销观念是1952年首先由美国奇异电器公司的克丁纳提出来的。按照菲利普·科特勒的解释，市场营销观念是一种以整体营销活动为基础的顾客导向，其目的在于通过满足顾客的需要并使其满意以实现盈利目标。关于市场营销观念的这一解释，包含了三个重点，即顾客导向、整体营销与顾客满意。

1. 顾客导向

市场营销观念要求经营者重视顾客的需求，把了解顾客的需要、欲望和行为作为营销活动的起点，发展能满足顾客需要的产品及服务，并以积极的方式说服顾客购买这些产品和服务，有时甚至要采用种种有效的营销手段去唤起需求，以便实现企业的营销目标。

实行顾客导向应注意以下五点：

（1）认识顾客需求。市场营销管理人员首先应了解企业所要满足的顾客的基本需求，而不是从特定产品出发。尽管企业制造与销售的都是实质上的产品，但顾客从购买行为中所希冀得到的并非产品本身，而是欲望的满足。例如，铁路的经营与火车的运行，不只是为了实现空间的移动，而且是要满足旅客在特定时间内到达某特定地点的愿望。铁路部门若忽略顾客真正的需求，虽能提供快速运输，却难免发生时间差误，如深夜到达终点，就不太符合旅客的愿望。因此，企业不应以产品为营销计划的起点，而应以市场机会为经营的起点。了解顾客的真正需求，进行深入的研究、观察、推理以至创见，才能掌握市场机会，据以制订营销计划。

（2）实行市场细分。企业确定要满足顾客的基本需求后，还应了解在整个市场需求中，存在许多细分部分，也就是存在许多更具体、更集中的需求。需求具有多样性，每一种需求又有多种形式，以单一的产品难以满足所有顾客的同类需求。有了市场细分的概念，企业必须根据自身的资源条件，选定目标市场，针对更具体、更集中的需求，采取各种可能的措施，有效地利用资源，提供适合顾客需要的产品和服务，使需求获得最大限度的满足。这也就是以有限的资源，针对某些特殊的需要，使其获得完全的满足，而不是将资源分散，使全部需求获得部分的满足。

（3）产品与促销的差异化。差异化不仅是单一营销因素的差异，而且包括整个营销组合的差异。市场营销的最终效果，是整个市场营销组合实施的综合效果，并不等于各个营销因素效果简单相加。由于目标顾客的不同需求，营销管理必须制订不同的营销方案，针对不同的对象，实施不同的产品、定价、分销和促销，即不同的营销组合。

（4）进行顾客研究。所谓顾客研究，主要是研究顾客所要购买的产品是什么、购买动机、购买人员或组织以及购买的作业方式怎样。对顾客按购买动机及角色分类，可分为消费者市场、生产者市场、中间商市场、政府市场等，每一种市场都有其独特的顾客，也各有其特定的购买动机。对消费行为采用多种模式进行分析，以便解释不同顾客的态度和行为，探讨其购买及消费活动的特定动机，这是顾客研究的基础，也是顾客导向的真谛之一。

（5）合理利用资源。市场营销管理人员是经济资源的控制者，在资源分配上，应力求将资源投入创造真正价值的地方，如产品改良、技术改进、谋取效率的提高、服务的改善，这不仅能使企业获利，也能满足顾客的真正需求。

以上五点构成顾客导向之真谛，它们之间互相联系、互相制约，全面理解并实行，才是真正的顾客导向。

2. 整体营销

市场营销观念以整体市场营销为手段。整体市场营销主要包括两个方面。

（1）职能部门的配合。企业内部各职能部门（营销、生产、研究发展、人事、财务）均各有其职责。实行顾客导向的企业，营销部门的任务主要是研究、认识和服务于顾客，其他部门均应积极配合营销部门争取顾客。各部门必须在增进企业整体利益的前提下，采取多方面的协调行动，为争取顾客发挥应有的作用。

（2）营销机能的配合。营销机能包括产品、定价、分销、促销四大因素，在需求的满足上，依靠发挥四大因素的整体效用。任一因素的特殊优越，并不能保证营销目标的实现。因此，不仅产品要好，价格也必须与产品品质一致，分销渠道又必须与产品品质和价格一致，促销活动又必须与产品品质、销售价格和分销渠道相一致。同时，企业所有营销努力，还必须在时间与空间上协调一致，才能获得最大的效益。为实现营销活动的整体化，在营销部门内往往按商品类别或按商场设置经理，以便使产品及市场特质都受到应有的重视。总之，整体营销是市场营销必须遵循的方向。

3. 顾客满意

企业的长期利益建立在顾客满意的基础上。在方式上，有四大要素应予注意。

（1）帮助而非取悦。企业都有一个利润目标，难以免费提供商品和服务以取悦于顾客，只能是在顾客寻求需求的满足时，采取适当的措施给顾客以实际的帮助，从而获得顾客满意。企业所采取的措施，必须针对顾客的需要，符合顾客的愿望。

（2）应用营销矩阵。所谓营销矩阵，是从两个方面考察企业满足顾客的程度：一是职工行为重视个人及企业利益的程度，二是职工行为重视顾客利益的程度，其不同位置标志着企业满足顾客的态度好坏。虽然顾客满意也是企业的营销目标，职工行为必须导向顾客满意，但企业必须获得利益才能生存发展，故职工行为又必须导向企业的利益。应用营销矩阵，要求明确现实的位置，朝着理想的位置努力。这就要确定企业与顾客利益一致的范围及营销活动，以便在满足顾客的同时，为企业带来长期的利润。

（3）进行市场研究。顾客满意的程度，绝不能主观臆测。企业进行市场研究的任务之一，就是要通过推销人员、研究部门以及其他渠道，调查竞争者的行动，顾客对企业和产品的印象以及顾客对市场的观感，作为衡量企业获得顾客满意程度的依据。

（4）社会利益与企业利益的统一。由于企业资源和社会资源都是有限的，在利用资源的方式上，应力求使企业利益与社会利益融合起来，这样，企业和社会才能和谐地发展。以上四大要素表明，顾客的满意不是由某一因素简单构成，也不可能简单地获得。

二、社会市场营销观念与社会主义市场营销的指导思想

（一）社会市场营销观念与新旧观念的区别

20世纪70年代起，西方市场学著作中出现了“社会市场营销观念”。社会市场营销观念要求企业在制定营销策略时，注意避免因强行推销和欺骗性广告引起消费者的反感，强调供给消费者恰当的情报资料，产品决策考虑到对社会利益的影响，定价决策考虑到与宏观经济的关系。

社会市场营销观念是对市场营销观念的补充与修正。市场营销观念的中心是满足消费者的需求与愿望，进而实现企业的利润目的。但往往出现这样的现象，即在满足个人需求时，与社会公众的利益发生矛盾，企业的营销努力可能不自觉地造成社会的损失。市场营销观念虽也强调消费者的利益，不过它认为谋求消费者的利益必须符合企业的利润目标，当二者发生冲突时，保障企业的利润要放在第一位，因为利润才是资本主义企业的基本日的。社会市场营销观念的基本观点是，以实现消费者满意以及消费者和社会公众的长期福利，作为企业的根本目的与责任。理想的市场营销决策应同时考虑到：消费者的需求与愿望，消费者和社会的长远利益；企业的营销效益。这是社会市场营销观念和市场营销观念的根本区别所在。

对十市场营销观念的三个重点（顾客导向、整体营销和顾客满意），社会市场营销观念都作了修正。一是以消费者为中心，采取积极的措施，

如供给消费者更多、更快、更准确的情报，改进广告与包装，增进产品的安全感和减少环境污染，增进并保护消费者的利益；二是整体营销活动，即视企业为一个整体，全部资源统一运用，更有效地满足消费者的需要；三是求得顾客的真正满意，即视利润为顾客满意的一种报酬，不是把利润摆在首位。上述修正同时要求企业改变决策程序。市场营销观念下，决策程序一般是先决定利润目标，然后寻求可行的方法来达成利润目标，社会市场营销观念下，决策程序应先考虑消费者的权益，寻求有效地满足与增进消费者利益的方法，然后再考虑利润目标，看看预期的投资报酬率是否值得投资。这种决策程序的改变，并未否定利润目标及其价值，只是置消费者利益于利润目标之上。

资本主义企业营销观念的形成与发展，已经历了进入 20 世纪后 80 余年的历程。以 50 年代前的生产观念和销售观念作为旧观念，50 年代后的市场营销观念和社会市场营销观念作为新观念，则新旧营销观念有如下区别：

第一，营销活动的程序不同。执行旧观念的企业，正常的规划顺序是先发展可能发展的产品与服务，然后向前运行，通过推销活动，将产品推进到市场，从生产领域转移到流通领域，进而转移到消费领域。执行新观念的企业，一般是先根据市场需求及市场环境，拟订各种计划和策略，然后向后倒退来发展既可满足市场需要又有利可图的产品或服务，把企业的规划顺序整个倒转过来。从本质上说，新观念的理论基础在于认为实现营销目标，必须满足消费者的某种需要，而不是事先确定提供某一特定的产品或服务。

第二，营销活动的重点不同。旧观念是以产品为主，企业计划的出发点是产品，以为有了产品就有顾客，消费者的要求比较容易满足，重点放在生产或寻找产品上。新观念是以顾客需求为重点，企业计划的出发点是消费者的需要。重点发生变化的原因，首先是消费者收入增加，需求更多样化，要求也更高了；同时，市场上商品更丰富，竞争相当激烈，生产经营部门必须提供适合顾客需要的产品和服务，生产者从生产周期的开始阶段就要考虑产品销路，而不是生产出来后才想到推销，商店也同样要以满足顾客需要为出发点，不能盲目经营和盲目进货。

第三，营销活动的手段不同。新旧观念都存在一个商品销售问题，只有通过销售，才能直接满足生产和生活消费需要，并完成商品形态到货币形态的变化，生产和经营的目的才能达到。但在旧观念下，销售只是作为一般的手段，是一种业务过程，处于次要地位，生产部门重生产轻流通，商业部门重收购轻销售。在新的观念下，为达到企业的目的，必须从市场的总体考虑，采用并不断完善各种营销手段，争取顾客。新观念下的商品销售，要加强市场和市场预测，研究商品与顾客之间的关系，运用整体营销手段，发挥市场机制的作用，以满足消费者的需要。总之，旧观念是以产品为中心去加强推销，新观念是以消费者为中心实施整体营销手段。

第四，营销活动的目标不同。新旧观念都要考虑利润，但利润如何取得，两者在策略、手段上不完全相同。旧观念着眼于每次交易活动，开拓不深，目光短浅，急功近利，缺乏长远打算。因此，旧观念可以说是一种小买卖人的观念。新观念从市场的整体出发，其营销活动不仅考虑现实的顾客需要，也要考虑潜在的顾客需要，不仅要占有现在的市场，也要开发新的市场。新观念下的营销活动不是斤斤计较于一时一地的得失，而是从战略的高度，努力满足顾客的真正需要，获取顾客对企业和产品的满意与支持，从而扩大销售与增加利润。因此，新观念与社会化大生产条件下大商业的要求相适应，用现代经营方式代替小买卖人的经营方式。

总之，不同的营销观念，指导思想不同，企业规划顺序不同，营销活动的重点、手段和目标也不同。

（二）营销观念发展变化的依据

对资本主义企业营销观念的演变，究竟应当怎样认识，是一个具有重要现实意义的问题。

营销观念发展变化的依据何在？西方市场学的解释是不应完全接受的。目前我们有些市场学的教材和文章，沿用西方市场学的说法，认为20世纪20年代前，西方企业普遍采用生产导向，乃是因为“当时市场趋势是供不应求……无需花费力气从事推销”，“只要能生产出价廉物美的产品，就不愁卖不出去”等等，这是值得商榷的。

资本主义经济是商品经济，一切产品都是作为商品来生产的，交换对整个社会生产起着决定的作用，市场、商品流通不仅是资本主义生产的一般前提，而且是社会生产顺利进行的必要条件。商品生产出来以后，如不能及时推销出去，剩余价值不能实现，资本主义生产的目的就不能实现。因此，任何一个资本家，甚至是最早期的产业资本家，为了追逐利润，绝不会忘记推销产品。就市场供求形势来说，早在1825年就爆发了生产的商品不能实现的经济危机，也早在19世纪，竞争就已经使商业丧失了道德的最后一点痕迹。资本主义生产在追逐利润的动机的驱使下，有无限扩大的倾向，而另一方面，由于广大劳动人民受剥削，消费能力相对狭小，就市场的基本趋势来说，必然是供大于求。也许正是有鉴于此，有的作者在谈到“十九世纪末到二十世纪三十年代，由于市场的迅速扩大，社会产品基本上是求过于供”时，特别加了个注释：“这情况主要指当时的美国，因为销售学的概念，首先是美国提出来的。”然而，纵观一百多年来美国的经济发展史，自从1836年英国的经济危机波及美国以后，历次世界性的经济危机，美国都不能置身度外。历史资料表明，在20世纪30年代以前的近百年中，美国不仅有周期性的经济危机，并且不时发生“有些是比较带地方性的，而有些是比较带特殊性的”① 中间性危机。列宁指出：“危机是什么？是生产过剩，生产的商品不能实现，找不到需求。”② 尽管危机的表现形式和具体进程在不同国家和不同时期有所不同，但生产过剩确是经济危机最普遍的现象。

那么，对资本主义企业营销观念的发展变化，究竟应如何认识？应当看到，市场学及现代市场营销观念正是在资本主义基本矛盾日益尖锐化的基础上，在竞争日益激烈的条件下产生和发展起来的。为谋求解决由资本主义基本矛盾所决定的资本主义市场供求矛盾，在科学技术和社会生产发展的过程中，在市场商品日渐丰富，消费者选择余地日渐增多，以及消费需求日益多样化的过程中，企业家们逐步认识到仅仅靠物美价廉的产品，仅仅靠在产品生产出来后千方百计地去推销，都不能保证商品价值得以实现，而只有深入地了解并力求适应消费者的需求和欲望来组织营销活动，

① 《马克思恩格斯全集》第35卷，人民出版社1975年版，第259页。

② 《列宁全集》第2卷，人民出版社1960年版，第135-136页。

才可能使商品价值得以顺利实现，也才可能取得满意的利润和在竞争中立于不败之地。因此，现代市场营销观念的形成与发展，一方面是资本主义经济发展的产物，另一方面，也是资本主义企业经营管理经验不断总结和积累的结果。

资本主义商品生产已有数百年的历史，市场营销观念与社会市场营销观念为什么到近三十年才形成和发展？营销观念作为企业经济活动的指导思想，作为商品经济条件下的一种管理思想，不能不与生产力的发展水平相适应，也不能不随着生产力的发展而演变。但是，人们对客观规律的认识，总要有一个逐步深化的过程。尽管以消费者为中心是商品经济条件下市场商品交换过程中的理所当然之举，但确认这一点并非易事，加之资本主义生产经营目的决定了不可能真的做到这一点，因此，不仅难于确认，尤其难于实行。西方市场学家也承认，在市场营销观念提出后，并没有多少市场营销被真正实施。从生产观念、销售观念到市场营销观念，从市场营销观念到社会市场营销观念，还有生态营销观念等等，所有这一切，都是为了更多的推销和更多的利润，资本主义企业以获得最大利润为目的是不可改变的。

无论是市场营销观念还是社会市场营销观念，其所吹嘘的以消费者为中心，在资本主义社会事实上难以付诸实施，这引起了资产阶级市场学家哀叹“市场营销观念的危机”。有人曾经幻想以“人类观念”取代市场营销观念。所谓“人类观念”，据说“可能是一种重视人类价值，实现人类需要的新观念”。在人类观念的引导下，企业的注意力将集中于人类需求上，一切资源都将用于人类需要的实现。人类观念的实行将分三个层次，第一层次在本质上是企业内部关系，企业应尽力发掘内部人类资源，其对员工的责任应超过短期利润目标。为使每个人都能充分发挥自己的工作潜力，满足他们在职业上自我实现的需要，企业要创造更多的工作机会。对职工工作的优良表现和贡献，应给予承认和尊重，不仅物质上要支付报酬，更重要的是要让他们在心理上获得最大的成就满足。第二层次是消费者、供给者、中间商和竞争者之间的关系，即企业与其邻近环境的关系。在市场营销观念下，企业要尽力保持与周围环境的均衡，在人类观念下，同样要求实现这种均衡，协调好生产、交换、消费各方面的利益，尤其重视消费者导向与消费需求的满足。第三层次是企业与整个社会的关系，亦即企业与其外围环境的关系。人类观念将引导企业投身于远比现实市场更为重要更为广阔的市场，这也就是实现人类需要与价值的市场。人类观念为企业确立一个外在的社会目标，动员企业的一切资源，配合全社会为实现一种令人向往的生活方式所作的努力。在这种生活方式下，人类不仅物质生活能获得舒适，精神生活也充满愉快和满足。这种人类观念，乍看起来，似乎已臻理想的境界。但它与社会市场营销观念存在同样致命的弱点，就是在资本主义制度下，社会生产目的和这种观念格格不入。一个社会的生产目的，表明这个社会生产的本质。任何社会生产的目的，都是客观的不以人们意志为转移的。有商品生产就必然有竞争，一个资本主义企业愿意实现人类社会的目标，又怎奈社会——竞争对手不愿给予配合！正如马克思所指出："资本主义生产的始终不变的目的，是用最小限度的预付资本生产最大限度的剩余价值或剩余产品。"① 真正为了全社会和消费者的利益，只能是社会主义经济的目标，也只能是社会主义市场营销的指导思想。

（三）社会主义市场营销的指导思想

如果说，资本主义市场营销活动只能以获取利润为唯一目的，那么，关于市场营销的较为完整的定义用来作为社会主义市场营销的指导思想，比之用于资本主义市场营销也许更合适些。

在社会主义制度下，生产的目的是为了满足人民日益增长的物质和文化需要。提高广大劳动人民的消费水平同社会主义生产目的直接结合，为推动整个社会生产的发展提供了强大的动力。因此，社会主义社会从根本上克服了生产同消费之间的对抗性矛盾。充分地满足人民群众不断增长的需要，一切为了消费者，乃是社会主义经济的基本要求，也是为人民服务宗旨的具体化。随着经济体制改革的推进和新型的社会主义经济体制的建立，我国将进一步发展有计划的商品市场，逐步完善市场体系，为市场机制充分发挥作用创造条件。这样，市场机制的运行将日趋合理，市场调节

① 《马克思恩格斯全集》第26卷，第2册，人民出版社1975年版，第625页。

的作用将日趋重要，市场竞争的开展将日趋激烈，这也将迫使社会主义企业不断加强以消费者为中心的现代市场营销观念，否则，就不能适应并满足不断增长和日益多样化的消费需求，企业也难以在竞争中生存和发展。

社会主义市场营销的指导思想，应包括三个要点：第一，以满足消费需求，增进社会福利为中心。不仅要满足消费者的需要，而且要使其满意；不仅要满足现实的需要，而且要满足潜在的需要；不仅要满足今天的需要，而且要满足明天的需要；不仅要满足消费者个人的特殊需要，而且要有利于增进全社会的福利。第二，以等价交换、自愿让渡、互需互利为原则。市场营销的中心是达成交易。在商品经济条件下，交换必须遵循客观经济规律，首先是商品经济的基本规律——价值规律的要求，才可能既使消费者满意，又使生产经营者愿意努力满足消费者的需要。第三，以整体市场营销为手段。市场是实现潜在交换的竞争场所，欲达成交易，不仅要提供物美价廉的产品，而且需要营销技巧。现代市场营销活动已不能袭用早期市场销售所采取的简单方式，它要求企业针对不同目标市场的需求与愿望，设计本企业所能提供的产品，采用合理、有效的定价、分销与促销策略，开拓市场并服务于市场。

社会主义企业树立以消费者为中心的现代市场营销观念，以此作为市场营销活动的指导思想，具有多方面的积极作用：首先，由于认识到满足顾客的需要较之生产特定的产品更为重要，而顾客的需要与愿望，又随着生产的发展与社会文化、科学技术的进步而不断地产生和变化。这样，企业就不会满足于现状，停滞不前。企业必须自觉地不断改进产品及其他营销手段，努力适应消费需求。因此，现代营销观念将激发企业不断创新的精神；不断地提供新产品和采取有效的营销手段，以满足市场和消费者的需要。其次，由于重视消费者的需求，企业将努力发掘新的产品与市场机会。为了迎接来自各方面的挑战，企业必须加强对消费者及其他市场因素的调查研究，根据市场需要来发展新产品。成功的企业经验证明，只有深入调查消费者的需求，据以确定产品及服务方式，使其有效地及时地传递给顾客，才能使消费者的需要得到满足，才能令消费者满意。因此，现代营销观念将引导企业重视市场调查与预测，以此作为规划营销活动的基础。再次，由于企业创造预期利润的过程基于满足消费者的需求和愿望之上，就有可能较好地协调企业经济效益与社会经济效益的关系。在现代营销观念下，企业欲达到经营目标，必须顾及消费者与社会的长远利益。企业利益与消费者和社会利益，不但可避免对抗性的冲突，而且可以协调一致起来。因此，现代营销观念使企业作为社会的一个细胞而存在，并使企业的发展获得真正的动力。

（原载《财贸经济》1986 年第 3、4 期）

应当加强对定价策略的研究

营销价格研究理应是营销理论的重要组成部分，然而在营销观念发展的不同阶段，对定价策略的重要性以及定价策略在营销组合中的地位，认识上是不断发展变化的。我国以往对营销价格的研究比较被忽视，其原因是多方面的，近年来，各方面的条件都发生了较大的变化。是否可以认为在我国加强对定价策略的研究已具有必要的客观依据呢？

一、定价策略的重要性

定价策略是企业在不完全竞争状态下的价格决策行为，是定价目标与方法的统一，不同定价目标与定价方法的组合，提供了价格决策的多种方案。市场学作为一门应用学科，从微观经济学的角度，对产品价格与供求的关系，对企业营销策略中的价格因素，历来比较重视。但不同时期对定价的重视程度存在差别。早期的市场竞争多偏重于价格方面，这与当时较低的生产力发展水平和消费水平紧密联系着。当时，社会产品作为商品的主要是原料、食品和简易的消费品，不同生产者所提供的产品，在质量、性能、外观等方面，具有较多的同质性，差异性较小，与竞争品相区别的主要是价格，加上消费者购买力水平不高，需求的价格弹性也较大。这就促使买者与卖者之间、卖者之间、买者之间的竞争都侧重在价格方面。再从技术方面看，价格具有数量化的特征，比产品性能、式样、颜色等都更易于认识，还具有同度量性，也易于比较。因此，价格作为经济利益的调节者，对买卖双方都是最具理智性的行为指标。随着科学技术的发展和社会生产力的提高，产品可以较多地从性能、式样等方面实行差别化，同时，随着消费水平的提高，越来越多的商品需求弹性相对缩小，因此，竞争中的企业家便日益重视非价格因素。但在市场营销活动中，价格始终是最重要的营销变数。企业的最佳营销组合策略，应能适应市场不断变化的消费需求，定价策略是否适应市场环境及供求情况的变化，在很大程度上决定了营销组合的实践效果。据美国有的市场学家对一些大企业进行调查的资料，企业在1964年将定价列为营销活动中第六位的因素，而在1975年则列为第一位重要的因素。对定价策略的研究也同样存在这种情况。20世纪70年代以前，营销价格理论与策略的研究比较被忽视，70年代以来，不少市场学著作批评60年代以前的市场学著作，对定价策略研究“缺乏应有的热忱”。当价格的心理含义为人们所关注后，定价策略的重要性就日益为人们所认识。柯沛德（Mark I Acpert）在1971年介绍营销价格研究的成果时，即以大量篇幅列举高价格引起多销售量的事例。

定价策略之所以被重视，主要是由于：

（1）价格直接影响企业盈利目标的实现，企业是独立的商品生产经营者，具有独立的经济利益。企业必须实现一定的盈利目标，而盈利又与企业收入紧密联系。企业的收入主要是销货款，销货额 = 销货数量 × 单位产品价格。价格适当与否，常影响销售量的增减。因此，价格从数量与单价两个方面决定着销货额，从而决定着企业的收入与盈利。

（2）价格最易引起社会各方面的注视。企业增设网点，增加售货员和广告，社会各方面，包括竞争对手，未必马上注意到，但价格的变动，可能会立即引起各方面的重视和反应。资本主义市场每遇商品全面涨价，各种大众传播媒体，如报纸、电台等，都会竞相报道，街头巷尾人们也争相谈论和转告，甚至政府也不得不关注以至干涉。

（3）商品定价为企业内部各部门所关注。在企业营销管理中，核算成本和制定价格是一个必然的过程，各职能部门都从不同角度注意价格的作用和影响。营业部门对影响销量及销货额的价格必然很重视；会计部门也会随时关心价格与成本的差距，核算毛利有多少；公共关系部门要考虑用户对产品的态度的变迁及社会各方面对价格变动的反应。部门间对于价格的不同意见，往往需要高层领导全面权衡利弊才作出最后决定。

（4）商品价格是一种重要的竞争手段。价格竞争不是最好的更不是唯一的竞争手段，是竞争对手容易仿效采用的一种具有杀伤力的武器，但定价在企业营销活动机能中毕竟占有重要的地位。香港一较大的化工厂招聘几名推销员，应征者近百人。当人事部总裁问及应如何推销工厂的产品时，三分之二以上的应征者不假思索便提出降价求售的建议。虽该厂产品在香港有稳定的销路，减价并无必要，但可见降价求售已是稍具经济学常识的人所熟知的竞销手段。实际上，价格也是对购买者挑选行为最具影响力因素之一。消费者要求物美价廉，不论古今中外，皆属人之常情。物美价廉二者兼备就更有竞争力。因此，以廉取胜是重要的竞争策略之一。

二、定价策略在营销组合中的地位

价格是营销因素组合中最活泼的因素，它应对整个市场变化作出灵活的反应。定价是否适当，往往决定产品能否为市场所接受。直接影响产品在市场上的竞争地位与占有份额，从而关系到企业的兴衰成败。定价与营销因素组合中其他各因素存在相互依存、相互制约的关系。研究定价策略，既要考虑其他因素对价格的影响，也要考虑价格对其他因素的影响。

定价与产品策略：确定产品的价格，首先必须考虑产品的性质，这种商品是便利品、选择品，还是特殊品；是消费品，还是工业品。不同性质的产品，需求的价格弹性不同，价格对购买者行为的影响也不同。其次，定价要考虑产品市场生命周期，是新产品还是老产品，产品处于生命周期的哪一个阶段。导入期的价格，既要能补偿高成本，又要能为市场所接受；成长期和成熟期正是产品大量销售、扩大市场占有率的时机，往往要求稳定价格以利开拓市场；当进入衰退期，一般就应当采取降价措施，以便充分发挥老产品的晚期效益。再次，定价要考虑企业的其他产品策略，如产品组合便是必须注意的问题，决定一种商品的价格，一定要考虑对其他产品的影响，要分析在产品组合中这是一种独立的无关品，或是在本企业和竞争对手的产品组合中存在代替品和辅助品。再如产品的商标、包装策略等，也都与定价有关。

定价与渠道策略：分销渠道的长短、宽窄以及所处的环节，也是定价应考虑的重要因素。出厂价处于流通的起点，有时最早变动；批发价处于中继地位，往往随出厂价格的变动而变动；零售价格处于流通的终点，变动较晚。生产者由于对实际销售量及固定资产使用年限难以确定，对产品成本一时也难以弄准，因而常以销售预测资料和预期成本资料作为定价的基础，零售商对产品进货成本比较熟悉，多以较准确的成本资料作为定价的基础，同类商品零售价格差异较小。零售价格的变动，要以消费者愿意接受为出发点，同时应尽量避免频繁变动。在消费者对价格存在不满时，如批零差价稍大，零售价一般不宜随批发价格的变动而上涨。产品通过中间商推出，应给中间商必要的差价；直接分销给零售商或用户，生产者推销费用增加，供给价格会相应提高。如果直接、间接渠道并存，生产者对用户的价格，应以不致夺走经销该产品的中间商的生意为度。价格为分销渠道所制约，同时对渠道的选择也有制约作用。如商品差价较大，中间商经营积极性就会高一些，渠道也可能长一些，如差价较紧，渠道就得缩短，要相应减少中间环节。

定价与促销策略：促进销售的各种活动，如广告、人员推销、公共关系及特种推销方法的采用，都需支付费用。一般说来，这些方面花费的费用多，价格势必要定得高些，如果花费较少，价格也可定得低一些。因此，促销措施既要看市场拓展的需要，也要考虑对价格的影响以及顾客对价格的反应，要使促销和定价策略都能为顾客所接受。

三、开展定价策略研究的客观依据

关于价格问题的重要性，特别是宏观的政治经济意义，如价格是经济活动的联结者、经济信息的传递者，也是经济利益的调节者；价格是评价经济活动效果的标准，也是国家组织引导和调节社会经济活动的重要杠杆，这通常是为人们所熟知的。但在我国的现实市场营销活动中，关于定价策略的研究，同关于产品、渠道、促销策略以及市调研究相比，无疑是比较薄弱的。

对开展定价策略的研究，客观上有一定的难度。这主要反映在三个方面：

第一，理论上的冲突。在价格理论问题上，马克思主义经济学同资产阶级经济学存在着根本的分歧。马克思主义经济学认为，价格是商品价值的货币表现。商品上包含的价值量的大小，决定了商品价格的高低。价值是价格的规律，价格是价值规律的一种运动形式，价格的形成过程，也就是价值规律运动的过程。西方经济学认为，在市场经济中，产品的价格主要由供给和需求这两种基本力量相互作用决定的，当供给和需求达到均衡时，便形成均衡价格。如萨缪尔逊说，任何竞争性市场的商品价格，最终总是取决于供给和需求，在供给背后起作用的是边际成本，在需求背后起作用的是边际效用。在对待供求与价格的关系问题上。两种价格理论的区别在于：马克思主义虽也承认在资本主义条件下，确实存在市场供求决定市场价格、市场价格又决定市场供求的规律性，但认为价格调节供求与供求调节价格，都是价值规律的体现。资产阶级经济学则片面认定价格由供求决定，否定价格运动的价值基础，以价格概念代替价值概念。

第二，体制上的限制。长期以来，我们的价格管理体制是一种单一的高度集中的计划管理体制，物价统得过多，企业的价格行为基本一致。既然实践中用不上什么定价策略的原理，研究定价策略也就成为多余的事。前几年，小商品价格虽已放开一些，但在国营企业商品流转额中所占比重较小，而且有些地方和单位，由于思想认识、管理水平等方面的原因，国家放开的小商品价格，定价权也并未真正放下去。对价格管的过宽的现象仍较普遍地存在。因此，我们的企业严重缺乏在竞争激烈的市场环境中选择价格行为的实践经验，也就难以通过总结实践经验来丰富定价策略的内容，定价策略的研究也就难免陷于笼统、抽象和原则化，不能有效地指导企业的价格决策。

第三，实践中的矛盾。我国原有的经济管理体制，流通领域过分强调计划分配、统一调拨、统一定价，市场放不开，价格放不开。究其原因，并非仅仅是由于理论上否定商品经济，忽视价值规律和市场的作用。实际上，在很大程度上是由于较长时期市场商品供不应求，才不得不在“统”和“管”上做文章。历史的经验表明，如果宏观的平衡搞不好，总供给和总需求不相适应，市场供应紧张的局面不能缓和，我们即便肯定了社会主义经济是商品经济，由于价格体系严重扭曲，实践中还是想放也放不开。没有供求的相对平衡，供求矛盾突出，计划和价格放了就易失去控制，结果，为保证重点和稳定物价，又不得不求助于指令性计划和统一价格。因此，价格改革必须谨慎从事，要考虑各方面的承受能力，强调放调结合，小步前进。今后国家将继续减少直接分配调拨、实行指令性计划的商品种类和数量，统一定价的范围将缩小，企业的定价、调价权也将相应扩大。但这种缩小和扩大的程度，要取决于国家从宏观上加强对经济活动间接控制的能力，取决于国家对价格总水平控制的能力，关键还在于组织实现社会总需求和总供给的相对平衡。

我们说研究定价策略存在一定的难度，影响了研究的深入开展，并不是说研究不可能深入，更不是说不应当深入进行研究。随着商品生产的发展，经济体制改革的深入进行，研究和应用定价策略已成为市场营销学的迫切任务。应当看到，当前已发生以下各方面的重大变化。

第一，理论上突破。党的十二届三中全会《关于经济体制改革的决定》明确指出，社会主义经济是在公有制基础上的有计划的商品经济，必须自觉依据和运用价值规律。在社会主义市场营销活动中，价值规律作用的形式可分两种：一是自发地起调节作用，即市场调节，限于部分不作计划的产品的生产和流通，其范围是根据不同时期的具体情况，由国家统一划出；二是国家计划自觉利用价值规律的作用，包括指令性计划和指导性计划的生产和流通，要经常观察市场供需状况的变化，注意利用价值规律，运用经济杠杆引导企业重视国家计划的要求，这一理论上的重大突破，必然大大提高价格在社会主义经济运动中的地位和作用。

第二，体制上的变革。当前我们正在致力于建立具有中国特色的社会主义价格模式。这种模式的主要特点是：①价格决策主体的多层次。国家、地方、企业定价并存，将逐步做到以企业定价为主。②价格形式的多样性。国家定价、国家指导价和市场调节价三种形式并存，后两种形式现已约占一半，在今后一段时间里，将以国家指导为主。③价格决定因素的多元化。计划价格的制定，坚持以价值为基础。同时把供求因素放在重要地位，国家政策仍然是重要依据。这样的价格模式，企业将拥有必要的定价自主权，价格决策正确与否，也将直接关系着企业生存与发展。

第三，供求矛盾的缓和。供求基本适应是生产发展的基础，也是实现市场与价格开放的基本条件。由于国家采取了一系列措施，加强宏观调控，如控制消费基金、信贷资金与基建规模，运用经济杠杆进行间接控制和调节，努力促进供求平衡的实现，不少紧俏物资的供求矛盾已趋于缓和。这不仅形成有利于价格改革的宽松的市场环境，也使企业面临竞争日益剧烈的市场环境，企业将日益感受到研究定价策略的重要。

以上各种变化的结果，既提高了价格在经济活动中的地位，又使企业获得较多的定价自主权，这就为企业进行价格决策提供了必要的客观依据。

（原载《营销管理》1987年第4期）

论当前市场形势与营销对策

市场是企业活动的舞台，也是经济竞争的场所，市场即战场。市场的形势与企业活动、经济竞争息息相关。治理整顿以来，经济发展过快的势头受到抑制，同时出现市场销售疲软，首先是消费市场疲软，现已两年多了。国家从多方面采取了启动措施，工业生产有所增长，经济渐见回升，但是，越过了低谷，如何进一步摆脱困境，搞旺销售，提高效益，仍然需要冷静地回顾、探索，寻求正确的决策，以利开拓前进。

一、市场销售疲软的症结所在

1989 年，我国社会商品零售总额 8101 亿元，比上年增长 8.9%，扣除物价上涨因素，实际下降 7.6%，这是新中国成立以来全国社会商品零售总额第三次出现的负增长（第一次是 1961—1962 年，第二次是 1968 年）。再从人均商品消费量看，除初级农副产品基本维持正常增长外，工业品消费品普遍下降。人均购买水平实际低于 1987 年。与此同时，全国工业消费品库存大幅度增加，社会商业商品库存年末比年初增加近 400 亿元，全社会库存增加 1700 亿元，而且品种范围极广。

社会商品零售总额和工业品人均消费量全面下降，工业消费品库存全面上升，这一不寻常的势态表明，1989 年市场销售疲软，不单纯是结构性疲软，而是总体性疲软与结构性疲软交织在一起，既是治理整顿中经济总量变化的结果，又是结构不合理、体制不合理的反映。

1990 年至 1991 年上半年，工业生产恢复并保持增长势头。1990 年全国乡及乡以上工业总产值比上年增长 6%，1991 年上半年又比上年同期增长13.4%。但需求的回升与工业的增长在时间上不衔接，在速度上不同步。继1989年社会商品零售总额实际负增长后，1990年增长1.9%，扣除物价因素，实际仍然稍有下降。1991年上半年虽比上年同期增长12.8%，但这是在两年负增长基础上的回升，就实际增长率而言，除1989年和1990年外，预计1991年的增幅将是1978年以来最低的，扣除涨价因素后，社会商品零售额大体只能恢复到1988年的水平。因此，1990年以来，产成品严重积压，社会商品库存一增再增是不足为怪的。据统计资料，按可比价格计算，1989年与1984年相比，国民收入生产额每年递增9.15%，居民消费水平每年递增5.9%。消费增长速度大大低于生产增长幅度，已经出现总供给大于总需求的格局。这表明，消费市场的主要特征是总体性市场疲软。但在一片疲软声中，也不乏“一枝独秀”的事例，确有部分商品依然走俏；有些基础工业的产品甚至还供应不足；突出的是，尽管储蓄利率已一再调低，储蓄存款仍持续强劲增长，1991年6月，居民储蓄存款余额已达8257亿元，1989年至1991年6月两年半中，储蓄存款额净增4444亿元，比1988年末增长1.17倍。这又表明，生产和供给结构与需求结构不相适应，也是市场销售疲软的一个重要因素。

二、市场销售疲软的新启迪

1989年以来，国内市场持续三年的起伏徘徊，给我们以新的启迪：

第一，社会主义经济发展中也存在着周期性的波动。我国市场销售疲软固然不同于资本主义经济危机，但经济发展中的起伏与波动，毕竟是客观存在。新中国成立40多年来，我们已经历了多次周期性经济波动，并且与之同步也经历了多次周期性市场波动。实践证明，经济的这种周期性波动是商品经济的普遍规律。有计划的商品经济，应当而且可能避免带破坏性的大起大落，但难以完全消除周期性的经济波动近三年的市场销售疲软，无非是又一次较大的起伏罢了。尤其是在消费过热后，出现市场销售疲软，可以说带有一定的必然性。

第二，社会主义经济并非注定永远是短缺经济。长期以来，由于经济发展中急于求成，农、轻、重比例失调，我国消费品市场总体上处于供不应求状态。进入20世纪80年代，由于实行改革开放，市场供应状况大有改观，但伴随经济高速增长，基建战线过长，消费需求膨胀。1984年至1988年，城乡居民人均货币收入连续多年超过劳动生产率的增长速度。这种国民收入超分配的状况，势必导致市场供应紧张，在货币超量发行的条件下，也必然导致通货膨胀。一旦采取有效的紧缩需求政策，供求形势会迅速转变，特别是在需求过旺时物价被抬至较高水平，消费降温后，在一定时期内出现销售疲软，也几乎是不可避免的。如果这种销售疲软带有总体性，或者总供给与总需求不仅基本相适应，而且供给略大于需求，则短缺经济的概念将不复是社会主义经济的特定含义。

第三，居民滚存结余购买力的不断增长是正常现象。长期以来，我们习惯于把居民滚存结余购买力计入总需求，用以观察供求形势，从而得出总供给经常存在缺口的结论。例如，人们曾经预测“六五”期间，消费品供求差额达400亿元，“七五”前三年达700亿元，1988年供给缺口又进一步上升到800亿元。直至1990年5月，有的同志还认为“商品库存总额加轻纺工业产成品库存与货币流通量之比仅为1.7∶1，与大多数年份4∶1的比例相差甚远。……商品库存与结余购买力尚远未达到1∶1这一合理比例”。但是，整个80年代，全国居民滚存结余购买力逐年均有所增长，即使在发生抢购风潮的1985年和1988年也并未例外。80年代末，一方面滚存结余购买力继续增加，另一方面社会商品库存也在增加，尽管商品库存的增加尚未达到上述合理“比例”，然而市场销售不畅，工商企业已不堪库存增加的重负。这就是说，正常情况下，随着居民收入的增长，边际消费倾向应小于1，储蓄在收入中所占比重将随收入的增加而增加。如果把目前1万多亿元以及今后还会不断增长的居民结余购买力（储蓄及手持现金）计入总需求，势必还会得出总供给缺口很大的结论，显然，这是不科学的，也是不符合实际的。

第四，居民消费需求的指向及变化是左右市场形势的重要因素。在供求总量失衡且长期供不应求的条件下，我们比较重视社会商品购买力与商品可供量之间的总体平衡，并力求从多方面增加商品的供给以缓解供求矛盾。由于城乡之间购买力水平虽有较大差距，但在城乡内部多数居民收入水平差异较小，这就引起消费同步，结构近似。因此，以往研究安排生产和供给，主要注意力都放在人民生活必需品和消费指向比较集中的紧俏商品上，并且在商品销售和需求满足方面都显示了较好的效果。随着居民实际收入水平逐步拉开差距，居民消费结构也逐渐呈现高低层次的区分，这就要求产业、产品结构适应这种区分，使供给结构和多层次的需求结构相适应。否则，即使总量平衡实现了，结构性的失衡仍将使部分商品难以销售出去。

三、越过了低谷不能高枕无忧

1991 年我国经济形势继续好转，工业生产加速回升，销售增幅也较大，与上年的低速徘徊形成鲜明的对照。这是国家采取一系列松动需求措施，最终需求回升的反映。如果说，国民经济最困难的时刻已成过去，但多年积累的问题有些尚未根本解决，面临的矛盾还不少，很值得引起注意。主要有以下几方面。

（1）商品积压严重，工业产成品库存居高不下。由于不合理的经济结构调整缓慢，消费需求尚未恢复到相应水平，工业生产快速回升的结果是商品库存增加，1991 年 6 月末，社会商业商品库存和物资系统库存比年初减少 453 亿元，扣除季节性因素，比去年同期减少 200 亿元。但 1—5 月份，县以上企业产成品库存比年初又增加了 209 亿元。轻工业产品中的自行车、手表、缝纫机、食糖、白酒、洗衣机、电风扇、冰箱、洗衣粉等 21 种主要产品库存都比正常库存多一倍以上，库存超量已成为工业经济运行中的沉重负担。还应指出，流通环节库存开始“消肿”，平均降价 40% 处理 200 亿元商品也是一个重要因素。

（2）国家定价涨幅较高，大城市尤为突出。由于商品供求平衡状况较好，居民消费心理稳定，1991 年国家虽出台了多项调价措施，1—7 月份全国零售物价总水平仅比去年同期上涨 2. 1%，粮油开始调价的 5 月份也仅上升 3. 1%，集市贸易价格稳中有降，尤为难得的是大灾之年粮价平稳，这些都是应当肯定和十分可喜的。需加分析的是，在消费品零售价格中，国家定价涨幅较高，6月份比年初上涨了17%，国家定价比重较大的大中城市，零售物价总水平上升也较多。1—6月份与上年同期相比，35个大中城市零售物价总水平上涨5.1%；京、津、沪3市，6月份零售物价分别上升了9.2%、10.6%、15.7%。8月份，35个大中城市职工生活费用价格涨幅同比为10.7%。服务价格上涨更高，1—6月份，35个大中城市的同比涨幅高达23%。

（3）工业经济效益滑坡尚未真正好转。1990年市场销售疲软，经济效益滑坡，预算内国营工业实现利税比上年下降18.5%，工业企业流动资金周转天数由上年的109天延长到127天，可比产品成本上升7%，企业亏损面达31%，亏损额增加127%。1991年，在工业生产和商品销售增长的同时，经济效益略有改善，1—7月份，预算内国营工业企业实现利税比上年同期增长6.9%，全员劳动生产率提高7%，综合能耗有所降低。但是，工业效益改善的基础仍很脆弱，尚未突破"速度效益型"的框框。由于上年效益滑坡，工业销售利税率和工业资金利税率都比上年降低，可比产品成本比上年上升4%，银行贷款余额又比年初增加581亿元。

（4）部分居民实际生活水平有所降低。从全国情况看，城市居民收入连年均有增长，生活继续有所改善。据统计资料，1990年全国职工工资总额比上年增加13%，扣除涨价因素，职工平均工资增长9.7%；农民人均收入增长4.7%，扣除涨价因素，实际增长1.8%。问题在于事实上存在着不平衡，有的地区约1/5的储户占有储蓄余额的一半左右。全国职工生活费用价格总指数1989年比1985年上升了63.4%，同期平均货币工资增长68.55%，仅略高于生活费指数。可是近几年国家包揽供给的范围逐步缩小，有些家庭和个人增加了一些有形和无形的开支，如上学、看病、房租等。据调查，农民的实际收入，1988年减少3.3%，1989年减少3.5%，1990年仍未恢复到原有水平。

（5）社会集团消费在控制中膨胀。1991年上半年，社会集团消费额比上年同期增长17.9%，明显高于居民消费的增幅。据估计，统计数字只是真实的集团消费的一部分，目前难以统计的部分约占集团实际消费的30%。适当放宽生产经营和教学科研单位部分商品的集团消费，有利于扭转某些商品的销售疲软和增加企业的部分生产性需求，但过度的集团消费，既挤占了生产资金，减少有效供给，又造成部分消费剧增，导致供求失衡，还会产生种种弊端，给国民经济带来破坏性的后果。1991 年上半年集团消费的增加，确有一些不合理的因素，如 1 月份的集团消费同比增长 28.1%，其主要原因是元旦、春节期间，公费过年、发放实物、发放购物券现象较为严重，集团开支实际上转化为个人消费。对此类现象如不严格控制，后果是不堪设想的。

当前经济运行中令人忧虑的问题还较多，与上述五个问题互为因果的因素更多。把以上五个问题与市场销售联系起来考察，销售不畅是库存增加、效益低下的直接导因，而现行价格水平下有效需求不足又是销售疲软的导因，放松集团消费绝不宜作为启动市场的途径。正视面临的问题，既要注意调节经济总量，又要注意调整经济结构，关键还在于确立市场导向，宏观和微观两方面都必须树立市场营销观念，加快产业、产品结构的调整，使之与国内外市场多层次不断变化的需求结构相适应。

四、宏观营销对策的探索

市场销售疲软如同一面镜子，反映出社会再生产过程受阻，也反映出经济运行中存在一些问题。国家启动市场，是先启动生产，后启动流通，再启动消费。最后，人们的认识逐渐归结到在注意调节好经济总量的同时，要解决深层次的问题，必须调整产业结构和产品结构。实践证明，最终产品如不适应消费需求，在市场销售不畅时，启动生产，增加的产量只会增加产成品库存。启动流通，增加的收购量只能加重商业的负担；启动消费，开展广告攻势和降价推销都难以收到良好的效果。

运用市场营销原理探索宏观营销对策和解决上述深层次的问题，答案是完全一致的。营销观念的精髓在于：经济决策必须体现以消费者需求为中心的宗旨。

早在 1947 年，美国纽约出版的一本《市场营销学》即指出："要说明计划经济的可行性，就必须证实消费者在当前经济系统中所具有的三大自由在计划经济条件下会得到更好的保护。"这三大自由是：①消费者在一定的购买力水平下，在他所需要的时间、地点，以他愿意支付的价格获得一定质量和数量的商品；②允许消费者决定应该生产什么样的产品，生产者按买者在市场上“投票”表决产品的信号相应地安排生产和分配资源；③消费者具有自由支配收入的权利。

近几年我国市场供求形势的显著变化表明，在有计划的商品经济条件下，消费者在经济系统中的上述三大自由，业已初步得到保护和尊重。在供给不足期间较多采用的凭票供应的消费品，已极大地减少了。在1990年的社会商品零售额中，市场调节价比重已由3%增加到53.1%，还有17.2%实行了国家指导价，在农民出售的农产品总额中，市场调节价的比重也已达到52.2%。更为重要的是，在改革的实践中，人们对计划经济与市场调节必须结合的认识更加统一、更加明确了，肯定了计划经济必须利用市场机制，市场调节也要有计划指导。在市场销售疲软后，竞争更加剧烈，人们对商品的认识也更加深刻了。首先是真正体会到商品是“天生的平等派”，一切商品都只能靠物美价廉才能在市场竞争中取胜；其次是切实感受到商品是用来交换能满足他人某种需要的物品，它必须适应消费者的需求。

计划经济与市场调节相结合，理应能较好地使产业、产品结构与需求结构适应。目前经济结构调整的困难，有些是来自资金、技术方面，有些则来自利益的调整，还有一些是因生产、经营方面难以选择。为了更好地推动经济结构调整，在宏观调控方面，应着重加强市场调研和信息咨询服务。各有关部门要以准确的经济信息为依据，分析市场消费需求的现状和发展趋势，为产业、产品结构的调控指示方向。1990年，我国城镇居民人均可用于生活费的货币收入为1387元，农民人均纯收入为630元，1991年上半年，两者的增幅都在10%以上。据抽样调查资料，居民消费水平和消费结构，城乡之间有较大差异，城乡各自内部又可分为不同层次。粗略估算，目前城市居民的消费水平，按收入情况可分为高、中、低三个层次，高收入者人均每月超过200元，中收入者约120元，低收入者约80元，他们分别占城市人口的20%、60%和20%。农村人口按人均年纯收入可分为四个层次，高收入者超过1000元，中收入者为600—1000元，低收入者为300—600元，困难户不足300元，他们分别占农村总人口的15%、

30%、50%和5%。假如这种层次的区分和估计大体接近实际，就不难发现，前几年居民耐用消费品高速更新所推动的高层次消费市场超前发展，并造成中低层次发展滞后，在一定程度上助长了经济结构脱离实际，影响经济发展的持续稳定和后劲不足。因此，在调整产业、产品结构时，应从我国人民消费水平的实际出发，针对不同层次市场需求特点，着眼于占人口绝大多数的中低层次市场，同时也不忽视高层次市场需求，一方面积极发展需求尚未满足的产品，另一方面努力培育能诱发新需求满足潜在需要的带头产品。在把市场信息及时传递给企业的同时，各级政府要努力为所有商品生产者、经营者创造一个平等竞争的市场环境，让市场机制、竞争机制成为宏观调节的更为有效的补充手段，促进产业结构和产品结构的调整。

五、走出低谷的企业营销策略

市场营销的宏观对策是政府行为，微观对策则是各个企业的行为。当前市场销售虽有回升，但商品积压严重，说明回升并未完全到位。在走出低谷后，宏观市场环境有了改善，企业行为应如何适应新的市场形势呢？

第一，要树立营销观念。市场营销不同于销售和推销。市场营销的真谛在于：在市场研究的基础上，以消费者需求为中心，在适当的时间、适当的地点，以适当的价格、适当的方式，把适合消费者需要的产品和服务供给消费者。推销只是市场营销的一个部分，而且不是最重要的部分。市场营销的最佳选择，是使推销成为不必要的东西。市场营销观念包含三个要点：①顾客导向。把了解顾客的需要作为营销活动的起点，发展能满足顾客需要的产品，唤起消费需求。②整体营销。在营销活动中，企业内部各职能部门为争取顾客协调行动，各种营销机能优化组合。③顾客满意。企业营销活动必须针对顾客的需要，不仅要满足今天的、现实的需要，而且要满足明天的、潜在的需要。

第二，要增强竞争意识。为了赢得竞争，企业要把提高营销素质特别是营销管理人员的素质放在第一位。在市场销售疲软声中，不少企业深入开展市场调研，选准目标市场，开发适应市场需要的产品，优化营销组合，用硬功夫启动软市场，不仅渡过了难关，而且得到了发展，提高了经济效益和市场占有率。这说明，市场销售疲软既是挑战，也是机遇，“狭路相逢勇者胜”，敢于正视困难、承担风险、努力追求，就能获得成功。

第三，要选准目标市场。在市场营销活动中，任何企业都应选定目标市场。因为就企业而言，并非所有市场机会都有可能把握住，由于资源（人、财、物）有限，也为了保持效率，企业的营销活动应自觉控制在一定范围内。在纷繁复杂的整体市场中，把市场分割为两个或更多的细分部分，结合企业自身的经营条件，选择其中一部分市场作为营销对象，切忌漫无边际地遍地开花。在选定目标市场时，既要考虑可能性，要具备进入市场的必要条件；也要考虑市场潜力，要存在尚未满足的需求和一定的购买力。一个实力有限的企业，动辄宣称产品行销全国甚至几十个国家，其实效是值得加以检讨的。

第四，要优化营销组合。营销组合是企业可以控制的营销因素的综合运用。企业要获得成功，必须在分析和适应市场环境的同时，制定正确的营销组合策略。以消费者需求为中心，以产品、定价、分销、促销等因素及其组合为主要内容的营销组合，应体现可控性、动态性和统一性的特点，使企业能主动适应变化万千的竞争格局，各项营销策略配合默契，全员整体作战。强调优化组合策略，就是要避免单纯突出某一方面孤军作战。市场销售疲软时期，未能摆脱困境的企业，多有营销组合不良的因素。企业有了物美价廉的产品，以为“酒好不愁巷子深”，没有好的分销、促销策略，会使“英雄”（产品）无用武之地；质量好、功能全的产品，如成本、价格过高，超过消费者的购买力水平，广告宣传虽强有力，消费者虽心有余而力不足，只好望而却步；不适合消费需求的产品，即便削价竞销，消费者也不欢迎。

第五，要着意产品创新。产品是营销组合的第一因素，营销组合的其他因素，都以产品策略为基础。在市场销售疲软的情况下，开发新产品具有特殊意义。开发新产品本身，也就是企业产品结构的调整，既可开拓新市场，更好地满足现实和潜在需要，又可出奇制胜，增强竞争力，提高知名度。企业开发新产品总是希望它将来有良好的销路，有广阔的市场，但现今的市场，很难发现空白地带。因此，企业必须以消费者的愿望与需要为出发点，努力创造适合不同层次需求的新产品。这样的产品投入市场，就会有吸引力，能为消费者所接受。所以说：消费者的愿望和需要比产品的功能更重要，因为能提供多种功能的类似产品已比比皆是。

（原载《商业经济与管理》1992 年第 1 期）

论市场经济与"以消费者为中心"

20 世纪以来，资本主义企业经营思想的发展、演变，大体经历了三个阶段：以生产为中心的生产观念阶段，企业的中心问题是如何利用新技术，大量生产物美价廉的产品，其口号是"我们能生产什么，就卖什么"；以推销为中心的销售观念阶段，企业的中心问题是如何通过促销活动，把已生产出来的商品卖出去，其口号是"我们卖什么，就让人们买什么"；以消费者为中心的市场营销观念阶段，企业的中心问题是如何满足消费者现实与潜在需要，强调为满足消费需求而有效地组织企业的整体营销活动，其口号是"消费者需要什么，我们就卖什么"。

人们对客观规律的认识，总要有一个逐步深化的过程。现代市场营销观念的形成和发展，一方面是资本主义商品经济高度发展的产物，另一方面，也是资本主义企业经营管理经验不断总结和积累的结果。为谋求解决由资本主义基本矛盾所决定的市场供求矛盾，在科学技术和社会生产发展的过程中，在市场商品日渐丰富，消费者选择余地日渐增多，以及消费者需求日益多样化的过程中，企业家们逐步认识到仅仅靠物美价廉的产品，或是仅仅靠在产品生产出来后千方百计地去推销，都不能保证商品价值得以实现，而只有深入地了解并力求适应消费者的需求和愿望来组织生产经营活动，才能使商品为消费者所选中，从而使商品的价值得以顺利实现，也才可能取得满意的利润并在竞争中立于不败之地。

以消费者为中心的市场营销观念，作为商品经济条件下企业的经营思想，本是理所当然之举，但确认这一点并非易事，尤其难于实行。一个社会的生产目的，表明这个社会的生产的本质。任何社会生产的目的，都是客观的不以人们意志为转移的。资本主义社会企业生产经营的目的，决定了不可能真正做到把消费者的需要放在第一位。在充斥竞争的市场上，一个资本主义企业愿意实现全社会的目标，又怎奈社会——竞争对手不愿给予配合。我赞成这样一种见解，资本主义的"伟大贡献"在于它将商品与市场推进到高级阶段，但是将商品与市场推进到更善更美的阶段，这一崇高的历史使命，只能由社会主义来完成。真正为了全社会和消费者的利益，切实贯彻以消费者为中心的营销观念，只能是强调社会效益的社会主义企业的经营哲学。

问题在于，尽管我们历来都认为社会主义生产的目的应当是一切为了人及其需要。但在传统的计划经济体制下，企业实际奉行的是唯上级指令是从，几乎遗忘了社会主义生产的目的，上级让生产什么就生产什么，为生产而生产，往往产需脱节，供求失调而不自知，若干产品脱销的长期脱销，积压的继续生产，企业并不因产品滞销而有危机感，亏损企业照样可以生存下去。虽然计划部门也希望计划的安排能适应社会需要，但商品生产千门万类，消费需要千差万别，市场情况千变万化，事实上无法实行一种包罗万象的计划，在传统的计划经济体制下，我们长期干着力不从心的事。片面强调计划，忽视市场机制的作用，不能通过市场竞争存优汰劣，发展适合消费需求的新产品，致使品种单调，甚至货不对路，消费者缺少选择余地。同时，过分集中统一的计划，并不能使社会资源得到优化配置，不利于社会生产力的提高和商品经济的发展。相反，长期存在短缺现象，消费者的需要远未获得最大限度的满足。显然，传统的计划经济体制，与以消费者为中心的营销观念格格不入，难以要求企业做到以消费者的需要作为一切营销活动的出发点。

党的十四大确立了我国经济体制改革的目标，就是要建立社会主义市场经济体制。市场经济的主要特点是：第一，经济关系市场化。企业的一切经济活动都必须置于市场联系之中，资源配置主要由市场机制进行调节，企业的产品也必须投入市场，由消费者去鉴别和选择。第二，企业行为自主化。要使企业成为市场经营活动的主体，生产什么、生产多少及如何生产，在什么时间、什么地点以什么样的价格和什么样的方式销售产品，由企业自主决定。第三，宏观控制间接化。政府不随机干预企业的生产经营活动，宏观调控主要是通过非指令性计划、经济杠杆和财政、货币、产业政策调节及规范企业行为。第四，经济管理法制化。企业经营活动按科学、完整的法规体系进行，管理部门按相关法令评价、控制与协调各类经济活动，法制将造就一个公平竞争的市场环境。这是不同社会制度下市场经济的一般性或共性，社会主义市场经济也应具有这样一些特点。企业应在国家宏观调控、管理下，自觉树立以消费者为中心的市场营销观念，综合运用企业可以控制的营销因素，在市场竞争中接受消费者的检验。有支付能力的消费者，如同握有“投票权”，企业和产品只有为消费者所接受，获得足够的“选票”，才可能立足于市场，求得生存和发展。社会主义市场经济的根本特征，作为特殊性，主要是以公有制为主体，多种经济成分并存。公有制经济的生产目的，决定了社会主义企业应以满足消费者的需要为宗旨，并在不违背这一宗旨的前提下，在满足消费者需要的同时，实现企业的盈利目标。可见，社会主义市场经济条件下，企业不是应淡化，而是应更加鲜明地确立并实施以消费者为中心的经营思想。

1989 年后，我国商品市场一度呈现销售疲软状态，在一定程度上，可以说我国相当一部分商品出现了买方市场格局，这对于企业经营观念的转变，具有极大的推动力。在市场销售疲软期间，为了维持再生产，避免和减少停产、半停产现象，曾注入大量资金“启动生产”，结果由于产成品库存持续增加，不得不寻求新的出路；仍然是为了支持生产，又注入大量资金“启动流通”，要求商业部门发挥“蓄水池”的作用，可是，商品流通所需的“蓄水池”并非“积水池”，如果产品不为最终消费者所接纳，“蓄水”不能流动就有变为“臭水”的危险；不得已，再求其次，又提出“启动消费”的主张。生产的目的是为了满足消费需求，如果消费者有待满足的需求，产品又可以满足这种需求，只要有适当的营销策略，消费者就会采取购买行动，何劳特别“启动”？如果产品与需求不相适应，产需之间存在的品种、质量等矛盾未解决，虽“启动”又何能奏效？市场是老师，买方市场的出现教会人们去思索，认识销售疲软的深层次原因，主要还是产业、产品结构与变化了的需求结构不相适应。至此，我们的企业家进一步懂得了消费者是“上帝”决非空洞的言词，商品生产、经营者必须尊重“上帝”的意旨。工业企业生产、经营的方向和规模，必须与现实的、潜在的消费需求相适应，这是以消费者为中心的现代市场营销观念的精髓。从产品经济到商品经济、市场经济的转变，势必要求一切商品生产、经营者实现从生产观念、销售观念到市场营销观念的转变。

确定建立社会主义市场经济的目标，无疑会给以消费者为中心的营销观念的实施创造良好的宏观环境。首先，市场经济体制能有效地激发企业的竞争意识，使企业在危机感的压力下，在日益剧烈的竞争中为满足消费需求努力提高商品质量和服务质量，这将真正还“上帝”以应有的地位；其次，市场经济体制有利于克服计划经济的局限性，灵敏地实现产业、产品结构的调整，使产品更加多样化，为消费者提供一个商品多样化的社会，赋予“上帝”在市场上应有的选择权；第三，市场经济体制将创造平等竞争的市场环境，通过市场法规体系的建立和实施，不仅使消费者的货币选票能自由地投向自己中意的商品，而且能有效地制止与打击欺骗消费者的非法行为，更好地保护消费者的权益；第四，市场经济体制将促使价格变化符合价值规律的要求，定价应是企业可以自主控制的营销因素，竞争中形成的价格能反映资源的相对稀缺程度，导致合理配置资源，这将有利于满足不同层次的消费需求。

存在决定意识，我国商品经济的发展水平还不够高，我们的企业家经受市场竞争锻炼的时间还不够长，更多的商品生产者尚待接受市场竞争的洗礼。如果说，在我国建立市场经济体制是长期任务，那么，树立和实行以消费者为中心的营销观念，任务将更为艰巨。我们并不奢望通过市场营销学的教学和宣传，就可以实现企业营销人员和所有经济管理人员经营思想的转变，但通过市场营销理论，策略和方法的研究和学习，无疑会促进观念的变革和以消费者为中心的营销观念的形成。

（原载《营销管理》1993 年第 2 期）

中国银色市场的潜力和特点

人口老龄化是当今世界发展的必然趋势。在老年人口迅速增加的同时，银色市场（老人市场）日益引起企业界的关注。在若干发达国家，可谓备受青睐。美国普查局提供的资料表明，有50岁以上人口的家庭的消费需求量占全美国42%以上，家庭可任意支配收入占全国的一半，拥有金融资产占全国的77%。其中，有65—75岁人口的家庭金融资产的平均数为全国平均数的两倍多。1985年，60岁以上老人的消费，已形成销售额达8000亿美元的市场。日本的银色市场，1980年占消费市场的13%，预计2000年将占24%。日本55岁以上人口平均储蓄额1986年即高达93万美元，预计20世纪末银发服务业产值将达6000亿美元。日本60岁以上人口的家庭占消费者群体的比重现为20%，2010年将达35%。

银色市场日益为人们所重视，不仅由于老年人口绝对量和相对量在不断增加，而且由于老年人购买力水平在不断提高。法国社会学家提出：新兴的一代是60岁至80岁的人。他们掌握相当一部分社会财富，他们拥有房屋和股票。日本厚生省在1986年成立“银色产业振兴室”，以开发银色产业满足老人用品市场的需求为宗旨。法国商业及销售研究中心认为，老年用品市场是潜在的、有发展前途的市场。面对蓬勃兴起的银色浪潮，80年代中期，美、日等国出现老年市场迅速扩大的开端。纽约最繁华的商业街，已有好多家老年人商店，超级市场货架上陈列的老年用品日渐增多。老人旅游公司、老人玩具公司、老年康乐组织、老年教育中心相继开业。电视广告中“成熟的美国”“老年黄金时代”等频频展示出正面的老人形象。日本旅游局估计，由于大多数老人已不用担心分期付款，也不必为子女的教育费用发愁，因此比年轻时更注重业余生活，经常三五成群外出旅游，或到老年学校学习，或到健身中心锻炼身体。六七十岁的老人，在20世纪80年代约占旅游者的10%，1995年已达到15%。据朝日生命保险会社80年代调查资料，中老年消费最多的是健康、消闲用品，占银色市场销售额的42%，到2000年将增加到51.4%；其次是饮食、住宅、时尚、教育等用品。一些有远见的厂家，正作出相应的计划，开发新产品，拓展银色市场。三洋电视机公司推出的“老年产品”，在性能上与普通产品没有什么差别，但采用模糊理论控制，微波炉、洗衣机、烘干机等产品都尽量减少了按钮数量，加上一目了然的标图说明，非常便于操作。社会服务机构为老人专设了“聊天室”“电话聊天室”，可以咨询，可以提问，老年人通过聊天，开阔了视野，结识了朋友，生活得愉快，打破了孤独感。

估量消费市场潜力，人口数与收入水平是至关重要的变量。中国的银色市场，无论是老年人口数量或是经济收入，近十余年在持续高速增长。

1990年第四次全国人口普查，60岁以上老人占总人口的比重为8.59%，比1982年上升了0.96个百分点，总数已超过9000万人。预计2000年将增加到1.3亿，占总人口的10%，进入老年型国家行列。

上海是中国第一个在1982年进入老龄化的地区，1986年，60岁以上的老人加上不到60岁的离退休职工，约有210万人，占全市人口的17.5%。1993年，65岁以上人口达130万人，占总人口的9.5%。再过20年，20世纪40年代和60年代两次人口出生高峰映射到21世纪20年代前后，上海将出现全世界最突出的人口老龄化现象，每100位上海市民中，有近30位老年人，其中有相当一部分高龄老寿星。北京老年人口的增长速度也快于总人口的增长，1990年，60岁以上人口的比重，从1982年的8.56%，上升到10.27%，进入老龄化的时间，约比全国早13年。天津、江苏、浙江、辽宁等省市，也将早于其他地区成为人口老龄化省市。

我国1亿多老年人口中，生活在农村的占70%，生活在城市的也超过3000万人。由于一部分职工在60岁以前即退休，目前全国离退休职工已达3000万人，预计2000年将达4330万人。按退休人员中的再就业率26%—28%计，目前再就业人员约800万人；因现行离退休制度不包括全体社会成员，现在享受离退休待遇的人约占全体社会劳动者的30%。相当多的劳动者年老后的赡养照料，主要是依靠子女。农村中的老年人，多数还从事一些力所能及的生产劳动。全国老年人的退休金、再就业收入、劳动收入、赡养费等项，较为保守的估计，目前每年约为2000亿元，2000年将达到4000亿元，这是一项相当可观的购买力。香港《远东经济评论》在一期报道中估计，尽管退休金制度覆盖面有限，到1997年，中国用于老年人口的开支，将增加到工资总额的19.6%。到2030年，将达到工资总额的48%（1994年，城镇职工工资总额为6650亿元）。

日本以20年实现老龄化，比欧美发达国家快得多，中国老龄化的进程，比日本还要快。中国作为发展中的社会主义国家，老年人口数量的持续增长和人口老龄化的超经济发展，决定了中国银色市场具有很多特点：

（1）绝对人数多，市场规模大。虽然中国老年人占总人口的比重居60多个国家之后，但老年人的绝对数量已远远超过任何一个发达国家，并且在世界老年人口中的比重不断上升。全球60岁以上人口，1994年约5亿，中国为1亿多，占1/5，预计2000年全球老年人口将增加到5.9亿，中国为1.3亿，所占比重约为22%，比前6年增加两个百分点。中国银色市场容量特大，已引起国内外的重视。

在中国老年人口中，城市3000万离退休职工的需求特别值得重视。这一部分老年人，子女多已结婚、就业，一般不再有供养、抚育开支，个人收入不低，有的还有再就业收入，购买力水平相对高一些。据河北城调队1990年调查，老年型家庭生活费人均月支出，比其他家庭高出29%。

（2）地区差异大，需求层次多。我国经济发展不平衡，人口老龄化程度和经济发展水平均呈现东部沿海地区高于中西部内陆及边疆的态势。富裕地区进入“小康”，欠发达地区有的刚解决温饱问题，有的温饱问题尚待进一步解决。因此，在全国范围内，银色市场的需求差异明显。例如：上海市在20世纪80年代初很多补品出现旺销势头，人参的消费者已有上百万人，其中多半是老年人；相比之下，迄今中西部地区尚有数千万贫困人口，许多老年人生活十分艰难。由于历史性原因，我国老年人口的文化科学素质较低，而且地区、城乡、性别差异很大。1992年老年人口占总人口比重为9.75%，大专文化程度的占具有该文化程度人口的比重仅4%，文盲、半文盲则占1/3，这反映在精神文化消费上，需求也有差异。

（3）消费结构和消费习惯的特殊性。老年人的购买力水平和生活习惯是长时期形成的，带有时代的特征。我国近期银色市场的走向，在很大程度上，要由五六十年代参加工作的老年人的购买力水平和生活习惯决定。

第一，保健医疗求实效。中国银色市场具有发展中国家的消费特征，目前总体上需求层次不高，大量农村处于温饱阶段的老年人，衣、食消费与一般农村人口无大差别。然而，强身健体，延年益寿，既是老年人自己的普遍要求，也是家庭和社会的共同愿望。在购买力较高的城市和富裕地区，与保健、医疗有关的消费，在老年人生活费用中占有较大比重，比较突出的是保健药品、器械、滋补食品，如频谱仪、磁化器、药枕、按摩器、口服液等，虽价格较贵，但老年人通过媒体传播、广告宣传或亲友的介绍，凡认为有一定实效，只要经济力量许可，都乐于购买。医药费不能报销或不能全部报销的退休职工和老年人，体弱多病者，医药费常常是一项可观的支出。典型调查资料表明，老年人的医药费支出，为其进入老年期以前的三倍。

第二，生活用品求实用。城市老年家庭，包括彩电、冰箱在内的传统的“四大件”，普及率比较高。经久耐用，操作简便的家用电器，很受欢迎。但老年人对一些新潮、高档的耐用消费品，在原有“大件”尚可使用的情况下，一般并不急于更新、添置。而那些有助于老年人生活和行动自如的康复器械和有关设备，如为残疾老人安装的假肢，为行走困难老人特制的轮椅，为耳聋老人安装助听器，为老年家庭安置遥控设施、呼叫设施，则都有一定规模的潜在市场。

第三，穿着求宽松、适体。老年人的穿着，要求衣服、鞋、帽轻便、保暖、透气，而且宽松、庄重、舒适，穿脱方便，不过于讲究款式和时尚。目前多数城市室外环境，无论是道路、公共场所或是公园，处处显得人多、灰尘多，除非参加社交活动，老年人喜着便装，只求品种多样，规格齐全，不追求高档、新潮。购买力较高者，也许备有礼服，但经常性穿着，还是以中低档为多。

第四，饮食求可口、营养。虽然城乡人均收入在不断增加，老有所养还是老年人的第一位需要。收入水平提高，首先用于改善饮食，不再满足于吃饱，还要求吃好，讲究食文化，虽非食不厌精，但重视营养、口味。小包装、低脂肪、易消化、含钠盐少、含糖量低以及抗疲劳和其他疗效食品，经济实惠的风味小吃，甚受老年人欢迎。由于在节假日有儿孙辈探望和集中团聚，相当一部分老年人乐意以美餐款待，“花钱买欢喜”，所以老年家庭的食品消费量比普通家庭多。据调查，有80%的老年家庭，人均肉禽蛋、水产品、水果、鲜奶的消费量，是普通家庭的一倍乃至数倍。

第五，文娱、消闲求高雅。多数老年人在垂暮之年，闲情逸致更浓，喜读报纸和文艺书刊，爱养花鸟虫鱼，漫步于园林，垂钓于水畔，有的定期棋牌聚会，甚至远足外地旅游，与此有关的开支也较多。调查材料表明，老年家庭这方面的支出，比普通家庭高出1/4到1/5。今后，老年人的旅游支出将有较大的增长。

第六，生活服务需求多样化。随着社会经济的发展和人们思想观念的转变，我国家庭规模与结构变化甚大，特别是城市，由于住房条件的制约、以往某些消费品按户供应的影响，家庭规模日益缩小。据第四次人口普查资料，二代户家庭占68%，一代户家庭占13.5%，三代户家庭仅占18.5%。也就是说，几代同堂的传统的“大家庭”越来越少了，相当数量老年人处于“空巢期”，日常生活需自理，加之，有些老年人再就业或担负社会工作，因此，生活服务方面有多种多样的需求。首先是柴米油盐等日常生活用品，要求能就近购买，最好由商店送货上门或定时用货车到住宅区出售；其次，家务劳动需有人帮助，除少数雇用保姆的外，老年家庭越来越多使用“钟点工”；再次，单身老人比例上升，为避免孤寂，有的聘用“陪老女”“临时保姆”，从事者多为文化素养较高的青年人，有大学生，有待业青年，也有在职护士、教师和干部，主要是陪聊天、逛公园、读小说。此外，提倡“一对夫妻只生一个孩子”，要求对老人的照料更多地由社会来承担，敬老院、托老所，以及老年婚姻介绍所、职业介绍所，均应有较大的发展，以国家、集体（老人原工作单位或社区）、家庭和个人四结合的形式，保障和管理好老年人群体的晚年生活。

（原载《市场与人口分析》1996年第4期）

云烟再创辉煌的战略思考

一、辉煌的成就

“八五”时期，云南烟草行业在国家烟草专卖局、烟草公司和省委、省政府的领导支持下，各级领导常抓不懈，数百万烟农辛勤劳动，全行业上下步调一致，5 万名职工努力奋斗，克服了重重困难，取得辉煌的成就。1991—1995 年平均每年卷烟产量增加 45 万箱，同时创造了年均增加烟草税利 45 亿元的高效益，连续登上一年实现税利 100 亿元、200 亿元、300 亿元三个台阶，1995 年实现税利 346 亿元，以占全国三分之一的烤烟产量，五分之一的卷烟产量，实现占全国烟草税利的二分之一。云南已成为全国最大的烟草工业基地，“两烟”产销量全国第一，名牌卷烟数量全国第一，“两烟”出口创汇全国第一，烟草税利全国第一，技术装备全国第一，海外投资全国第一。

更引人注目的是：烟草不仅是云南的重要支柱产业，在国民经济和社会发展中起着举足轻重的作用，而且，云烟中的名牌，“红塔山”“云烟”“阿诗玛”……真正是誉满全国，名牌的形象已初步确立，“云烟旋风”经久不衰；云南“两烟”的长足发展，不仅是产量，更主要的是质量和效益，在全国首屈一指，“烟草王国”，名不虚传。

二、严峻的挑战

“九五”期间和今后一个时期，云南烟草行业将面临严峻的挑战。

（1）随着国民经济的持续、快速发展，人民生活水平逐步提高，我国烟草消费的数量还会有所增加，档次也会提高，与此同时，戒烟、禁烟宣传，声势浩大，有的地区已经立法禁止在公共场所吸烟，这对烟草的生产消费又会产生重大影响，并提出新的要求。

（2）随着我国申请加入世界贸易组织步伐的加快，经济进一步与国际市场接轨，某些国内消费下降的烟草大国，已运用“大市场营销”中的“权力”因素，加紧向亚洲市场和我国市场渗透，必将加剧我国烟草业与国际烟草业的竞争。

（3）国内卷烟市场基本趋于饱和，卷烟产量增长的余地已经很小。加以公平竞争的市场环境尚未形成，市场封锁、保护主义还在部分地区盛行，在利益驱动和地方政府支持下，国内市场竞争必将空前剧烈。

（4）农产品价格呈上升趋势，烟叶价格受比较利益驱动也会上升，原辅材料的价格上涨不可避免，职工工资水平也会逐步提高，卷烟工业成本势必进一步增加。而在市场趋向饱和，国内外竞争日益加剧的形势下，市场销售价格难有大的上浮，烟草行业的经营难度必将加大。

（5）随着反吸烟运动的开展和科学技术的日新月异，西方国家烟草业广泛利用先进科技，提高工艺水平，一方面不断提高生产效率，另一方面努力降低有害物质含量。如德国三年前已推出每分钟 1.6 万支的卷烟机，美国正研制大幅降低焦油和尼古丁含量的烟丝，日本在开发无烟气卷烟等。

三、巨大的潜力

云南烟草产业，在国内同行业间整体上具有较大优势。但在省内各地区和各烟厂之间，存在严重的不平衡，与烟草生产发达国家比，还有较大差距，待发掘的潜力很大。

（1）在烟草种植方面。云南赴美国烟草考察团认为，云南省三分之一的地区已接近或达到美国水平，但就全省而言，好、中、差大约各占三分之一，影响整体水平、质量、效益的提高，据产量最高的 1993 年统计资料，每亩产量超过 100 公斤的五个地、州、市，平均单产为 142.5 公斤，其余地、州、市的平均单产仅 92.3 公斤，前者比后者高 54.4%。如果和国外比，近几年全省平均亩产 110 公斤上下，仅及美国平均亩产 165 公斤的三分之二。更为重要的是，经验证明，烟叶单产低于 150 公斤，质量也难以达到最佳状态。

（2）在卷烟生产方面，就单箱耗烟叶来说，以我们的先进水平同国外比较，玉溪烟厂单耗 42.27 公斤，美国为 37.5 公斤，每箱多耗烟叶 4.77 公斤。从劳动消耗来说，全员劳动生产率，全省平均每人为 233.7 箱/年，玉溪烟厂为 393.6 箱/年，美国已达 1000 箱/年。卷烟的单箱税利，1994 年全省平均水平 3943 元，其中，玉溪烟厂为 8041 元，美国菲利普·莫利斯公司单箱税利 1633 美元，比玉溪烟厂高出 70%，比云南全省平均水平高出两倍多。

（3）在市场开拓方面。虽然云烟有很高的声誉，国内相当一部分消费者共同偏好，但由于现行体制和市场封锁的影响，云烟市场覆盖率远未达到市场需求及产品优势所应达到的水平。至于国际市场的开拓，只能算刚刚起步。当英、美两国在亚洲进行一场新的“鸦片战争”，强行打入日、泰、韩等国和我国台湾省市场之后，云烟开拓海外市场无疑要作更多的努力。

四、朦胧的前景

改革开放以来，随着人民收入水平提高和消费结构的变化，全国卷烟产销量几乎增加了两倍，人均卷烟消费量也增加了一倍，与此同时，烟草行业创造的税利成为重要财源，1987 年后，更成为全国第一税利大户。对烟草行业的财政积累功能，各方面极为重视，只要有可能，地方政府都积极扶持当地烟草生产。但对烟草的命运，特别是近期前景预测，可以说是比较模糊，观点迥异。

一种见解是，吸烟有害健康，烟草业提供的税利，不足以弥补吸烟造成的损失，发展烟草弊大于利，不少国家已采取了限制、禁止吸烟的措施，有的还为限、禁吸烟立法，烟草业也被认为是“夕阳产业”。明智之举便是“多角化”经营，插足其他行业，特别是第三产业，这不仅是为了当前的效益，实际上也是为产业转移作准备。

另一种见解是，吸烟虽非无害可指责，但烟文化历史悠久，烟草并不单纯是为了满足人们的生理需要，而且对经济、政治也发生着巨大的影响。吸烟毕竟有别于吸毒，“瘾君子”占人口总数30%以上，禁绝“烟癖”谈何容易。按有关部门调查资料，我国城市吸烟者占人口总数31.3%，农村吸烟者占人口总数的35.8%，据此推算，全国“烟民”在4亿以上。这样庞大的消费需求，即便国内不生产烟草，外烟也要占领市场。当然，这并不是说，吸烟可以不限、不禁。

五、两难的境地

云烟的强劲竞争对手，既有国内的同行，又有国外的烟草大国。在市场竞争中，物美价廉的产品，是“摧毁一切万里长城、征服野蛮人最顽强的仇外心理的重炮”。古今中外，莫不如此。云烟要立于不败之地，必须应用现代科技，讲求规模效益，创造低投入、优质高产的比较优势。

烤烟生产上，需要下决心采取硬措施。在适宜区内扩建基地，选育良种，实现规模化、集约化种植，使优质烟和单产有较大幅度的增加。卷烟生产在总量增加受制约的条件下，需要通过组织结构的调整。在一定的规模内，进一步优化资源配置，降低消耗，大幅度提高效益。

虽然潜力很大，挖潜有路。但一般认为，以增量调整结构较易，而存量调整甚难。要减少低产地区的种植面积，减少高消耗、低效益烟厂的投入与产量，甚至关、停、并、转，在各地都热衷于发展“两烟”的情况下，实在是一个难题。处理公平与效率关系，经常处在两难境地。贯彻“效率优先、兼顾公平”的原则，既要下非凡的决心，也需有相应的政策措施。能否设想，以1995年前的某一年度的产量、税利为基础，通过宏观调控，照顾原产烟地区的既得利益，切实支持烤烟适宜区和卷烟优势厂进一步发展，以实现更大的效益。1994年，有14个省市自愿将52万箱卷烟生产计划指标调剂给另几个产烟省，这说明利益关系是可以协调好的。

六、历史的选择

面对国内外市场非常剧烈的竞争，云南烟草业必须瞄准国际市场上强大的竞争对手，致力于增强自身的竞争实力。

烟草行业的特点，既允许也要求维护云南省烟草公司统一调度的权威，把全行业的组织机构与实力捏成一个拳头，在重大问题上不能各自为政，要协调动作，造就强大的竞争力。

云南烟草已具备一定优势，如能进一步组合行业实力，整体作战，将有利于在竞争中更快更大地发展。云南通过本省范围内的宏观调控，在保证原产烟地区既得利益的前提下，最大限度地发展适宜区和优势厂的“两烟”生产，其经济效益将十分可观。

第一步，以种植650万亩计，烤烟亩产提高到150公斤，则全省能增产500多万担烤烟，优质烟叶也将大量增加；以生产750万箱计，卷烟单箱税利提高到6000元，则“两烟”税利可达到500亿元。

第二步，从全国建立社会主义市场经济体制并完善运行机制的角度考虑，用计划指标或地区封锁限制或抵制先进地区的发展，排斥公平竞争，是不合时宜的。20世纪50年代，上海曾经占有过全国卷烟产量的38%，上海厂的质量好、效益高，产烟省都乐意给予支持，结果是消费者满意，国家财政增收。如今，云南拥有先进的技术装备、丰富的管理经验和充足的优质原料，按利益最大化原则，扩大云南“两烟”生产，特别是扩大云南卷烟市场份额，对国家是有利的。假定云南卷烟在国内市场比重由1/6增大到1/3，同时云南本身又实行集约化经营，则云烟每年创造的税利将不再是300多亿元，而是800亿元以上。宏观经济决策者，理应笑纳云南的这份贡赋。

问题的关键是，云南能否用自身优化资源配置产生的优异成效，来证明上述设想的必要性和可行性。只要云南能找到合适的途径迈出第一步，全国的第二步也是有办法、有手段付诸实施的。

应当看到，某些发达国家的政府，为支持本国的烟草业，不惜对他国施加超经济压力，对日本、对韩国、对泰国等均有先例，我们必须在“狼来了”之前做好准备，迎接“洋烟”的挑战。如果我们能根据垄断行业的特点，集中优势兵力，以高科技为动力，依托国内统一大市场，物美价廉的国货可以筑成新的长城，是可以战胜“洋货”的。面对强敌，因循守旧，不能下决心调整存量，择优发展，不积极推行两个具有全局意义的根本性转变，在严酷的市场竞争中，将不仅是云南的烟草业，而且是中国的烟草业前途堪忧。

（原载《经济问题探索》1997年第4期）

中庸之道与营销管理

历史遗产是后代人创造自己历史的出发点和凭借。重视和发掘历史上管理思想这个伟大的思想宝库，有利于建立具有中国特色的现代管理科学，为管理现代化服务。对待历史遗产，应防止数典忘祖、食古不化或以偏概全，应取其精华，去其糟粕。中庸有多种含义，兼有褒贬。中庸之道是儒家伦理思想中道德行为的最高标准。《中庸》一书有关中庸之道的基本论点认为，中庸是普遍真理，不可背离，其效用无穷，但行之不易。实施中庸营销，不论是现代市场营销观念的贯彻，市场定位、市场细分与营销组合的决策，都要求适量、适时、适中，协调、和谐、合理，不偏不倚，无过与不及，使企业营销活动经常处于最佳状态。

一、正确对待历史遗产

人类历史是一个发展过程。历史的发展是连续的、不间断的，后人总是在前人已建立的基础上继续前进。历史遗产是后代人创造自己历史的出发点和凭借，后代人正是利用前人所提供的手段和基础，才得以做出超越前人的新成就。中国历史上的管理思想是华夏文化历史遗产的一个重要组成部分，是我们的一笔宝贵财富。法国启蒙思想家、哲学家伏尔泰在18世纪即说过："中国是地球上人口最多，管理最好，而且最优秀、最古老，也是最为广博的王国。"重视和发掘历史上管理思想这个伟大的思想宝库，从古代文化的精华中汲取丰富的营养，做到古为今用，有利于建立具有中国特色的现代管理科学，为管理现代化服务。

中国古代经济管理思想，包括直接的经济管理思想和间接的经济管理思想。间接的经济管理思想主要是体现于各种非经济论著或非直接谈论经济问题的著作中的思想和智慧，其本身虽不是经济管理思想，但可被用来指导经济管理工作。在浩瀚的中国古籍中所反映的诸子百家思想文化，从实践的历史意义来说，大都是多功能的，适用范围广阔，可以贯通运用于政治、军事、经济及科学文化等领域。很多古代文化及学术思想，既有其系统论点，又有其思想方法；既有其科学性，又有其艺术性；既是哲学理论的结晶，也是历史经验的综合。例如，《孙子兵法》是一部军事著作，《红楼梦》是一部文学巨著，《三国演义》是一部历史小说，还有儒家的伦理思想、道家的宗教文化，等等，在国内外都已受到广泛的重视。不少研究机构和学者早已开始深入研究它们，发掘中华文化之精华；管理学者和经济管理工作者已经并不断将其扩大应用于经济管理工作。

对待中华历史文化遗产，应防止陷入以下误区：一是数典忘祖。“言必称希腊，死不谈中国”；讲外国头头是道，以为什么都好，对自己的祖宗一无所知，以为一无是处；把现代化和历史遗产看成是不可融合的，以为快要进入21世纪了，还讲什么继承古代文化遗产。这种民族虚无主义态度，势必成为研究、继承中华历史文化优良传统的障碍。美国前总统尼克松在《只争朝夕》一书中写道：“中国人是一个非常伟大的民族，拥有难以想象的非常丰富的文化遗产。当欧洲仍处于野蛮的黑暗的时代时，中国已经是一个最进步的国家。”炎黄子孙千万不可妄自菲薄。二是食古不化。分不清糟粕与精华，看不见历史的发展，以为古代流传下来的东西都是好的，在历史上起过进步、积极作用的东西，今天仍然完全有用。抱残守缺，孤芳自赏。这种自以为是的态度，必然成为更新知识的障碍。须知历史遗产中包含了积极的东西和消极的东西，怎样批判地继承历史文化遗产，取其精华，弃其糟粕，完全是后代人的任务。如果不善于辨析、继承优秀历史遗产，我们将愧对创造了人类文明成果的祖先。三是以偏概全。只见树木，不见森林。局限于一定事类范围之内，不注重整个思想体系，拘泥于一家之言，甚至是片言只语，就妄作评断。例如，有人从孔子的“罕言利”、孟子的“王何必曰利”和董仲舒的“正其谊不谋其利”，就断言儒家的轻利思想是“一以贯之”，甚至认为儒家只讲究“亦有仁义而已矣”，完全不言利或反对言利。果真如此，国内外研究运用儒家伦理思想作为现代企业管理的精神纽带，不是与“利益最大化”原则和“以经济效益为中心”不合拍吗？

二、正确理解中庸之道

中庸在习惯上被视作平常，贬之者认为中庸是惰性的表现，泛指平庸、妥协、保守、不求上进。因此，中即不彻底、模棱两可，庸即庸碌、庸俗，讲中庸之道，难免要受到革新派的责难。在“文化大革命”期间，中庸之道甚至受到一些莫名其妙的“批判”。这些是有必要加以澄清的。古希腊的哲学家亚里士多德的伦理观却认为，人的一切行为都有过度、不及和适中三种状态，过度和不及是恶行的特征，只有中庸才是美德的特征、道德的标准。例如，勇敢位于怯懦和鲁莽之间，节制位于纵欲放荡和冷漠无情之间，因此，勇敢和节制是美德。①

《中庸》作为儒家经典，与《大学》《论语》《孟子》并称为“四书”，相传是子思叙述孔子的教导以传后世之作。中庸是儒家伦理思想中道德行为的最高标准。《论语·雍也》称：“子曰：中庸之为德也，其至矣乎！民鲜久矣。”《中庸·鲜能章》同样强调：“中庸其至矣乎！民鲜能久矣。”中庸既不过分，又无不及，堪称尽善尽美，然而很久以来，人们就难以做到，甚至永远也难以实行。《中庸·行明章》：“道之不行也，我知之矣，知者过之，愚者不及也；道之不明也，我知之矣，贤者过之，不肖者不及也。”这种不偏不倚、恰到好处的中庸之道不能被人透彻了解，原因是有修养的人讲过了头，不成器的人领悟不了；中庸之道实行不了的原因是：聪明的人做过了头，愚昧者跟不上。《中庸·时中章》：“君子中庸，小人反中庸。君子之中庸也，君子而时中；小人之反中庸也，小人而无忌惮也。”只有时刻体察永恒不变的中庸之道，行动上才能遵循不偏不倚的要求；如果无所忌惮，不加忖度，行动上就不会合乎中庸的准则。中庸被

① 参见《辞海》“中庸”条，上海辞书出版社 1979 年版。

视为儒家伦理思想中道德行为的最高标准，《中庸》一书的基本论点有四。

（一）中庸之道，普遍真理

注解《四书》的程子在《中庸》的卷首语中说：“不偏之谓中，不易之谓庸。中者，天下之正道；庸者，天下之定理。”《中庸·天命章》也说：“中也者，天下之大本也；和也者，天下之达道也。”这是把不偏不倚、永恒不变的中庸之道，视作放诸四海而皆准的普遍真理。

（二）中庸之道，不可背离

《中庸》开宗明义即说：“天命之谓性，率性之谓道，修道之谓教。道也者，不可须臾离也，可离非道也。”（《天命章》）首先是把性、道、教三者紧密结合起来，阐明天赋予人的气质为“性”，顺乎本性行事为“道”，以道德规范和约束人为“教”。强调道是时刻不能背离的，能背离就不成其为道。《中庸·不远章》又说：“道不远人，人之为道而远人，不可以为道。”

（三）中庸之道，效用无涯

《中庸》反复讲：“君子之道，费而隐。……君子之道，造端乎夫妇，及其至也，察乎天地。”（《费隐章》）“致中和，天地位焉，万物育焉。”（《天命章》）这些论述，认为中庸之本体极其微小而无所不在，其效用却广大无涯，无穷无尽。就细微处言，中庸从民间琐事发端，一般能理解和实行；但就深层而言，能探究其奥妙处，则宇宙间一切都可以洞晓。真正达到中和的最高境界，则世界上一切都可以正常运行，万物由此而生生不已。

（四）中庸之道，行之不易

《中庸》十分形象地说：“天下国家可均也，爵禄可辞也，白刃可蹈也，中庸不可能也。”（《可均章》）这里列举了治理天下国家、放弃高官厚禄、赴汤蹈火等难以办到的事，有大智、大仁、大勇者仍可办到；唯独中庸之道，看似寻常，非义精仁熟，私念尽除，却难以实行。《中庸·予知章》又说："人皆曰予知，择乎中庸而不能期月守也。"这也是讲坚持中庸是不容易的。

中庸之真谛何在，从不同视野考察，"毋过与不及"，万事讲求适度，似不失为一个永恒的真理。就经济管理而言，科学管理要求有一个适当的标准，合乎这个标准为执中，达不到这个标准为不及，超过这个标准也是不及。(《论语·先进篇·孰贤章》："过犹不及。")中庸之道要求："执其两端用其中。"(《中庸·大知章》)经济活动中，既不过冷，也不过热，防止大起大落，是宏观调控所要达到的重要目标；既不超越环境与资源条件许可的限度，又不让资源闲置浪费或丧失市场机会，是企业发展所追求的重要目标。适度，是优化资源配置与实现效益最大化的重要原则。就为人处世而言，"君子之道，淡而不厌，简而文，温而理。知远之近，知风之自，知微之显，可与入德矣。"(《尚纲章》)因此，"回之为人也，择乎中庸，得一善，则拳拳服膺而弗失之矣。"(《服膺章》)

中庸被视为儒家伦理思想的最高标准，研习中庸之道自然是十分必要的，有益的。程子在《中庸》卷首语中说："善读者玩索而有得焉，则终身用之，有不能尽者矣。"

三、正确实施中庸营销

中庸有多种含义，兼有褒贬，可作不同解释。企业营销中奉行中庸哲学，无疑应取积极态度，防止消极影响。市场经济条件下，竞争性的市场，所有市场主体只能奋力拼搏，在竞争中求生存和发展，不允许保守、妥协；优胜劣汰的铁律，迫使企业不断进取，精益求精，不允许得过且过。

实施中庸营销，要求适量、适时、适度，协调、和谐、合理，不偏不倚，无过与不及，实现营销组合的优化，使企业营销活动能经常处于最佳状态。

贯彻现代市场营销观念，要以协调的市场营销，达到顾客满意的目标。顾客满意超出满足顾客的目标，满意的顾客会自动排除竞争品牌与广告，不仅会再次购买，也会购买企业以后加入产品线的产品，还会传播对企业与产品满意的信息。协调的市场营销能从顾客的观点出发，全方位地按高标准去满足顾客的需要。首先是人员推销、广告、营销研究等营销职能，必须从顾客观点出发，彼此协调，互相配合；其次是市场营销部门与企业其他职能部门，在争取顾客满意的目标下，彼此协调，互相配合。企业训练和激励全体员工全身心地去为顾客服务的内部营销，必须先于适应市场环境和争取顾客的外部营销，先有内部的协调才谈得上内部与外部的协调。如企业内部提供优质产品与服务的保证不具备，大量刊登服务广告就毫无意义。只有内部协调与外部协调有效结合，才有可能实现顾客满意的目标。

市场定位是塑造企业形象和显示企业特色的行为，目的是使目标顾客理解和认识本企业区别于竞争者的特征。市场定位可作多种选择，如“优质定位”“低价定位”“先进技术定位”等等，至关重要的是建立对目标市场大量顾客有吸引力的竞争优势。解决好定位问题，有利于优化营销组合。如采用“优质定位”的企业，必须生产优质产品，通过高级经销网络高价销售，并通过影响力大的媒体做广告，这就要求在生产与销售环节都有较多的投入，只有实施这样的营销组合，才能树立持久而令人信服的优质形象。选择定位要依据各方面的主客观条件，有足够数量的目标顾客，企业具备能满足目标顾客需求的必要的资源条件，同时与企业在行业中的竞争地位及竞争优势相适应。定位过高过低，都会丧失最佳细分市场和失去可能争取的潜在顾客。

市场细分是企业制定营销策略的关键环节，是实行目标市场营销和市场定位策略的前提。消费者的需要、动机及购买行为因素的多元性，是市场细分的内在根据，也是客观存在的普遍现象。任何产品或服务的市场，通过一系列变数，均可按需求的差异性进行细分。市场细分化不仅要准确采用有效的变数，也要恰当确定变数的数目。变数过少，细分市场特色不明显，变数过多，市场规模过小，都不利于正确地市场定位和开展有效的目标市场营销。

市场营销机会是市场上所存在的尚未满足或尚未完全满足的消费需求。需求的动态性，决定了市场机会变幻万千，稍纵即逝。企业市场营销管理过程的首要任务，是及时寻找和识别市场营销机会。企业发现有利的市场机会，要不失时机地进入市场。时间过早，市场未成熟，不能奏效；行动滞后则贻误战机，若竞争者先入为主，会增加进入市场的难度。开发市场的营销努力必须与市场特点、难度及规模相适应，力度不到位，不能取得预期效果，如某一方面投入超过实际需要，形成局部功能过剩，必增大销售成本，降低竞争力。

市场营销组合是企业在市场调研的基础上，对企业可以控制的产品、定价、分销、促销四大要素的综合运用。营销组合是协调企业内部力量的纽带，赢得竞争的有力武器。最佳营销组合，要求四大营销因素各自处于最适当的位置，营销活动中分别作出最适度的努力。适量、适时、适度、适中，是企业最佳营销组合的基本要求和重要特征。例如，在产品策略中，产品质量水平、功能多少，产品组合的广度、长度、深度和密度，产品差异化程度，不同目标市场的产品投放量；在渠道策略中，渠道的长短、宽窄，网络的档次；在定价策略中，产品的价位，差价的大小，升降的幅度，折扣的比率；在促销策略中，营业推广的力度，广告预算的安排，市场面与市场份额的策划，等等，都有一个适量、适度的问题。又如，新产品投放市场，产品价格调整，广告计划实施步骤，等等，都有一个适时的问题。只有适量、适时、适度、适中，才是最佳选择，也才有最佳效果。

争取最佳营销效果，要求市场营销组合最佳化，进而要求找出营销决策的所有量化因素的最佳点。例如，根据市场销售支出点，进而确定营销费用总水平，在制定营销预算时，将总费用合理分配于各营销因素，力求实现最佳组合。最佳点的位置应是不偏不倚，恰到好处。

以上可见，中庸营销要求实现营销决策的最优化和营销战略、策略的最优化。为此，企业营销活动全过程的每一举措，都必须适量、适时、适度、适中，“增一分则肥，减一分则瘦”，不如此，不足以称最优、最佳。中庸营销，是营销的最佳状态。

实施中庸营销，首先要了解中庸也是一种经营哲学。实施中庸营销，追求适度、适中和最优、最佳是努力方向，而在实践中，适量、适时、适度、适中都是相对的，最优、最佳也只能是一定时间、地点条件下的最好状态。正如供求相适应的规律，平衡是相对的，不平衡是绝对的一样，中庸的不偏不倚，正是在不断纠正偏倚过程中趋向适度、适中。所以，“道中庸而疾必固。”其次，实施中庸营销，必须循序渐进，“譬如行远必自迩，譬如登高必自卑。”（《行远章》）最佳营销效果是在不断优化营销组合的过程中才得以实现的。再次，实施中庸营销必须坚持不渝。《中庸·自成章》说：“诚者自成也，而道自道也。诚者物之终始，不诚无物。是故君子诚之为贵。”诚则灵，诚是实施中庸营销的必要举措，而且要贯彻于营销全过程，缺少诚，就会一事无成。所以说：“故至诚无息。”（《无息章》）或者说，只有“拳拳服膺而弗失之”，才可能在实施中庸营销中取得最佳效果。

参考文献：

［1］〔宋〕朱熹：《四书章句集注》，中华书局1983年版。

［2］［英］理雅各英译：《四书》，杨伯峻今译，湖南人民出版社1992年版。

［3］〔明〕李贽：《四书评》，上海人民出版社1975年版。

［4］［美］菲力普·科特勒：《市场营销管理》（第六版），何永祺等译校，科学技术文献出版社1991年版。

［5］〔清〕张岱：《四书遇》，浙江古籍出版社1985年版。

［6］《四书选批》，湖南人民出版社1974年版。

［7］《辞海》，上海辞书出版社1979年版。

［8］北京大学哲学系工农兵学员等批注：《四书批注选》，宁夏人民出版社1974年版。

［9］邝鸿主编：《现代市场学》，中国人民大学出版社1989年版。

［10］刘云柏：《中国儒家管理思想》，上海人民出版社1990年版。

［11］吴树平、赖长扬主编：《白话四书五经》（全译本），国际文化出版公司1993年版。

［12］吴健安主编：《市场营销学》，安徽人民出版社1994年版。

［13］吴健安主编：《跨世纪的中国市场营销》，载《中国高等院校市场学研究会1995年年会论文集》，云南民族出版社1996年版。

［14］吴健安主编:《中国市场的特点与企业营销战略》，载《中国高等院校市场学研究会1996年年会论文集》，云南民族出版社1997年版。

［15］邱汉生:《四书集注简论》，中国社会科学出版社1980年版。

［16］宋元人注:《四书五经》，中国书店1984年版。

（原载《华夏文化之管理理念》，香港城市大学华人管理研究中心出版，1997年12月）

论中庸营销

中庸有多种含义，兼有褒贬。中庸之道是儒家伦理思想中道德行为的最高标准。《中庸》一书有关中庸之道的基本论点认为，中庸是普遍真理，不可背离，其效用无穷，但行之不易。实施中庸营销，不论是现代市场营销观念的贯彻，市场定位、市场细分与营销组合的决策，都要求适量、适时、适中，协调、和谐、合理，不偏不倚，无过与不及，使企业营销活动经常处于最佳状态。同时，在营销实践中，适宜、适时、适中都是相对的，最优、最佳也只能是一定时间、地点条件下的最好状态，因此，“道中庸而疾必固”，应因时、因地制宜，有一定的灵活性。

一、探索中庸之真谛

中庸在习惯上被视作平常，贬之者认为中庸是惰性的表现，泛指平庸、妥协、保守、不求上进。因此，中即不彻底、模棱两可，庸即庸碌、庸俗，讲中庸之道，难免要受到革新派的责难。在“文化大革命”期间，中庸之道甚至受到了一些莫名其妙的“批判”。这些是有必要加以澄清的。古希腊的哲学家亚里士多德的伦理观却认为，人的一切行为都有过度、不及和适中三种状态，过度和不及是恶行的特征，只有中庸才是美德的特征、道德的标准。例如，勇敢位于怯懦和鲁莽之间，节制位于纵欲放荡和冷漠无情之间，因此，勇敢和节制是美德。

《中庸》作为儒家经典，与《大学》《论语》《孟子》并称为“四书”，相传是子思叙述孔子的教导以传后世之作。中庸是儒家伦理思想中道德行为的最高标准。《论语·雍也》篇称："中庸之为德也，其至矣乎！民鲜久矣。"《中庸》同样强调："中庸其至矣乎！民鲜能久矣。"（《鲜能章》）"道其不行矣夫!"（《不行章》）这是说，中庸既不过分，又无不及，堪称尽善尽美，然而很久以来，人们就难以做到，甚至永远也难以实行。《中庸·行明章》："道之不行也，我知之矣，知者过之，愚者不及也；道之不明也，我知之矣，贤者过之，不肖者不及也。"这种不偏不倚、恰到好处的中庸之道不能被人透彻了解，原因是有修养的人讲过了头，笨拙的人领悟不了；中庸之道实行不了的原因是：聪明的人做过了头，愚昧者跟不上。《中庸·时中章》："君子中庸，小人反中庸。君子之中庸也，君子而时中；小人之反中庸也，小人而无忌惮也。"只有时刻体察永恒不变的中庸之道，行动上才能无过与不及，如果无戒慎恐惧之心，行动上就会无所不为。中庸被视为儒家伦理思想中道德行为的最高标准，《中庸》一书的基本论点有四：

（1）中庸之道，普遍真理。注解《四书》的程子在《中庸》的卷首语中说："不偏之谓中，不易之谓庸。中者，天下之正道；庸者，天下之定理。"《中庸·天命章》也说："中也者，天下之大本也；和也者，天下之达道也。"这是把不偏不倚、永恒不变的中庸之道，视作放诸四海而皆准的普遍真理。

（2）中庸之道，不可背离。《中庸》开宗明义即说："天命之谓性，率性之谓道，修道之谓教。道也者，不可须臾离也，可离非道也。"（《天命章》）首先是把性、道、教三者紧密结合起来，阐明天赋予人的气质为"性"，顺乎本性行事为"道"，以道德规范和约束人为"教"。强调道是时刻不能背离的，能背离就不成其为道。《中庸·不远章》："道不远人，人之为道而远人，不可以为道。"同时，道也是离人不远，人如好高骛远，反而使道与人远离，那就不足以为道。

（3）中庸之道，效用无涯。《中庸》反复讲："君子之道，费而隐。……君子之道，造端乎夫妇，及其至也，察乎天地。"（《费隐章》）"致中和，天地位焉，万物育焉。"（《天命章》）这些论述，认为中之本体其微小而无所不在，其效用却广大无涯，无穷无尽。就细微处言，中庸从民间琐事发端，一般能理解和实行；但就深层而言，能探究其奥妙处，则宇宙间一切都可以洞晓。真正达到中和的最高境界，则世界上一切都可以正常运行，万物由此而生生不已。

（4）中庸之道，行之不易。《中庸》十分形象地说："天下国家可均也，爵禄可辞也，白刃可蹈也，中庸不可能也。"（《可均章》）这里列举了治理天下国家、放弃高官厚禄、赴汤蹈火等难以办到的事，大智、大仁、大勇者仍可办到；唯独中庸之道，看似寻常，非义精仁熟，私念尽除，却难以实行。《中庸·予知章》又说："人皆曰予知，择乎中庸而不能期月守也。"这也是讲坚持中庸是不容易的。

中庸之真谛何在，从不同视野考察，"毋过与不及"，万事讲求适度，似不失为一个永恒的真理。就经济管理而言，科学管理要求有一个适当的标准，合乎这个标准为执中，达不到这个标准为不及，超过这个标准也是不及。（《论语·先进篇·孰贤章》："过犹不及。"）中庸之道要求："执其两端用其中。"（《中庸·大知章》）经济活动中，既不过冷，也不过热，防止大起大落，是宏观调控所要达到的重要目标；既不超越环境与资源条件许可的限度，又不让资源闲置浪费或丧失市场机会，是企业发展所追求的重要目标。适度，是优化资源配置与实现效益最大化的重要原则。就为人处世而言，"君子之道，淡而不厌，简而文，温而理。知远之近，知风之自，知微之显，可与人德矣。"（《尚纲章》）因此，"回之为人也，择乎中庸，得一善，则拳拳服膺而弗失之矣。"（《服膺章》）

中庸被视为儒家伦理思想的最高标准，研习中庸之道自然是十分必要的，有益的。程子在《中庸》卷首语中说："善读者玩索而有得焉，则终身用之，有不能尽者矣。"

二、道中庸而疾必固

中庸有多种含义，兼有褒贬，可作不同解释。企业营销中奉行中庸哲学，无疑应取积极态度，防止消极影响。市场经济条件下，竞争性的市场，所有市场主体只能奋力拼搏，在竞争中求生存和发展，不允许保守、妥协；优胜劣汰的铁律，近使企业不断进取，精益求精，不允许得过且过。

树立中庸营销观念，要求营销活动遵循一定的标准，把握一定的度。事物的变化超过一定的限度就会转向反面，必须恪守这个限度，以免欲速不达，事与愿违。但是，无论在自然界或人类社会历史发展中，事物发展过程是在一定条件下保持平衡，而在另一条件下，平衡会被打破。例如，在经济生活中，商品供给与需求互为条件、互相依存，要求互相适应。但是，“供求实际上从来不会一致；如果它们达到一致，那也只是偶然现象，所以在科学上等于零，可以看做没有发生过的事情。”① 因此，中庸营销观念一方面强调要遵守一定的标准，谨防过与不及，要求“允执其中”（《论语·尧曰》）；另一方面，实施中庸又必须强调“毋必、毋固”（《论语·子罕》），在特定条件下，“无可无不可”（《论语·微子》），也就是在营销实践中要从客观实际出发，有一定的灵活性。必须认识到，市场营销过程是一个对立统一的过程，现实的市场是充满矛盾的世界，这是对营销客体发展本质的正确反映。“道中庸而疾必固”，是在一定程度上揭示了市场营销在诸种条件和要素的平衡、均势、守度的情况下存在，营销活动要在一定的稳定的基础上才能展开，才能保持自身的规定性，反对以一成不变、僵化、凝固的观点去对待市场。“道中庸而疾必固”，从营销哲学或观念上讲，体现了生动活泼的营销辩证法。

贯彻现代市场营销观念，要以协调的市场营销，达到顾客满意的目标。顾客满意超出满足顾客的目标，满意的顾客会自动排除竞争品牌与广告，不仅会再次购买，也会购买企业以后加入产品线的产品，还会传播对企业与产品满意的信息。协调的市场营销能从顾客的观点出发，全方位地按高标准去满足顾客的需要。首先是人员推销、广告、营销研究等营销职能，必须从顾客观点出发，彼此协调，互相配合；其次是市场营销部门与企业其他职能部门，在争取顾客满意的目标下，彼此协调，互相配合。企业训练和激励全体员工全身心地去为顾客服务的内部营销，必须先于适应市场环境和争取顾客的外部营销，先有内部的协调才谈得上内部与外部的协调。如企业内部提供优质产品与服务的保证不具备，大量刊登服务广告

① 《马克思恩格斯全集》第25卷，人民出版社1975年版，第212页。

就毫无意义。只有内部协调与外部协调有效结合，才有可能实现顾客满意的目标。

三、中庸营销之要义

实施中庸营销，要求适量、适时、适度，协调、和谐、合理，不偏不倚，无过与不及，实现营销组合的优化，使企业营销活动能经常处于最佳状态。

市场定位是塑造企业形象和显示企业特色的行为，目的是使目标顾客理解和认识本企业区别于竞争者的特征。市场定位可作多种选择，如“优质定位”“低价定位”“先进技术定位”等等，至关重要的是建立对目标市场大量顾客有吸引力的竞争优势。解决好定位问题，有利于优化营销组合。如采用“优质定位”的企业，必须生产优质产品，通过高级经销网络高价销售，并通过影响力大的媒体做广告，这就要求在生产与销售环节都有较多的投入，只有实施这样的营销组合，才能树立持久而令人信服的优质形象。选择定位要依据各方面的主客观条件，有足够数量的目标顾客，企业具备能满足目标顾客需求的必要的资源条件，同时与企业在行业中的竞争地位及竞争优势相适应。定位过高过低，都会丧失最佳细分市场和失去可能争取的潜在顾客。

市场细分是企业制定营销策略的关键环节，是实行目标市场营销和市场定位策略的前提。消费者的需要、动机及购买行为因素的多元性，是市场细分的内在根据，也是客观存在的普遍现象。任何产品或服务的市场，通过一系列变数，均可按需求的差异性进行细分。市场细分化不仅要准确采用有效的变数，也要恰当确定变数的数目。变数过少，细分市场特色不明显，变数过多，市场规模过小，都不利于正确地市场定位和开展有效的目标市场营销。

市场营销机会是市场上所存在的尚未满足或尚未完全满足的消费需求。需求的动态性，决定了市场机会变幻万千，稍纵即逝。企业市场营销管理过程的首要任务，是及时寻找和识别市场营销机会。企业发现有利的市场机会，要不失时机地进入市场。时间过早，市场未成熟，不能奏效；行动滞后则贻误战机，若竞争者先入为主，会增加进入市场的难度。开发市场的营销努力必须与市场特点、难度及规模相适应，力度不到位，不能取得预期效果，如某一方面投入超过实际需要，形成局部功能过剩，必增大销售成本，降低竞争力。

市场营销组合是企业在市场调研的基础上，对企业可以控制的产品、定价、分销、促销四大要素的综合运用。营销组合是协调企业内部力量的纽带，赢得竞争的有力武器。最佳营销组合，要求四大营销因素各自处于最适当的位置，营销活动中分别作出最适度的努力。适量、适时、适度、适中，是企业最佳营销组合的基本要求和重要特征。例如，在产品策略中，产品质量水平、功能多少，产品组合的广度、长度、深度和密度，产品差异化程度，不同目标市场的产品投放量；在渠道策略中，渠道的长短、宽窄，网络的档次；在定价策略中，产品的价位，差价的大小，升降的幅度，折扣的比率；在促销策略中，营业推广的力度，广告预算的安排，市场面与市场份额的策划，等等，都有一个适量、适度的问题。又如，新产品投放市场，产品价格调整，广告计划实施步骤，等等，都有一个适时的问题。只有适量、适时、适度、适中，才是最佳选择，也才有最佳效果。

争取最佳营销效果，要求市场营销组合最佳化，进而要求找出营销决策的所有量化因素的最佳点。例如，根据市场销售支出点，进而确定营销费用总水平，在制定营销预算时，将总费用合理分配于各营销因素，力求实现最佳组合。最佳点的位置应是不偏不倚，恰到好处。

以上可见，中庸营销要求实现营销决策的最优化和营销战略、策略的最优化。为此，企业营销活动全过程的每一举措，都必须适量、适时、适度、适中，“增一分则肥，减一分则瘦”，不如此，不足以称最优、最佳。中庸营销，是营销的最佳状态。

实施中庸营销，首先要了解中庸也是一种经营哲学。实施中庸营销，追求适度、适中和最优、最佳是努力方向，而在实践中，适量、适时、适度、适中都是相对的，最优、最佳也只能是一定时间、地点条件下的最好状态。正如供求相适应的规律，平衡是相对的，不平衡是绝对的一样，中庸的不偏不倚，正是在不断纠正偏倚过程中趋向适度、适中。所以，“道中庸而疾必固。”其次，实施中庸营销，必须循序渐进，“譬如行远必自迩，譬如登高必自卑。”（《中庸·行远章》）最佳营销效果是在不断优化营销组合的过程中才得以实现的。再次，实施中庸营销必须坚持不渝。《中庸·自成章》说：“诚者自成也，而道自道也。诚者物之终始，不诚无物。是故君子诚之为贵。”诚则灵，诚是实施中庸营销的必要举措，而且要贯彻于营销全过程，缺少诚，就会一事无成。所以说：“故至诚无息。”（《无息章》）或者说，只有“拳拳服膺而弗失之”，才可能在实施中庸营销中取得最佳效果。

参考文献：

[1]〔清〕张岱:《四书遇》，浙江古籍出版社1985年版。

[2] 宋元人注:《四书五经》，中国书店1984年版。

[3]〔明〕李贽:《四书评》，上海人民出版社1975年版。

[4] 北京大学哲学系工农兵学员等批注:《四书批注选》，宁夏人民出版社1974年版。

[5]《四书选批》，湖南人民出版社1974年版。

[6]〔宋〕朱熹:《四书章句集注》，中华书局1983年版。

[7] 邱汉生:《四书集注简论》，中国社会科学出版社1980年版。

（原载《经济问题探索》1998年第12期）

知识经济与营销创新

在关于知识经济的文章和著作大量问世之际，本文只想就知识经济的由来与基本特征谈一点粗浅见解，而对知识经济时代的营销创新则只能就可望又可及者触及皮毛。本文未能涉及利用太阳能将石块变成电能片、风能直接转换成电能、智能电子伙伴进入家庭后的人类生产与生活，更未能设想进入知识经济社会成熟期人类会吃些什么。

一、知识经济的由来

知识经济思想的产生与发展是一个较长的过程。

早在1912年，德国经济学家熊彼特（1883—1950）在《经济发展理论》一书中，首次提出：资本主义发展的根本原因不是资本和劳动力，而是创新，创新的关键是知识和信息的生产、传播与使用。

20世纪60年代以来，美国一些学者对未来经济作了多种描述：1962年，经济学家弗里茨·马克卢在《美国知识的生产与分配》一书中提出“知识产业”的概念；前美国国家安全事务助理布热津斯基在《两个时代之间——美国在电子技术时代的任务》一文中提出我们面临一个“电子技术时代”；1973年，社会学家丹尼尔·贝尔在《后工业社会的来临》一书中，将人类文明分为前工业社会、工业社会和后工业社会；1980年，未来学家阿尔温·托夫勒在《第三次浪潮》一书中，提出“超工业社会”的概念，后来又在新著《权力的转移》中预言：随着西方社会进入信息时代，社会的主宰力量将由金钱转向知识；1982年，未来学家奈斯比特在

《大趋势》一书中提出“信息经济”的概念，强调知识是我们经济社会的驱动力；1994年，美国信息探索研究所在出版的《1993—1994年鉴》中，以“知识经济：21世纪信息时代的本质”为总标题，发表了6篇文章，明确提出“信息和知识正在取代资本和能源而成为创造财富的主要资产”，“世界经济已变成信息密集型的经济”；1994年，温斯洛和W. 布拉马共同出版《未来工作：在知识经济中把知识投入生产》一书，对知识经济概念内涵与外延作了较完整的论述；1996年12月30日的美国《商业周刊》发表一组文章，提出“新经济”的概念，这种“新经济”是以信息革命和全球化大市场为基础的经济。

近年来，我国关于“知识经济”的论著，几乎都引用联合国有关机构的说法。1990年联合国研究机构提出“知识经济”的概念。1996年10月8日，“经济合作与发展组织”（OECD）发布《科学、技术和产业展望报告》，在国际组织文件中，首次正式使用“知识经济”这个新概念，并将其界定为：建立在知识和信息的生产、分配和使用之上的经济。

我国社会学家郭强在其所著《我的知识经济观》一书中指出：“我们最早提出知识经济。”按此书及其他作者提出的资料，我国关于知识经济问题，在1996年前10多年中即已有多人论述过。1984年11月26日和同年12月3日，段纪宪在《世界经济导报》上发表《产业结构、知识与中国现代化》一文，多次提出“知识经济”概念，认为：以知识为组织经济生活的主要手段的时候，社会就从工业经济转变为知识经济，而以知识为特点的社会，就是知识社会。1986年5月17日，项浙学、王光涛、李宝泰在《光明日报》发表《论知识劳动价值观》一文，最早给“知识经济”下了个明确的定义并指出了知识经济所具有的特征。1989年2月，郭强和石倬英在《宁夏大学学报》上发表《现代知识学探微》一文，又一次明确提出“知识经济”这个概念，把“知识经济”看作“现代知识学”研究的重要内容。1992年，吴季松在联合国教科文组织《国际社会科学》杂志上撰文提出由自然科学、技术和社会科学支配的经济——“智力经济”的概念，其后又在多种中文刊物上作了说明。1996年10月，宋太其在《知识革命论》中多次提到“知识经济”，并对此进行了很多的研究和论述。

二、知识经济的基本特征

以知识为基础的知识经济，是工业经济社会发展到一定程度出现的新的社会经济形态。这绝不是说，农业经济社会和工业经济社会不需要知识和知识的积累，而是强调与以往的劳动力经济和资源经济相比较，知识经济具有一些基本特征。

对知识经济的内涵，概括的表述是：以知识和信息的生产、分配和使用为基础，以创造性的人力资源为依托，以现代科学技术为核心，以高科技产业及智业为支柱的经济。据此，可以看出知识经济有以下基本特征：

（1）以无形资产投入为主体。在知识经济中，经济增长的源泉越来越多地来自知识与科技的贡献。战略性资源已不再是传统的金融资本、设备等，而主要是知识与智慧，经济繁荣直接依赖于知识或有效信息的积累和利用。传统工业经济十分注重有形资产的投入，以资金、厂房、设备等有形资产作为其发展的决定因素，而知识经济则是知识、智力等无形资产的投入起决定性作用，知识已成为资本，在市场配置中越来越发挥其效能。掌握新知识的企业家和创新型人才的队伍，是未来企业的战略资源。当然，以高科技产业为支柱的知识经济也需要资金投入，甚至大量风险基金的投入，但一个国家或企业寻求发展，必须力求占有更多的科学技术和掌握新技术的人才。发达国家的一些大公司为尽快获得、掌握和保存最有价值的知识，已专门设立知识主管或智力资本主管职务，他们给公司提供的主要是经过提炼和创造的知识资本。

（2）以高新技术产业为支柱。支柱产业是构成国内生产总值和就业水平中相当份额的产业，是国民经济的重心。在特定的技术条件下，有特定的支柱产业。第一次技术革命期间，工业革命确立了以纺织业为代表的支柱产业；第二次技术革命期间，确立了以钢铁、汽车、化工为代表的支柱产业；第三、第四次技术革命期间，确立了以计算机、新材料、生物工程为代表的新兴支柱产业。在知识经济中，新技术渗入生产过程各个方面，生产设备更新和产品升级换代速度加快，传统支柱行业通过技改大大增加了知识和技术含量。信息化、网络化是知识经济的重要特征。信息化发端于20世纪40年代第一台计算机诞生，70年代在信息革命中出现数字化、网络化两大趋势。信息经济与知识经济既有联系又有区别。二者都以知识与信息的生产、分配和使用为基础，信息技术的持续发展与广泛利用是主要推动力量，但知识经济主要产生在90年代，其推动力量不仅是以信息技术革命为主要内容，而且是包括其他技术革命的综合技术革命。高新技术以材料、能源和信息科学技术为三大支柱，生物技术将构成21世纪高科技的核心。建立在高新技术基础上的高科技产业在知识经济社会占主导地位，起支配作用。

（3）以可持续发展为目标。知识经济中的第一生产要素是知识和信息。知识与信息不仅具有可分享性，而且可重复使用。知识与信息用于生产过程，并不以它的丧失为条件，相反，还有利于新知识的产生和价值的增加。这也说明了知识经济产生于多种资源近乎耗竭、生态环境日益恶化的时代，有其客观必然性。由于科学、合理、综合、高效地利用现有资源，产品知识含量增大，附加值成倍提高，生产同等价值的产品，资源消耗大为减少。因此，知识经济也被称为"轻型经济"或"少消耗原材料的经济"。同时，高科技的发展，又有利于开发尚未利用的富有自然资源，实现经济发展与环境、生态、社会效益协调统一，促进经济可持续发展。

（4）以知识创新为灵魂。知识经济的生命在于不断创新。创新的速度、方向和规模，决定了一个国家或企业的竞争力和兴衰、成败。在知识经济时代，离开以知识创新为核心的持续创新能力，经济发展就会失去赖以实现的前提。创新是国家兴旺发达的不竭动力，也是知识经济的灵魂。熊彼特在《经济发展理论》中，指出经济创新是"企业家实行对生产要素的新的结合"，包括引入一种新产品，采用新方法，获取新材料，开辟新市场，建立新的组织形式。他认为只有敢于冒风险，把新发明引入经济的企业家才是"创新者"，也只有倡导和实行创新活动的企业经营管理者才是"企业家"。知识创新必须立足于自身的研究与开发，拥有自己的知识产权，形成新的支柱产业。由于任何知识都具有暂时性，知识创新周期缩短，创新的进程也必须加快，要在创新中充分发挥人才方面优势，弥补其他资源或资本上的劣势。

（5）以经济全球化为背景。知识与信息无国界，随着网络的延伸，知识经济必定是全球化的经济，而全球化也加速了新科技的延伸。高科技产业技术领域无限广阔，任何国家都不可能在层出不穷的高新技术中全面领先，必须相互补充、相互协作。每一个国家都可以充分利用自己的智力资源，在世界经济中占有一席之地。当代经济早已超越国界，发达国家海外生产的增长大多超过其国内的生产，国际分工已开始由产业分工向产业内部分工转变。经济全球化意味着市场全球化和竞争全球化。几乎所有高技术产品都不可避免地被卷入世界市场，国家、部门、企业都无法回避激烈的国际竞争。

上述基本特征，并未能就知识经济社会何时到来作出明确判断。OECD 成员国的知识经济在 1995 年即已占 GDP 的 50% 以上，它们是否已是知识经济国家呢？如果承认知识经济社会的提法，“走向知识经济时代”可能更易为人们接受。

三、知识经济与知识产品

知识产品是指运用高科技生产的产品，或是知识与信息产品，而不是泛指一切社会中有一定科技或知识含量的产品。诚然任何产品都不能离开知识，但知识产品则是与知识经济的基本特征紧密联系的特定产品。

知识产品是人类劳动成果，具有价值和使用价值，能够满足人们的精神和物质需要。这是一切具有商品性的知识产品的共性。知识产品可以分为两大类：第一类是属于知识性的产品，包括各种不同类型的技术、信息、诀窍等，其特点是卖方在出售这些产品后，并不意味着他失去知识本身，也并未失去再生新知识的能力，这类产品存在于一切社会；第二类是属于实物性的产品，表现为有具体形象的物质产品。随着科学技术的发展，此类产品中的知识比重将不断增加，所含物质的比重将大幅度下降。

知识性的知识产品，一般并不具有实物形态，它也许是一个方法、技巧，甚至只是一个观念、主意，它可以用来创造物质产品和经济利益，但它本身并非物质产品，也不具有直接经济利益。知识性产品的表现形式，可以是通过文字反映的科技论文、著作，也可以是图纸、磁带、光盘，还可以不固化于任何载体，而是存在于知识拥有者的头脑中。知识性产品是人类创造性劳动成果，如科学上的新发现是人们对自然界的新认识，技术上的新发明是人们对原有技术的改造与创新。在高科技时代，知识性产品的发展速度极快，增长率非常大。知识性产品和一般产品同样有它的自然寿命和经济寿命，当知识增长率越大时，知识性产品无形磨损速度也越快，一种知识为新知识所取代，原有的知识的价值便会逐渐消失。因此，知识性产品的商品化时间性特别强，知识性商品的寿命如同日历一样，与日俱减，超过一定期限，就会丧失价值，以至失去商品化的条件。即便是很有价值的高科技知识性产品在持有者不愿转让给别人时，并不能排除别人也可以通过创造性劳动获得这种知识性产品，甚至后来者居上。一旦出现这种情况，如果没有事实根据就宣称别人窃取了自己的科技秘密，那是非常可笑的。

实物性的知识产品，一般属于高技术领域。在知识经济时代，不仅产品的科技含量增加，而且在设计方式、差异化程度、生命周期等方面都会有重大的变化。为了更好地适应消费需求，以信息为基础的企业，在产品设计中，不仅要以广泛、丰富的信息资料为依据，而且可以通过互联网络，与中间商、科研机构、消费者共同创作，产品的创意来源于多方面，产品的功能、外观等方面更多地符合消费者的意愿。传统的标准化、大批量的生产日益为柔性化、小批量的生产所取代。通过创造与众不同的产品以争取消费者的差异化竞争策略，是企业在知识经济时代赢得竞争的重要手段。可以设想，未来产品的最终完成，都是在消费者的授意下，如同定制服装、装修居宅、餐厅点菜一样，功能、尺寸、形状、色泽、配料、时间或火候，以至工艺流程，都可以任意增减和选择，成品充分体现消费者的意志与要求。由于需求的多样性与多变性，在科学技术高度发展的条件下，产品更新换代的时间越短暂，而且生产加工的时间以及物质消耗越来越少。由于全球经济高度一体化，迄今仍大量存在的某个国家或地区的“新”产品将越来越少，企业产品创新的空间将更小，难度将更大，只有开发出在国际市场上领先的产品，才算真正的产品创新。

四、知识经济与营销方式

与已见端倪的知识经济相适应，知识营销的端倪显示了营销方式有若干重大变化。

（1）市场竞争从区域向全球发展。竞争的全球化主要反映在两个方面：一方面由于知识技术的不断扩散和传播，全球网络化的形成与发展，必然导致经济全球化与竞争全球化，企业必须有在所有市场上参与竞争的思想准备；另一方面，高科技领域无限广阔，任何一个国家都难以在层出不穷的高新技术中全面领先或长期垄断，各国都可以充分发挥自身的优势，在世界大市场中占有一定份额。知识经济的发展，既是机遇，也是挑战。发展中国家以往多以低技术、低附加值、资源和劳动密集的产品去交换高技术、高附加值、知识与信息密集的产品，处于十分不利的地位。现在如不能适时调整战略，在新的国际分工中必将处于更加不利的地位。值得警惕的是，发展中国家相当多的企业，迄今仍是被知识经济遗忘的角落，随着高技术的发展，资源和廉价劳动力优势将逐步丧失，必须把大量投资用于知识更新上，发展教育和科学技术，努力提高能创造出适合国际市场需要的产品和服务的能力。

（2）商标权成为全球经济的核心要素。在知识经济时代，知识产权已经成为人类社会知识创业和创意物化的最佳工具，也是人类社会存在的新型模式。世界知识产权由专利权、著作权、专有技术和商标权组成四大体系。专利权是发明权、创造权的尺度，著作权是思想权的体现，专有技术是技术权的凝聚，商标权则是知识产权也是知识经济的直接尺度，更是全球经济竞争的强大武器。商标的价值在于：商标是企业生存和发展的根本依据，是产品和信誉的可靠保障；商标是巨大的有形资产和无形财富，是内涵投入、外延投资的最佳工具；商标就是市场，是企业及其产品在市场上的标志；商标是企业创新的结晶，也是商战中的有力武器和标识。因此，知识经济社会是“品牌”时代，名牌是知识经济的一种具体体现。

（3）新媒体将使生活方式大为改观。高科技创建新的传播媒体，集传统四大媒体（报纸、杂志、广播和电视）的优势于一身，汇全球信息于一网，广告信息将不再是对用户的单向灌输，媒体的可控性转向了不可控。信息高速公路的建成，将大大改变人们的工作方式和生活方式。多媒体的诞生，将使人们从繁杂的事务性工作中解放出来，并使一部分人可以在家中办公；借助多媒体还可以改变人们购物、学习、求医等的方式。“无纸化”办公和“无纸化”贸易，都将日益普及，人们将更多地追求新型的文明、健康、科学的生活方式。例如，人们可以在电视屏幕上看到许多家商场的商品并加以比较，而后通过电视、电话订购，商家立即派专人送货上门，病人足不出户，即可拨通诊所或医生的可视电视，在家里求医问药。在互联网络上，厂商纷纷开设“网址”，树立“网络”形象，电子商场、网上服务、电子广告、网络银行等业已出现，厂商的网上交易迅速发展，随着家庭“网民”与日俱增，网络购物也会逐渐增加。

（4）电子货币为消费者提供便利。电子货币是指利用电脑或储值卡进行金融转移，新型电子钱包不仅可在自动提款机提取现金、转账，还可以从银行账户提款转入卡上储存。如电子钱包储值不足，可随时从电脑上网、自动柜员机或电话操作进行补充，便利性大为增加。推行电子货币，消费者出门不必携带现款，也可避免找不到零钱的烦恼。使用电子货币，还可以缩短交易时间，降低交易成本。为鼓励使用电子货币，商家正使出浑身解数，包括提供各项消费信息，比价服务，并提供检索环境，尽量方便消费者。由于电子货币科技的迅速演进，人们担心因信息卡号码等信息外泄而遭盗用，企业也担心商业机密被拦截盗用。为消除用户安全方面的疑虑，除使用特种电子芯片以防被复制或变更的伤害外，金融机构正进行电子交易安全系统的开发。美国第一网络银行已提出，对客户在交易过程中因使用电子货币蒙受的损失，将给予最高10万美元的赔偿。

（原载《云南财贸学院学报》1999年第5期）

云烟实施名牌战略的几个问题

一、名牌的认定

名牌是成功的品牌，国际上称为“驰名商标”，是社会知名度极大的一种商品标识。这种标识代表着商品的质量可靠、品种及风格普遍为消费者喜爱、市场覆盖面广，甚至在市场疲软时也能畅销不衰。构成名牌的要素较多，主要有：①名气较大、知名度高；②美誉度高，获得包括竞争对手在内的社会公众的认同，体现身份和价值；③质量有保证，消费者信得过；④产品有个性，有特色；⑤市场覆盖面广，市场份额大，产品为大多数人所接受；⑥出色的产品兼有一流的服务，在同档次产品中价位一般较高。

名牌不应是自封的，也不是行政机关可以任意命名的。名牌应由包括消费者、同行专家、权威机构以及媒介人士在内的广大社会公众所评定。由于认知名牌区域的差异，在地区范围内公众认知的名牌称为地区名牌，在行业范围内公众认知的名牌称为行业名牌，在国内范围内公众认知的名牌称为国家名牌，在国际范围内公众认知的名牌称为世界名牌。我国名牌与驰名商标的认定，目前是在广泛征集社会公众意见的基础上，由有关权威机构认定。如国家烟草专卖局曾授予“1995—1996 年度全国名优卷烟牌号”的 49 种卷烟（其中云南卷烟占 14 种），可称为中国名优卷烟。

驰名商标是层次最高的名牌。驰名商标认定制度是全世界大多数国家确认的反不正当竞争行为的法律规定。按《保护工业产权巴黎公约》规定，该公约成员国认定的驰名商标，不需要到其他成员国进行商标注册便可以直接取得商标权，因此，在市场竞争中取得驰名商标的认定是非常重要的。1994年1月5日，国务院将认定驰名商标的权力赋予中国工商行政管理局下的商标局，同时规定认定驰名商标必须考虑的几项条件是：①公众知晓的程度和信誉；②国内外同行的评价；③使用的区域和范围；④连续使用的年限；⑤广告宣传费用；⑥在其他国家和地区已经获得注册和使用的情况；⑦商标所有人保护商标意识的强弱。如果厂商认为自己的商标符合上述条件，可向商标局提交驰名商标申请认定书，由商标局的驰名商标认定委员会实行集体评议和无记名投票，依法独立公平认定。1996年前先后我国认定的驰名商标有19个，1997年认定的驰名商标有23个，截至1998年底，共认定驰名商标87个。被认定驰名商标的卷烟，有中华和红塔山两个品牌。

值得注意的是，驰名商标应以客观存在的社会公众认可为前提，而不是以商标局的认定为前提。同时，只有商标注册人认为其驰名商标受到损害，需要保护其合法权益，并提出驰名商标认定申请时，商标局才可受理。例如：北京同仁堂、贵州茅台分别在1989年和1991年才经商标局认可为驰名商标，但这些商标早在数十年前即已是家喻户晓的驰名商标；云烟虽未获驰名商标证书，由于该品牌在消费者心目中有多年的美誉，并不意味着它不是中国的驰名商标之一。另一方面，近年来，社会上以各种形式“评”出来的数不尽的“名牌”，评选活动的组织者既不具备权威性，“评”出来的很多“名牌”也不具备群众基础，缺乏消费者的认同。这种没有科学、统一、客观、公正评价机制基础上产生的“名牌”，对公平交易、公平竞争都是不利的。

二、名牌的价值

品牌是一种产品区别于其他同类产品的重要标志，是构成产品竞争力的一项直接因素。在大宗贸易市场上，品牌的竞争逐渐演化为名牌的竞争，没有知名度的品牌必然缺乏竞争力。名牌竞争是国际竞争的重要手段，是衡量一个国家技术水平、产业基础和国际竞争力的主要因素，也是一个国家在国际舞台上物化了的重要形象。发达国家对发展中国家的经济战略，一般是先输出产品，继之是输出资本，接着是输出品牌。用发展中国家的资源，包括资金和劳动力，生产出使用外国品牌的产品卖给发展中国家，让品牌的拥有者赚大钱，这是发达国家所愿采用的最理想的经济战略。在争夺市场的国际竞争中，所追求的目标主要是：对国外市场要“打得进”，对本国市场要“守得住”。名牌是“打得进”的先锋，也是“守得住”的主力。北京名牌资产评估事务所的研究结果表明，我国新一轮的市场竞争，已进入名牌之间的竞争。首先是名牌淘汰一般品牌。已经形成的名牌企业，对市场的占有能力比较稳固，在竞争中被淘汰的主要是一般企业和品牌。其次是实施名牌战略有效地提高了国产品牌的市场占有能力。以家电为例，1995 年国产品牌在国内市场的份额，空调达 93.4%，洗衣机达成 83.2%，冷柜达 88.8%，彩电达 65.4%；同时，出口能力持续增强，冰箱、空调、洗衣机等出口均有较大幅度增长。

名牌是企业生存发展的重要手段，是一种宝贵的资源。对经营者来讲，名牌就是市场，名牌就是效益。名牌的功能主要是：竞争与扩张。名牌在争夺消费者，强占市场份额上，具有其他竞争手段不可比拟的优势，以名牌为核心，进行兼并、收购、联营，为资源重新配置提供了可能，有利于扩大企业的实力和规模，占有更大的市场份额；促销和获利。名牌拥有吸引消费者的力量，帮助消费者识别挑选商品，能有效持久地扩大销售，让企业获得比非名牌产品更高的利润。

名牌作为著名商标或驰名商标是企业的无形资产。对商标价值的评估，多半以其市场占有能力和获利潜力为依据，计算和确定出让或出租商标权的价值，在北京名牌资产评估事务所的《'96 中国最有价值品牌研究报告》中，红塔山品牌价值为 332 亿元，云烟品牌价值为 52 亿元。名牌的价值是企业和职工多年努力奋斗的结果，它反映了品牌的促销获利能力，也反映了商标设计、注册和培育的费用，还应反映保护商标所作的努力和费用。

关于世界名牌，北京名牌资产评估事务所研究提出应具有五大特征：①较大的甚至是超常的市场占有份额；②较高的超常创利能力；③较强的出口能力；④商标具有广泛的法律效力和不断投资的支持；⑤商标具有较强的超越地理和文化边界的能力。正是这些，构成了品牌的价值要素；也正是这些，反映了我国驰名商标与世界名牌存在的差距。缩小与世界名牌的差距，乃是中国烟草企业实施名牌战略的最艰巨的任务。

三、名牌的价位

名牌在认识上的误区，最常见的有两种，一是把名牌都看作高档，二是认为名牌都应高价。

名牌可以有不同档次，并非都是高档产品。以汽车为例，凯迪拉克是豪华车，奔驰是高级车，丰田是中档车，夏利是低档车，它们都不失为名牌车，与高档名牌相对应的大众名牌，如麦当劳、可口可乐、佐丹奴等，其价格并不比同类产品高，能为一般消费公众所接受。20 世纪 70 年代以前，沪产卷烟在国内知名度最高，也最紧销，在短缺经济条件下，消费者吸烟的需求远未获得满足，民间曾流传："中华何处见中华，牡丹焉能盛开花，前门不见后门见，凤凰何日到民家。" 这里的中华、凤凰、牡丹、（大）前门可以说都是当时供不应求的名牌卷烟，但属于不同等级。

一般而言，名牌商品较之同等级的竞争品，价位可能稍高。这不仅由于名牌的知名度高，更重要的是名牌的产品质量过硬，有特色。1988 年，国务院批准放开 13 种名优卷烟价格，云南的 9 种名优烟先后进行多次价格调整，价位都在计划价格之上。然而，卷烟毕竟是一种商品，卷烟的价格不能不受经济规律的支配。1993 年以前，全国名优卷烟供不应求，云南名优卷烟价格持续上涨。有的品牌，出厂价之前，生产厂的利润率超过 20%，出厂价至零售价之间，流通环节的毛利率高达 50%—100%。卷烟价格惊人的涨幅，远远超过了同期的物价指数，价格与价值严重地背离。这种情况，不仅造成双轨制下卷烟流通领域的种种弊端，而且不可避免地会导致生产结构失衡。随着全国大多数烟厂技术装备的改善，嘴烟生产能力的提高，加之烟叶供给增加（包括国内收购与进口），地方政府又强烈要求卷烟生产厂完成高税利指标，使得卷烟生产失控。据有关权威部门的估计，全国近几年卷烟市场需求约为 3600 万箱，而 1995 年、1996 年的市场供给总量在 3700 万箱以上。高价位、甲级烟的过快增长，更形成生产结构失调，引发品牌大战。在一次订货会上，单箱价格万元以上的品牌，猛增至150多个。有的地方为保护地产品牌，不惜以各种手段实行市场封锁，限制外地品牌进入。供求形势的变化，势必引起卷烟价格下降，特别是供给过剩的高价位卷烟，价格势必走软。

针对近几年云南名优卷烟价格的下滑，有识之士在认真调研、分析的基础上指出：一些云南名优卷烟前几年价格上升幅度较大，价格与价值背离，“主要原因是产不足销”；1996年下半年至1997年上半年较大幅度的价格回落，“是价值规律作用的结果，是价值回归的表现”。今后“高价位卷烟的市场价格，波动性走软将成为一种趋势”。

四、名牌的实质

从法学的角度讲，名牌是知识产权，是企业在整体营销活动中形成的，凝聚着企业在技术、管理和生产经营全过程中的智力创造，反映了企业在长期经营中积累的信誉和塑造的形象。

从经济学的角度讲，名牌是企业的无形资产，它具有一系列特征：①归属性。名牌要明确归谁所有。②代表性。名牌代表企业所创造的丰富内涵。③表征性。名牌让人们用一个容易记忆、理解、喜欢的名字来记住企业或产品。④开拓性。名牌能形成超常的市场占有率。⑤扩张性。名牌可用以实现多种形式的扩张。

从竞争力的角度讲，名牌代表着物美价廉的产品。凡是世界名牌，都是以上乘的质量作为坚实的基础。一个普通的品牌成长为名牌，靠的是质量，一个品牌的失利也往往是因质量出了问题。因此，质量是品牌也是名牌的生命。但在市场经济条件下，产品质量应是符合市场需要的质量，符合消费者需求的质量。市场的质量标准不是一成不变的。随着社会经济的发展，质量总是在不断地提高。质量决策必须兼顾物美价廉两个方面。为一定目标市场服务的一定档次的产品，应保持符合一定标准的质量。超过标准的高质量，选料过于讲究，制作过于费工，产品成本必然升高，也必然会失去价格优势，这时。我们绝不能忘记《共产党宣言》中的名言，商品的低廉价格，是“用来摧毁一切万里长城、征服野蛮人最顽强的仇外心理的重炮”。完善的质量决策，应综合考虑质量、成本、价格和效益等方面的因素。

国外名牌进入中国市场，往往采用高质量、低价格的战略，企求在早期少盈利甚至不盈利，尽快挤占市场。在市场开拓期或是恢复期，把质量放在第一位，宁愿减少盈利也要提高质量，这往往也是必要和有效的。例如，昆明卷烟厂励精图治，以市场为导向，以质量为中心，按国际标准严格加强质量管理工作，终于使“红云烟”“新红山茶”开发成功，在全国卷烟出现买方市场，竞争十分激烈的情况下，产销两旺，取得轰动效应。据了解，为保证和提高产品质量，该厂不惜加大投入。厂领导婉言谢绝参加各种与业务关系不大的社会活动，集中全副精力于企业的生产经营管理。又如，三年来花费3亿多元，坚持对购入烟叶重新分级，保证了制丝的质量。

五、名牌战略的实施

名牌是一个社会工程，名牌事业是全社会的事业。

消费者的选择行为，是推动名牌战略实施和发展的重要因素。随着社会主义市场经济的发展和买方市场的形成、我国消费者在日益丰富多彩的商品海洋中，开始有意识地选择知名度高、质量好、服务完善的产品，由此而形成这些产品的优势，使品牌特别是名牌的竞争力大大增强。名牌产品的多少及其发展规模，标志着一个地区经济发展的水平。近年来，各级地方政府和各部门都已经行动起来，关注和支持实施名牌战略。政府各部门要尽力为企业创名牌产品创造良好的外部环境，例如杜绝滥评名牌，假冒名牌，必须常抓不懈；要加大执法力度，充分利用法律手段保护名牌产品。云南卷烟深受走私烟、假冒商标烟之害，迫切需要各级政府从严执法给予更有力的保护。

云南烟草行业名牌战略的实施，是一项大的系统工程。除了需要全社会的共同关心和参与外，行业主管部门和企业也都需要扎扎实实地做好工作，解决一些已经发现但尚未解决好的问题。

（1）品牌集中，突出重点。名牌的培育、保护和发展，需要集中力量，加大投入，刻意经营。云南现有的品牌数大大超过一个日本国，即便是曾被认定的9个名优品牌，似乎也为数过多。有的专家建议将全省的卷烟牌号减少到十个以下，按各生产厂的生产能力、技术水平、市场占有率、管理水平等统一安排名优卷烟产量计划，并统一供应各类烟叶原料及辅料，以利稳定和提高名优卷烟质量。这一设想是有一定的可行性的。

（2）统一调度，开拓市场。市场的巩固和开拓，是名牌能否发展和提升的关键，国际市场的开拓，更是创世界名牌的关键。云南烟草行业应形成一个利益关系更加紧密、行动更加统一的经济实体，在生产、经营中步调一致，齐心协力开拓市场。以全省烟草行业的经济实力，将能更合理地处理与经营者的利益关系，更适当地安排卷烟市场投放量与品种结构，更灵活地制定和调整卷烟市场价格。

（3）市场导向，结构合理。在利税不分，看重单箱利税额的条件下，全国出现了卷烟产品结构调整，烟草行业要加强市场调研，较准确地预测卷烟消费需求发展变化趋势，使产品结构适应并能引导需求。名牌必须立足于“民”牌，大多数消费者需要的卷烟，不能因利小而被忽视。混合型卷烟的开发，必须积极推进，以利于在加入世贸组织后尽快形成与洋烟抗衡的国产品牌。

（4）品牌延伸，注意特色。名牌的延伸可产生名牌效应。有利于新品的推广。但品牌延伸不宜任意混淆档次，忽视品牌特色。业内人士评价上海的卷烟品牌，中华为高档，双喜、牡丹为中档，大前门、飞马为低档，层次分明，特色显著，能适应不同消费水平吸烟者的需要。有的人士认为，当年搞极品云烟，和生产玉溪烟相比，负面影响就要多一些。云南有些原属乙级烟的品牌，都向甲级烟延伸，值得斟酌。

参考文献：

缪克怡、赵强：《云南卷烟价格走势分析与价格策略探讨》，《云南烟草》1998年第1期。

（原载《云南经济管理干部学院学报》2000年第1期）

中国烟草行业为何“大而不强”

前国家烟草专卖局倪益瑾局长在全国烟草工作会议上说：“搞好国家建设，必须吃透国情；而搞好行业工作，也必须吃透行情。我们的行情，概括地说，就是大而不强。是烟草大国，但不是烟草强国。”

我国是名副其实的烟草大国。烟草和卷烟产量均为世界第一，占世界总产量的1/3左右；卷烟消费量达3500万箱，市场容量之大，早已让跨国烟草公司垂涎三尺。就烟草行业在国民经济中的地位而言，已连续10余年是全国第一税利大户，占国家财政收入的10%以上。烟叶收购关系到800个县的1000多万农户的经济收入。

说不是烟草强国，主要是与英、美等国烟草业相比存在较大差距。首先是缺少具有强大经济与科技实力的巨型跨国烟草公司，缺少具有国际竞争力的世界名牌产品，出口创汇能力和绩效与产销总量不相称。其次是生产相当分散，烟叶生产靠小面积种植的上千万烟农，卷烟生产分布于30个省、市、自治区的180家烟厂，既谈不上规模经济效益，质量也难以控制。产量最多的云南省，10个厂的产量只相当于菲律普·莫里斯公司在美国本土的产量，不及该公司在全球产量的一半。再次是效益差异大，菲律普·莫里斯公司1996年烟草总收入达365亿美元，中国的产销量为该公司的2.5倍，但卷烟收入仅为该公司的40%，纳税额也远不能与之相比。

面对加入世贸组织后的国际竞争，我们有必要反思“大而不强”的症结何在。我认为最主要的是有些应该和可以解决的问题没有解决好。

一、专卖要不要讲国家的经济利益

保证国家财政收入，是我国实行烟草专卖的目的之一，但在实践中，烟草生产经营却肩负着财政分配的职能。烟草税收是财政收入分配中矛盾的焦点，生产指标的分配，排除了利益最大化原则，在“有饭大家吃”的口号下，使烟草行业在社会主义市场经济条件下别有一番天地。除西藏外，遍布大江南北、长城内外30个省、市、自治区的180家烟厂，几乎没有（不是完全没有）优胜劣汰，成本与效益悬殊的烟草工业企业，可以长期共存。

据国家烟草专卖局财务管理与监督司统计。1998年1—9月，全国卷烟单箱利税为2355元。其中，达到或超过平均水平的仅7个省、市，销量占全国总销量的40.9%；单箱利税1500—2240元的5个省、市，销量占全国总销量的25.3%；单箱利税700—1400元的18个省、市、自治区，销量占全国总销量的33.8%。

以上述资料为依据算几笔账：

（1）1998年1—9月，云南卷烟单箱利税为4545元，云南烟草工业平均单箱利税约为全国除云南以外的其他省份平均数的2.5倍。

（2）云南和全国各省市区烟草工业企业之间都存在严重的不平衡，玉溪、昆明两厂的平均单箱利税，为全国所有厂家平均单箱利税的3—4倍。

（3）全国单箱利税超3000元，单箱收入超5600元者仅云南、上海、湖南三省市。如果说单箱收入基本上反映了产品等级结构，则上海高价位卷烟比重大于云南，湖南与云南基本一致。但是单箱利税云南为1319元，上海为696元，湖南为241元，云南约相当于上海的2倍，湖南的5倍。

1994年底，全国政协一个高级专家顾问团到云南，在考察烟草工业企业后，团长在座谈中提出了一个问题：玉溪和昆明的卷烟生产效益这么高，为什么不能多生产点，让低效益的厂少生产点？同样，我们也要问：专卖专营要不要讲国家的经济利益？这里不妨算一个大账，把所有效益低于1998年全国平均水平的烟厂（包括云南的）都实行关停并转，资不抵债的都令其破产，同时让云南的产量增加到占全国的1/3，让其他省市效益高于平均数1/2的厂多生产点，则全国烟草利税将不再是900亿元，也不是1000亿元，而可能是1200亿元以上。这对国家来说，是一笔相当可观的财源。

提出上述设想的依据是：第一，20世纪50年代上海曾经占有过全国产量的38%。上海厂的质量好、效益高，烟叶产区都乐于支援，结果是消费者满意，国家财政增收。如今，云南拥有充足的优质原料、先进的技术装备和丰富的管理经验，有条件为市场为国家多做贡献，其他先进的烟厂也是如此。第二，产业布局的调整，不可避免地会影响一些省份地方财政收入，造成企业人员和设备闲置。但调整的结果，国家财政收入会大量增加，有足够的财力保这些地区调整前的既得利益，并像安置林业工人那样安置这些烟草工业企业的职工。因此，我认为，做这样的调整，既有必要，也有可能。

二、专卖应该放什么，管什么

根据《中华人民共和国烟草专卖法》（以下简称）《烟草专卖法》，烟草商品在专卖渠道内，在专卖市场上应能顺畅地流通。在烟草系统内部，全国应该形成一个统一、开放的大市场，不应画地为牢、互相封锁。但在我国特殊的财税体制影响下，国家专卖在某些地区已演化成“地方专卖”。有的地区，甚至个别省，为推销本地烟，不惜设置障碍，限制某些在当地有市场的品牌烟销售；有的限令某些省份或某些牌号的卷烟不能进入本地市场；有的动用行政权力，撤销违“令”调进省外卷烟的烟草公司经理的职务；有的强令银行不得承付省外进烟的货款；有的地方有意压低或提高外地烟的价格或批零差率；有的地方政府除了动用工商、交通、公安等部门层层设卡外，还利用多种手段奖励销售本地烟，限制外地烟进入。显然，这种“地方专卖”有悖于国家专卖的本意。与地方利益相联系的“专卖”，对各地盲目发展烟草产业提供了保护伞，使效益低下的烟厂得以生存，同时，在消费和生产两方面都有消极作用。消费者想买的烟买不到，不得不购买质次价高、不合口味的烟，或是不得不从外地买烟。在生产领域，市场机制和价值规律不能发挥应有的作用，名牌产品和先进企业不能迅速发展壮大。很多效益不高的烟草企业，因高税率成为税利大户，即使亏损了也还是当地的税利“大户”。殊不知保留这类税利“大户”的代价是异常昂贵的，我国卷烟生产的布局分散和效益低下，固然与宏观决策和调控有关，但地方保护主义也难辞其咎。

与国内专卖市场的强力封锁和市场分割形成鲜明对照的是：长期以来，卷烟市场上非法生产的假冒商标卷烟泛滥，走私烟禁而不绝，非法卷烟批发市场关闭不了。假冒商标的卷烟，损害了吸烟者的利益，减少了国家税源，破坏了名牌卷烟的声誉，削弱了国产卷烟的竞争力。洋烟走私造成国家税收大量流失，严重扰乱了流通秩序。非法卷烟批发市场既明目张胆地与烟草公司争夺市场，又扰乱市场价格，还是假冒商标烟和走私营烟的集散地。据估算，前几年非法卷烟批发市场每年使国家少收税利至少100亿元以上，洋烟走私每年偷逃关税150亿元以上。因此，打假、打私和取缔非法卷烟批发市场，规范烟草专卖品生产经营秩序，是强化烟草专卖管理的主要任务，也是增加经济效益的潜力所在。

应当指出，该放的不放开，该管的未管住，都是烟草专卖法贯彻不力的反映，是专卖管理工作存在的问题。当前，在即将加入WTO面对国际上强劲竞争对手之际，“放”与“管”都必须加大力度。《烟草专卖法》及其《实施条例》是烟草行业的根本大法，是全行业的行为准则，必须认真地、不折不扣地执行。不论是无端限制烟草批发企业在专卖渠道内的正常购销活动，或是听任非法卷烟批发市场的存在，都是严重破坏烟草专卖制度，违反烟草专卖法的行为。

值得警惕的是，烟草流通领域中的违章违法行为，往往与烟草行业内部管理中的问题有联系。例如，在非法卷烟批发市场的所在地，当地烟草专卖局（公司）一般都不同程度地存在这样或那样的问题，有的甚至内外勾结，吃里爬外；有的县公司订货合同数量远远高于正常销售量，采取“卖大户”的方法，把多余的卷烟大量卖给烟贩子，培养出一大批卷烟“四级批”“五级批”；20世纪90年代，还数次发生烟草公司之间购销价值从数百万元到数千万元的假冒商标卷烟案。

以上可见，不论是在社会上，还是在烟草系统内部，违反专卖法规的问题都比较突出。因此，必须加大专卖执法力度，从严执法，必须加强内部管理，建立一支忠于职守、高效廉洁的专卖队伍。这是维护烟草专卖制度的需要，也是烟草产业健康发展的希望所在。

三、烟草行业怎样形成强有力的拳头

（一）组建实力强大并可与国际跨国烟草公司抗衡的云烟集团

云南烟草行业是中国烟草行业的脊梁，云南烟草业近20年来的辉煌，令人瞩目。但是，云南烟草所具有的自然条件、历史经验以及各类资源方面的优势，特别是烟草大省的整体优势，迄今尚未得到充分的发挥，在一定程度上还存在力量分散、各自为政的现象，迫切需要加强协调，以便统一行动。

云南10家烟厂孤军奋战的情况甚为普遍，有不少值得总结和吸取的经验教训。较突出的如：

（1）在产品开发上，家家上档次较高的品牌，优质原料未能相对集中用于名优品牌卷烟。

（2）在名牌战略上，全省现有几十个品牌，但缺少公认的国际性品牌。而在战略设想上，由于10个厂分立，拟议中要创立的世界名牌、国家名牌和区域名牌，往往是一数就是10多个。

（3）在市场开发上，缺乏协调配合、统一作战意识，不同烟厂的质量相近、价格相当的多种品牌，有时出现于同一市场区域，互相争夺市场。

（4）在跨国经营上，缺乏统一领导，多头对外。至少已有4家烟厂在国外建烟厂或加工车间，面向大致相同的目标市场。1997年7月，省公司成立了国际市场开发管理办公室，其作用尚未得到发挥。

（5）在多元化发展上，缺少统一规划，与烟草相关配套的产业投资不足，对非烟项目投资呈无序状态，特别是建酒店更是一哄而起。至1997年底，云南烟草系统新建酒店达37个，其中星级酒店26个。

在经历了近10年的酝酿、争论和研究之后，面临加入世贸组织后新的竞争形势，组建云南烟草集团总公司已是当务之急。这个集团总公司以云南省烟草公司为核心，以全省烟草工业企业及原料生产基地为紧密层，以资产、计划、生产、技术、销售、投资、服务为联结纽带，独立经营管理全省烟草系统的全部资源，成为积极参与国内外市场竞争的企业法人主体，负责实现国有资产的保值和增值。在资源高度集中和有效利用的基础上，第一，要加快科技兴烟的步伐，进行烟草种植业的革命，开发安全性能好的新一代卷烟产品，依靠科技提高产品质量；第二，加强市场调研，深入了解市场需求变化及发展趋势，制定营销战略，实施品牌再集中，市场再开发，重点培育、发展、保护和提升3—5个名牌卷烟；第三，在全省范围统一调配原辅料，保证名牌卷烟生产的需要，加强质检，真正落实以质量创名牌；第四，集中管理进出口业务，统一对外，积极参与国际烟草市场竞争，以多种方式开拓国际市场。

（二）在专卖体制下建立和完善全国统一、开放、竞争、有序的烟草市场

烟草是实行专卖的高管制特殊商品，在生产、经营上实行高度集权的管理体制。但烟草毕竟具有商品的基本特性，其价值和使用价值的实现离不开市场。1993年，国务院下发的文件指出：“烟草行业要适应社会主义市场经济的发展需要，深化改革……在坚持控制总量的前提下，促进卷烟生产企业面向市场……要打破市场封锁。”

烟草专卖制度与社会主义市场经济结合，烟草市场在高度集中管理和强化宏观调控的前提下，在专卖渠道内，依然具有统一、开放、竞争、有序的特征。专卖是国家专卖，全国统一的专卖市场，必须是开放的。市场经济总是与竞争性的市场体系分不开，否则，市场机制就难以发挥作用，就不会有优胜劣汰，先进企业就难以发展壮大。烟草市场的有序性，最主要的是在专卖渠道内，该放的能放开，该管的能管住，烟草商品才能顺畅地流通。在社会主义市场经济和专卖制度下，只要我们的专卖管理和宏观调控真正能促进统一、开放、竞争、有序的烟草市场，能发挥优胜劣汰的作用，不仅是云南，全国各省、市、区的先进烟厂都会迅速发展壮大。这

样，在国内有较强竞争力的玉溪卷烟厂、昆明卷烟厂、上海卷烟厂等优势企业，以它们目前的实力就可以与国外强手对抗。如果用上百个“温室”保护效益低下的烟厂，而不能为生命力旺盛的烟厂营造发展空间，这是与实行专卖制度的初衷相背离的。

（原载《思想战线》2000 年第 2 期）

市场营销学若干问题探索

一、《市场营销学》内容体系安排

根据教育部"面向 21 世纪教学内容和课程改革计划"，要出版 1000 多本反映 21 世纪科技和社会发展的新教材，高等教育出版社 2000 年 7 月出版的《市场营销学》是其中的 1 本。经教育部高等学校工商管理类学科、专业教学指导委员会论证，"市场营销学"被确定为工商管理类本科专业的 9 门核心课程之一。

本书的编写，是在教育部高教司和国内一些著名市场营销专家、教授的关心指导下，在高教出版社和编书组成员所在单位的大力支持下，全体参编者共同努力的结果。本书虽由我担任主编，实际上是以中青年营销学者为主力的集体研究成果。特别是郭国庆、钟育赣两位主编和参加总纂的龚兴振教授，对本书的完成作出了很大的努力。

由于本书是工商管理类核心课程的教材，是重要的专业基础课，课程内容应该满足让学生比较全面系统地掌握市场营销学的基本理论、基本知识和基本方法的要求，体系相对完整。

全书共分 6 个单元、18 章。营销概述部分阐述了市场营销的基本概念、营销观念与营销战略管理过程；市场调研部分介绍消费者与组织购买行为分析、环境要素分析和营销调研预测的基本内容；营销战略部分侧重阐述营销战略选择与竞争性营销战略；营销策略部分介绍营销组合策略的四大要素；营销组织与控制主要是介绍营销管理方面的一些问题；营销应用与创新部分，只是有选择地介绍国际营销、服务营销、绿色营销、整合营销、关系营销、网络营销等一些基本内容。

市场营销学的重新引进，从 1980 年上半年中美合办大连培训中心算起，迄今已 20 年。国内出版的教材，如包括译著，估计已超过 400 本（包括同一作者的不同版本）。除 80 年代初有几本（市场学）中传统商业经济学的内容较多以外，绝大多数包括营销概述（基本概念、营销观念、学科的形成与发展）、调研预测、购买行为及环境分析、市场细分与选择目标市场、营销组合、营销管理以及国际营销等内容。我们编写的这本书，也并不例外。我赞成这样一种看法，高校教材不应该是统一的，应更多地体现主讲教师的特点。同时，高校教师是以研究带动教学，讲课时自然要介绍自己的研究成果。所以，这一本《市场营销学》，对于高校教师来说，是供选用的版本，在使用时还需要融入主讲教师的智慧。

二、历史上第一本 *Marketing*

1983 年我编写《市场学》一书，引用了载于《国际贸易问题》1982 年第 4 期一篇文章中的资料，在介绍市场营销学的由来和发展时，写有“1912 年，赫杰特齐编写的第一本以 *Marketing* 命名的教材问世”这句话。直至 1994 年，我曾多次用过这句话。最近，我看到 1999 年和 2000 年新出版的一些市场营销学教科书以及以前的许多版本中，都用了这个资料，有的还写明了是“哈佛大学的赫杰特齐”（可能是同一资料来源）。对这个问题，郭国庆教授 1997 年 12 月在香港“'97 华夏文化与现代管理”国际研讨会上（著名市场营销学家闽建蜀、游汉明等均与会）发言中指出，经过考证“赫杰特齐”其人其书未能落实。1999 年 10 月，郭国庆等所著《市场营销新论》出版，关于营销学说史有较充分的论述。据了解，该书这一部分是郭国庆教授写博士论文时收集的资料，我相信 1997 年他在香港会上的发言是有根据的。

三、营销观念演进的依据

很多市场营销学教科书，对于营销观念的演进，采用了国外某些著作中的论点，认为20世纪20年代前，西方企业普遍采用生产导向的原因是："当时市场趋势是供不应求……无需花大力气从事推销"，"市场总的趋势是供不应求的'卖者市场'……不注意销售和推广"，等等。我认为这是值得商榷的。

西方企业市场营销观念的发展变化是客观存在的，现代市场营销观念正是在资本主义基本矛盾日益尖锐化的基础上，在市场竞争日益剧烈的条件下形成和发展的。存在决定意识，没有供大于求的市场形势，现代营销观念是难以形成和贯彻的。但是，说资本主义国家到20世纪才出现供大于求，这和1825年就爆发生产过剩的经济危机，以及早在19世纪竞争就已经使商业丧失了道德的最后一点痕迹不相吻合。因此，营销观念的演进，既是资本主义经济发展、供求格局变化的产物，也是企业经营管理经验不断总结和积累的结果。我国当前已基本形成买方市场，但绝大多数企业尚未确立现代营销观念，也说明买方市场的出现并非营销观念演进的唯一依据。

四、大市场营销

1950年左右，哈佛大学尼尔·鲍教授开始采用市场营销组合这个概念。1960年，杰罗姆·麦卡锡提出了著名的4P组合，即Product、Price、Place、Promotion的营销组合。1986年，菲利普·科特勒提出大营销概念，企业为进入被保护的市场，为冲破政治壁垒和公众舆论的障碍，需要增加两个P，即Power和Public Relations。1986年6月30日，菲利普·科特勒在我国对外经贸大学的演讲中，又提出在大营销的6P战术（Tactics）之外，还要加上4P战略（Strategy），即探查（Probing）、分割（Partitioning）、优先（Prioritizing）和定位（Positioning）。最后又加上1个P（People），要理解人、了解人。

这里的问题是教材中的营销组合因素，为什么讲4P而不讲6P、10P、11P。我们认为权力与公共关系两个因素，已包含在促销组合之中。关于4P战略，“探查”应为营销调研，“分割”与“优先”是市场细分和目标市场选择，“定位”是营销战略选择的一个内容。从内容上看，作为企业可控制的营销因素组合，10P在全书均有阐述，4P组合并无多大缺陷。从体系来看，菲利普·科特勒《营销管理》的第8版、第9版，以及千禧年版，也并未按11P来安排。在国内，1997年出版了一本《大市场营销——11PS》全书13章，除市场营销概述和企业国际营销两章外，其余11章基本上是分别阐述11个P。可以说，这在国内是唯一一本按11P编写的书。但是，从企业的营销组合因素而言，我们还是不赞成把市场调研、市场细分等和传统的4P同等对待，4P战略实际上是营销的基础工作，4P或6P战术才是市场竞争真正的营销因素。

五、产品的层次

关于产品，市场营销教科书过去都是讲三个层次。菲利普·科特勒的《营销管理》也是讲三个层次，即核心产品、有形产品和延伸产品。1994年的第8版和1997年的第9版，就已经讲五个层次了。五个层次在有形产品之后增加了期望产品，最后又增加了潜在产品。实际上，从《营销管理》的举例中可以认为期望产品是对产品质量水平的要求，也可以看作是对延伸产品的要求。如住进旅馆，希望床是干净的、毛巾是新的、有工作台灯和电话等。潜在产品主要指延伸产品可能的演变。在竞争中，企业都希望延伸产品能有助于增强竞争力，因而努力增加顾客所重视的其他价值，如服务、咨询、融资、送货等等。由于附加利益需要成本和付费，所以在消费水平不高的市场，竞争主要发生在有形产品和期望产品层次，同时，甚至出现减少延伸产品的低价位竞争者。如果延伸产品符合顾客的愿望，竞争对手纷纷仿效，会使延伸产品很快变成期望产品，因而企业必须寻找新的延伸产品，即提供新的附加利益。所以，按五个层次来讲，可以更好地说明产品在竞争中的动态作用。

六、4C 概念

20 世纪 90 年代以来，世界政治经济形势发生重大变化，改变了企业经营获利的方式，也改变了家庭及其成员的消费观念和购买行为，人们更多地通过分析比较选择真正适合自己的物品，市场想要掀起某种消费热潮越来越难，消费者越来越成熟，也越来越具有个性。一方面是产品同质化日益增加，另一方面是消费者的个性化日益发展，于是 4C 观念日益兴起。所谓 4C 即消费者（Consumer）、成本（Cost）、便利（Convenience）和沟通（Communication）4 个词的英文第一个字母。4C 强调把满足顾客需要和创造顾客放在第一位；企业要努力降低成本，在消费者支持的价格限度内增加利润；要把便利原则贯穿于营销活动的全过程；要加强企业和消费者的双向沟通，使产品真正适销对路。显然，4C 观念富有新意。有的作者在介绍 4C 时，认为 4P 应为 4C 所取代。对此，我们认为，可以说 4C 强化了以消费者需求为中心的营销组合，例如强调创造顾客比开发产品更重要；要提供顾客确实想要的产品；消费者的购物成本包括货币支出和时间、精力耗费以及风险承担，因而必须努力降低成本和价格并提供便利。但是要讲 4C 代替 4P，论据尚不充分。4P 组合从杰罗姆·麦克锡提出至今已 40 年，不少营销学者试图改变它，但未获得足够的支持者。据说在美国否定 4P 的观点，往往要受到指责，有的学者为此愤愤不平。我们不赞成守住一种观点、一种体系不允许改变，但希望新的观点、新的体系有更多的理论说服力。中国高校市场学研究会 1999 年年会上，有些发言者认为："4P 还是要讲。" 2000 年年会上，有一个小组在汇报发言中说："4P 不能'退休'。"

七、3R 营销

《市场营销学》在介绍 20 世纪 90 年代市场营销学的新概念时，列出了赫斯凯特提出的“3R 营销”，在书中未作阐述。

中山大学管理学院汪纯本教授曾有专文介绍 3R 营销：20 世纪 90 年代初，美国哈佛大学有两位教授根据服务性企业的数据，研究了企业的市场份额与利润的关系，发现市场份额对利润并没有太大的影响，而顾客忠诚度较高的服务性企业更能赢利。他们认为，服务性企业应采用 3R 营销策略：尽力留住顾客（Retention），销售顾客关注的产品和服务（Related-sales），鼓励顾客向亲友介绍其满意的消费经历（Referrals）。1994 年，哈佛的赫斯凯特（Jamew L. Heskett）等教授，在前人研究的基础上，提出了服务利润链管理理论。

服务利润链的内在逻辑是：企业获利能力的增强依赖顾客忠诚度的提高，顾客忠诚度由顾客满意度决定，顾客满意度由其所获得的价值大小决定，高价值源于企业员工高工作效率，高效率依靠员工忠诚度的提高，员工的忠诚取决于员工对企业的满意，员工的满意度取决于企业的内在服务质量。

八、电子商务

Internet 的商业化，已导致电子商务的兴起。委内瑞拉《国民报》2000 年 2 月 13 日题为《电子商务：未来就在于此》（见《参考消息》2 月 29 日）的文章称因特网并不是神话。由于企业成本将大幅度减少，以及投资可能在不到 3 年的时间里收回等原因，世界产业结构正在发生翻天覆地的变化。1998 年，共有 1.5 亿人使用因特网；到 2002 年，电子商务贸易额将超过 1 万亿美元；到 2005 年，因特网用户将超过 10 亿。国际数据公司推断，2001 年电子商业销售额将激增到 2200 亿美元。WTO 秘书处预计，2001年通过因特网进行的国际贸易额可达600亿美元。一些国际贸易专家乐观地估计，电子商业是21世纪的流行趋势。

电子商务在中国的发展情况及前景，有些专家的估计相当谨慎。一位在国外研究人工智能的专家认为，中国的网站发展过多、过快、缺乏深度，难以持久。有的专家认为："多数网络公司必死无疑，因为全球范围内包括美国，真正有效赢利的电子商务模式尚未出现。"电子商务作为一个名词，几乎是同时在中美两国出现、传播和推广的，因而有人说，我们和美国站在同一起跑线上。但在美国，商务需求促进了网络技术的进步，而在中国，电子商务是由IT领域和媒体发起的。有的投资者说，中国电子商务开展的相关环节和支持系统跟不上，政府的垄断收费限制了网民规模。"中国电子商务物流与配送体系的落后，使得人们在电子商务面前驻足不前。"① 国家信息中心副主任、中经网总经理胡小明说："电子商务在中国想形成规模路还很远，10年内都不可能。"②

九、环境因素

营销组合的四大因素（4P）是企业可以控制的，如果企业不能主动控制这些因素，就无营销组合可言。但是，营销组合并不是企业可以任意决定的，它要受到市场环境的制约和影响。一般说来，环境是企业不能完全控制或完全不能控制的，营销组合只有与环境的发展变化相适应，才能收到预期的效果。正因此，企业制定营销组合必须进行深入细致的市场调研，充分掌握市场环境变化态势和目标市场需求的特点。说环境是企业不能完全控制的，是为了区别于环境是企业完全不能控制的。这里把环境分为两大类。一种是完全不能控制的，如地理位置无法改变；另一种是不能完全控制，如交通条件，企业可以通过影响政府决策或自己投资改变交通状况，并且通过交通条件的改善，在一定程度上改变地理位置的固有影

① 李志强：《我国电子商务的软肋》，《经济学消息报》2000年4月7日。

② 申音、郑媛：《中国电子商务想成规模十年内没戏》，《中国经营报》2000年5月23日。

响。在营销活动中，企业运用可控制因素，影响或改变不可控制因素是常见的现象。大市场营销中增加的两个P，就是通过运用可控制因素去改变不可控制因素。

十、产品组合的相关概念

我国众多版本市场营销学教科书，对产品组合的相关概念有一些不同的表述。例如，相当多的版本只讲到产品组合的广度（宽度、阔度）、深度和密度（黏度、关联性），而不讲产品组合的长度；个别版本讲了长度而未讲深度。对产品组合的深度，大致有这样一些表述法：①一条产品线中产品项目的多少；②一条产品线内有多少品种或规格；③产品线中每种产品所提供的规格、型号、质量、价格、等级的多少；④每条产品线上平均具有的产品项目数；⑤产品线中所含的平均产品品种数；⑥每条产品线中不同规格产品项目的数目；⑦一条产品线中不同规格产品的数目……在实际经营中，指平均深度；⑧企业各类产品的平均项目数；⑨项目中不同的品种、规格和式样；⑩产品线中的每一产品项目有多少个品种（如大小、口味等）；⑪一个企业平均每条产品线拥有的产品项目的数目，产品大类中每种产品有多少花色品种规格……⑫用品牌数除各种品牌的花色品种规格总数，即可求得一个企业的产品组合的平均深度；⑬深度是指每条产品线的长度，即每条产品线所包含的产品项目或产品规格、花色的多少；⑭计算所有产品线上全部品目（产品项目）的品种数之和即可知产品组合的深度，再除以品目总数，即为平均深度；等等。

综观各家之言，也许作如下表述可能消除实际计算中的矛盾。首先是产品项目只涉及产品线内的不同品种以及同一品种的不同品牌。其次是产品组合包括广度、长度、深度和密度，其中，关于广度、长度、密度的表述，各种版本基本上是一致的，差异主要反映在深度上。第三，产品组合的深度指一条产品线内各种产品不同品牌下不同规格、尺码、型号、功能、配方、装潢等的数目的多少。产品组合内所有不同规格、尺码、型号、功能、配方、装潢等的总数除以不同品种中不同品牌的总数，是为平均深度。在科特勒的著作中，将各品牌的深度加总除以品牌数得出平均深度，国内不少版本均予引用，故作如上表述。

（原载《市场营销》2001年第3期）

论城市商业银行的目标市场策略

在社会经济快速发展，人民收入水平大幅度提高，对银行服务的需求越来越多样化，银行业的竞争日益剧烈的情况下，为了充分利用自身有限的资源，商业银行都必须实行目标市场营销。目标市场是在市场调研和市场细分的基础上，为商业银行所选定并将以相应的产品去满足其需要的一个或几个细分市场。本文着重探索我国城市商业银行选择目标市场的依据以及所应采用的目标市场策略。

一、确定目标市场的依据

城市商业银行在选择和确定目标市场时，一般应认真分析以下因素：

（1）企业实力。就总体而言，城市商业银行和国有商业银行、成立较早的国内新兴商业银行以及已经和即将进入的外资银行相比，在资金、人才、设施、管理等方面，一般处于劣势。但在某个具体地区，城市商业银行也可能拥有相对优势。例如，在某些城市，城市商业银行的网点、人员和实际运作的资金，就比当地的新兴商业银行、外资银行多，甚至比个别国有商业银行多；就人际关系而言，城市商业银行与当地政府、企业和居民有着较为密切的联系。在竞争性的市场上，城市商业银行既有自身的劣势，也有自身的优势。

（2）竞争格局。近年来，随着四大国有专业银行向商业银行转轨，新兴商业银行数量不断增加，城市商业银行从诞生之日起，即面对同业间的激烈竞争。加入 WTO 后，外资银行将不断涌入，首先是大城市和省会所在地，金融市场上中、外资商业银行的“抢滩”大战一定会愈演愈烈。为了保全和扩大自己的市场份额，为了生存和发展，城市商业银行必须扬长避短，选准目标市场，优化营销组合策略，力求在竞争中立于不败之地。

（3）产品特性。银行业的产品，实质上是一种服务。银行服务是一种或一系列行为，而不是具有高新技术或专利的实物产品。因此，银行服务比较容易被同行竞争者模仿，产品生命周期较短，只有根据不同细分市场的不同需求，适时推出新的银行服务，才能在金融市场的剧烈竞争中取胜和发展。对于已进入成熟期的产品，如选作目标市场，务必慎重估量生命周期的长短，避免陷入即将进入衰退期的市场。

（4）市场潜力。目标市场的可进入性和效益性，是市场细分的基本要求。在选择目标市场时，银行还应对市场潜力作进一步的评估和分析。首先是拟进入的细分市场，其规模及增长率的潜力到底怎样？其次，细分市场对企业是否具有吸引力，企业进入该市场的前景如何？企业不仅要评估市场潜力，而且要评估企业潜力。如整体市场潜力可观，竞争者势必纷纷涌入，在强劲的竞争对手们奋力“抢滩”时，城市商业银行作出最大的营销努力，可能获得的市场份额能有多少？企业需要选择的是自身资源条件可以进入并且市场容量能带来一定效益的细分市场。

二、市场覆盖模式与目标市场策略

银行在对不同细分市场评估后，可供选择的市场覆盖模式有：

（1）密集单一市场。银行在众多的细分市场中，只选取一个细分市场提供一种服务进行集中营销。例如，住房储蓄银行仅对购房户开展住房储蓄和贷款服务，或是在金融业不发达的情况下，储蓄所仅对当地居民开展储蓄业务。如果由于银行资源有限，不允许同时进入更多的细分市场，这属于资源约束型，把全部希望寄托在一个细分市场上，无疑有较大的风险。但通过密集营销，可更加了解细分市场的需要，并通过营销努力，在该市场树立信誉，不仅能有效遏制竞争对手，而且可以在专业化经营中，获得效益，积累经验，为以后的扩展创造条件。

（2）选择性专业化。银行选择若干个有吸引力的细分市场，为其提供不同性能的服务。如既面向居民开展储蓄业务，又向消费者开展房贷、车贷业务，还向中小企业提供贷款、会计结算等服务。虽然每个细节市场都可能赢利，但这些细分市场之间很少有或基本没有联系。采用这种市场覆盖模式的银行，要求具有较强的营销实力，同时“狡兔三窟”，可以分散营销风险。

（3）市场专门化。银行向一个细分市场提供一系列服务以满足该市场的多种需要，如面向企业职工较多的居民区开展储蓄、消费贷款、个人投资理财等服务。由于市场范围的局限，营销努力过于集中，会使银行的经营状况为该市场变化所左右，风险较大；但也由于专门为这一市场提供服务，容易与客户建立良好的关系，获得良好的声誉，并因经营品种较多，风险也比密集单一市场较为分散。

（4）产品专门化。银行向多个细分市场提供一种产品或服务，如既在大学城开展储蓄业务，又在商业区开展储蓄业务，还在城郊结合部的居民小区开展储蓄业务。这种市场覆盖模式的风险在于，服务项目单一，如因某种经济因素突然变化，导致储蓄大量分流时，经营状况就会恶化；其优点则是专注于储蓄业务，有利于积累管理经验，树立优质服务形象。

（5）完全覆盖市场。以多种服务满足各个细分市场对银行服务的需求，如银行各网点均能承接几乎所有常规金融业务，实际上已是集储蓄、信贷、中间业务、投资和保险功能于一身的“金融超市”。在市场经济体制下，经济发展至一定水平，客户的需求多样化，银行应当与之相适应，实行混业经营，为消费者提供全方位、快捷、方便的服务。一般说来，只有实力雄厚的大银行，才能策划采用完全覆盖市场的模式。

根据上述5种市场覆盖模式，商业银行可以采用的目标市场策略有3种：

（1）无差异性市场策略。不考虑市场需求的差异，只提供单一的服务项目为大市场中各细分市场服务。在银行业较发达的情况下，这种现象几乎是不存在的。

（2）差异性市场策略。针对各个细分市场的特点，相应开展能满足细分市场多种需求的服务。如对大市场的各个部分都提供既符合市场需求特点，又是全方位的服务，这种情况实际上无法做到。

（3）密集性市场策略。银行将营销努力集中于某一个、几个或更多的有发展潜力的细分市场，分别为选定的市场提供一种或一系列服务，力求在选定的细分市场上占有较大的份额。目标市场的选定及服务项目的多少，通常要全面衡量企业实力、竞争格局、产品特征、市场潜力等因素后再作出决策，往往是随着实力和竞争力的增强，再面向更多的细分市场提供更多的服务。

三、近期目标市场选择

我国加入世贸组织后，如何同外资银行竞争已是我国银行面临的一个现实而急迫的问题。“截至2001年末，外资银行在华办事处有214家，营业机构190家，其中外国银行分行158家，外资银行总资产452亿美元，外汇贷款总额140亿美元。”“已批准31家外资银行从事人民币业务的试点，人民币资产已达450亿元，其中贷款390多亿元。虽然外资银行总资产仅占中国银行业总资产的2%左右，但外汇贷款已达到国内全部外汇贷款的15%左右。”① 5年后，外资银行将在基本同等的条件下与我国银行开展竞争。从现在起3—5年的缓冲期内，外资银行同我国国有商业银行及几家新兴的商业银行的竞争，主战场将展现在争夺优质的大客户和外汇业务方面。城市商业银行近期的目标市场，应采用密集性市场策略，选择外资银行和大银行一时无暇顾及，但市场潜力较大，城市商业银行又有一定的有利条件的细分市场。具体说来，主要是：

（1）中小企业和个体工商户。包括大量私营、集体企业在内的中小企业，作为国民经济的重要组成部分，2001年已超过800万家，占全国企业总数的99%。在全国工业总产值中和实现利税中的比重分别为60%和40%左右。中小企业还提供了占工业企业从业人员75%的就业机会。我国工业新增产值的70%、新增利税的50%、新增就业的80%来自中小企业

① 邓海云：《外资银行业务发展迅速》，《光明日报》2002年2月6日。

和个私经济。但规模小、实力弱的中小企业，资信差，融资渠道少，不易获得银行贷款，资金短缺是制约中小企业发展的难题。个体工商户向银行贷款则难度更大。城市商业银行的前身是城市信用社，过去的服务对象主要是城市集体和个体工商户，为他们提供存贷款和中间服务，因而和中小企业、个体工商户关系密切，业务交往多，对其业务、资信等情况了解也比较多。城市商业银行更多地关注中小企业和个体工商户，提供优质服务，大力扶持其发展，激活国民经济中最活跃的经济细胞，巨大的市场潜力将对社会和银行提供丰厚的回报。

（2）居民储蓄。1996 年 5 月至 2002 年 2 月，我国银行连续 8 次降息，但城乡居民储蓄存款余额从 1996 年初的 29662.3 亿元，增加到 2001 年末的 73762 亿元，2002 年 1 月，已达 75000 亿元。由于投资风险、社保体系不健全、收入与支出预期、物价稳定等多方面因素，对大多数居民而言，利率弹性有限，我国居民储蓄持续增长，储蓄率居高不下，这一趋势近期不会有明显变化。从经济学的角度讲，只要储蓄利率不超过资金平均利润率，储蓄多了绝非坏事。储蓄，“功在国家，利在自己”。迄今储蓄仍是筹集资金、回笼货币的重要方式，也始终是居民理财的首要选择，改革开放以来的 20 多年，储蓄余额年年增长就是明证。城市商业银行网点较多，贴近居民，又是地方财政控股的股份制银行，得到居民的信任，既方便，又安全，开展储蓄业务具备很多有利条件。城市商业银行下大力气搞好储蓄服务，储蓄余额增加，为开展中小企业信贷和个人消费信贷提供后续资金支持，就有可能扩展服务领域，在竞争中求得更大的发展。

（3）个人消费信贷。在市场经济条件下，个人是最重要的金融活动主体。改革开放以来，私人财富不断累积，全国个人金融资产估计已超过 10 万亿元，私人消费与投资行为引起的社会金融流量，事实上已成为金融业务中增长最快的部分。在发展储蓄的同时，发展个人消费信贷，是全面开展个人金融服务的必然要求。同国外银行相比，消费信贷正是对方经验最丰富、我们经验最薄弱的环节。以往，我国个人与银行之间的关系，主要停留在作为消费节余的储蓄方面，信贷、理财以及信用资料的收集几乎是空白。2001 年末，我国个人消费信贷 6990 亿元，比 1997 年增长 40 倍，占银行贷款的比重由 0.3% 增至 6%。消费贷款增长速度较快，但占银行贷款比重仍然偏小，而且房贷占了80%（5598亿元）。因此，我国个人消费信贷还有较大发展空间。有关专家认为，个人消费信贷风险较低，目前不良贷款远低于1%，正常回收比例不低于95%，个人贷款极其分散，贷款风险也高度分散，个人赖债的可能性很小；个人消费信贷收益丰厚，不仅规模效益明显，连带性收益大，而且收息水平比法定利率高得多。可见，城市商业银行发展消费信贷，是对细分市场的明智选择。

四、营销组合不断创新

在选定目标市场的基础上，需要根据市场特点制定和实施相应的营销组合策略。营销组合策略是银行营销工作的基础，也是有效竞争的手段。银行服务通常是差异较少，多数竞争者所提供的服务大同小异，能否真正进人并占领选定的目标市场，关键在于营销组合的不断创新。

第一，产品创新，形成特色。如建行上海分行以超前意识，积极进行个人住房金融产品创新，不断拓展产品组合的深度，较为全面地满足了住宅商品化进程中的消费需求。该行在1991年率先承办住房公积金业务后，连年推出新的住房金融产品。1992年，最早在全国开办个人住房公积金贷款；1993年，最早在上海推出个人住房商业性贷款；1994年，率先为公有住房出售提供配套金融服务，在全国首家推出个人住房组合贷款；1996年，率先在上海推出住房储蓄贷款、银企合作住房基金贷款、农民购房贷款和置换住房贷款；1998年，首先在上海推出住房装修贷款、外地在沪工作人员购房贷款；1999年，首家推出商铺贷款、农民建房贷款和递增式还款方式；2000年，推出出国人员和部分境外人士按揭贷款等。截至2002年1月底，上海建行共为54万户居民发放住房贷款570亿元，并受上海公积金管理中心委托，归集个人住房公积金460多亿元，在竞争激烈的房地产市场上一直保持着领先地位。

第二，服务创新，方便客户。众多金融机构同时推出一种金融产品，客户选择某一特定的分支机构往往与便利这一因素有关。2000年上半年，大连市原有4家实力雄厚的商业银行开办汽车贷款业务，但业务量相对较小，车贷市场没有得到充分启动，主要是由于贷款手续繁杂，费用高，费时多，制约了贷款购车需求。同时，银行在发放车贷过程中，购车者无法找到适当的抵押担保，较大的风险制约了银行贷款的积极性。大连市商业银行胜利桥支行在选择车贷作为目标市场后，针对通向市场的“瓶颈”，引入了全新的贷款保证保险，由保险公司为购车人提供贷款保险，于2000年7月发放了第一笔汽车消费贷款，使车商、购车人、保险公司和银行四方受益。该支行在开展车贷业务伊始，即开展业务培训，明确服务标准，严格监督管理，并与车商、车管所、保险公司等部门协调配合，提供一站式服务，使购车人3天即可提车。在后期管理方面，银行建立了回访制度，了解客户的新需求；建立车贷管理档案，实现贷款全程计算机管理。大连市商业银行胜利桥支行是一家小银行，其存贷款余额只占大连市金融机构存贷余额的1/300，但在车贷市场上已占全市市场份额的62%，2001年前9个月即发放车贷1.36亿元，支持市民购车1186辆；2001年4季度，每月回收贷款额500多万元，回收率达100%。

第三，管理创新，降低风险。有关研究文章指出，城市商业银行面临经营危机，主要表现在：资产质量差，不良贷款占贷款总额比重在60%左右；部分单位发生亏损，且亏损额和亏损面有增加和扩大的趋势。城市商业银行将中小企业和个人储蓄与消费信贷作为目标市场，加大扩展这方面业务的力度，必须相应加强营销管理，在提高服务质量的同时，努力降低风险，增加效益。例如，商业银行利用以往的和可以收集到的资料，主要是收支信息，建立客户数据库，有利于降低信贷风险。又如，某省银行发放助学贷款时，争取学校有关部门的紧密配合，加强了对毕业生的思想、政策教育，其中一所大学800多名贷款的学生中，只出现2人违约，这就把风险降低到了很低的程度。

参考文献：

［1］周好文：《放手发展个人消费信贷》，《云南财贸学院学报》2001年第2期。

［2］宋清华：《银行危机：中国必须正视的现实》，《中南财经大学学报》2000年第6期。

[3] 杨光、蒋巍:《银行业发展贵在创新》,《中国财经报》2001 年 2 月 28 日。

[4] 王小平:《混业经营是我国金融业务发展的趋势》,《海南金融》2000 年第 12 期。

（原载《云南财贸学院学报》2002 年第 5 期）

市场营销学在中国的传播

市场营销学是从国外引进的一门新兴的学科。虽然在历史上甚至在前资本主义时期，中国和外国均有值得继承的营销观念、策略与方法，但作为系统的市场营销理论，毕竟还是在20世纪初期，在商品经济高度发达的资本主义国家开始形成这一学科。新中国成立前，我国在大学里已开设过“市场学”课程，改革开放后学习市场营销学乃是重新引进，本文主要叙述从重新引进到广为传播以及研究与应用深入拓展的简要历程，希望有助于研究市场营销学在中国的传播与发展。

一、市场营销学的重新引进

现有资料表明，中国最早的市场营销学教材，是丁馨伯先生1933年译编并由复旦大学出版的《市场学》。新中国成立前，在国外的中国留学生，不少攻读过市场营销方面的课程，有的留美学生还参加了AMA（美国市场营销协会）的研讨活动。国内有些大学的商学院，也开设了市场学课程。但是，在商品经济不发达的条件下，对市场营销学的研究和应用势必受到限制。新中国成立后，高校课程设置一度照搬苏联经验，在忽视流通与市场的经济思想影响下，经济管理类院、系一般都停开市场学。50年代后，在西方经历了“革命”的市场营销原理在我国未能及时传播。对我国古代与现代企业经营中很多有益的营销经验，也未能系统地进行总结和应用。

1978年，在经过一场全国性的真理标准大讨论和思想理论上的拨乱反正之后，中国共产党于12月18日至22日召开了十一届三中全会，做出了把全党工作的重点转移到经济建设上来和实行改革开放的重大战略决策，从而实现了伟大的历史性转折。在理论上，经济学界努力为商品生产恢复名誉，通过对社会再生产理论的研讨，流通和市场问题的重要性日益为人们所重视；在实践上，市场取向改革的启动，有些按计划生产、计划分配，长期供不应求的产品，1979年“计划任务不足，实行按需生产，自找门路”。在对外经济贸易方面，强调引进技术，利用外资，扩大出口，1983年进出口总额比1978年增长1.1倍。国内市场上的商业竞争与对外贸易的迅猛发展，迫切要求用现代市场营销理论指导生产与经营。

1979—1983年，可以说是市场营销学重新引进中国的启蒙阶段。

（1）聘请营销专家来华讲学。从1979年起，部分大专院校和外贸部、一机部等，多次聘请外国专家来华讲授市场营销学，香港中文大学闽建蜀教授等营销学者也多次到大陆讲学。1980年，外贸部与设在日内瓦的国际贸易中心（ITC）合作在北京举办了市场营销培训班。国家经委、国家计委和教育部与美国政府合作创办大连培训中心，聘请纽约大学、加州大学等高校教授讲授市场学等课程，1980年6月—1984年11月为我国培训厂长、经理和管理专业教师1000余人。1981年暑假期间，中国人民银行在陕西财经学院举办市场学师资班，聘请香港中文大学闽建蜀教授主持讲座，为综合大学和财经院校培训了第一批师资，从而为更多的院校开设市场营销学课程创造了重要的条件。

（2）引进市场学教材。除高校图书馆从国外和中国台湾等地购买和交流的外文原版教科书外，还翻印和翻译多种多样市场学教材。流传较广的中文版本有：王德馨、江显新合著，三民书局1970年出版的《市场学》；Rosenberg著，石衍长编译，正文书局1980年出版的《行销管理学》；William J. Shultz著，朱仁安译，世界书局1975年出版的《市场学》；企业管理出版社1981年出版的《市场学》（大连培训中心外籍教授讲稿译文——教材之二）；香港龚乙飞等在广州主讲由新鸿基（中国）有限公司1981年出版的《市场学简介》。内部交流的有杭州商学院1981年组织翻译的《市场学——理论与实践》（上、下册），云南财贸学院侯文西等译校的《市场学（简写本）》（湖北商经学会会刊1982年刊登）。

（3）组织编写市场学教材。一机部因部分产品取消统购包销，不得不注目市场，较早较多地选派厂长、经理和所属院校教师到大连培训中心学习。一机部所属院校从事市场学教学的教师，1981 年初即编写了《市场学》讲义，多次在短训班试用，同年 5 月印出讨论稿，1982 年 2 月由机械工业出版社出版（郭军元主编）。1982 年出版的市场学著作主要还有：《销售学原理与应用》（罗真耑等编著，财经出版社），《市场学浅说》（闽建蜀，广东科技出版社），《社会主义市场学》（励瑞云、夏蔚莼主编，吉林人民出版社），《市场学》（吴风山、洪宝华，浙江人民出版社），《企业市场经营》（吴世经编，天津人民出版社）。1983 年出版的有：《中国社会主义市场学》（贾生鑫主编，陕西人民出版社）；《工业企业的市场经营》（刘甲辰编，黑龙江人民出版社）；《社会主义市场学简论》（陶琲等编，中国财政经济出版社）；《出口销售概论》（北京外贸学院外贸系编，中国外经贸出版社）；《中国市场学》（杨岳全编，北京大学出版社）。高等院校内部交流，并为部分院校采用作教材的，1981 年有暨南大学傅汉章、何永祺编《市场学概论》，哈工大吴凤山编《市场学》；1982 年有北京商学院贺名仑编《市场学概论》，商业部教育局蒙鼎铭等编《市场学浅谈》、云南财贸学院吴健安编《市场学》。

（4）开设市场学课程。1979 年起，暨南大学、哈尔滨工业大学率先开设市场学课程，外贸部和一机部所属高校以及中国人民大学、湖北财院、广西商专、云南财院等大专院校，也于 1980 年、1981 年先后开设市场学课程或讲座。商业部教育局从 1980 年开始便到广州收集市场学教学资料，印发部属高校和中专学校，并在尔后商业部召开的几次全国会议上，请广州有关院校教师介绍教学经验，接着便要求部属院校增设市场学课程，并于 1983 年 6 月组织编印了《市场学概论教学大纲》，还委托四川省商业厅组织编写中专学校市场学教材。

（5）初级阶段的营销尝试。随着改革的启动，部分产品停止统购、包销，有的行业允许个体经营，特别是四个经济特区建立，中国有了市场经济的“试验田”，中国市场上有了竞争。营销理论传播的影响，表现在“顾客就是上帝”业已成为一些企业和经营者的“口头禅”，竞争取胜之道已总结出：优质取胜、价廉取胜、创新取胜、服务取胜、快速取胜等等。然而，绝大多数企业尚未摆脱计划经济体制的束缚，多数商品依然短缺，经营思想必然是生产观念为主。有限的营销尝试，一是在采购员满天飞的同时，派出推销员，“找米下锅”；二是在户外和大众媒体上做广告。四川宁江机床厂花5000元在《人民日报》登广告，一个月获得两年生产任务的订单，被称之为“一则广告救活一个工厂”。

二、市场营销学的广为传播

1984年1月，全国高等院校市场学研究会的成立，为市场营销学学习与应用的推广揭开了新的篇章。1984—1994年，可以说是市场营销学在中国广为传播的时期。这一段时间里，市场营销理论、策略和方法的研究和应用，无论就广度或深度而言，十多年走过了在西方国家数十年走过的路程。

（1）营销观念的认知和演变。在计划经济体制下，长期排斥市场机制，否定市场竞争，要接受市场营销理论，必然要有一个学习与实践的过程。1983年前出版的几本市场学教科书，不仅受到一些非议，甚至作者自己对这一学科也还有保留。由于经济改革刚刚起步，有的市场学教材还保留了较多的计划经济色彩，如“定价”和“渠道”策略，基本上还是按计划经济的要求讲，与营销观念格格不入。我们的企业从“以阶级斗争为纲”转变到“以生产为中心”，已经是很不容易的事了，再要从“计划第一”转变为“以消费者需求为中心”，势必还要作极大的努力。1983年1月，原国家经委副主任袁宝华在借鉴外国管理经验座谈会上说：“学习外国经验，要从头到尾、原原本本地学，学通了，才能从中吸取有用的东西，至少在专家范围内应该是这样。”“不把‘众长’学透，就不能‘博采’，要想自成一家，就先学透百家。”① 这一段话，在1984年初中国高校市场学会成立大会上广为传播，鼓励教学科研人员进一步解放思想，继续引进、学习和宣传市场营销理论。虽然关于计划与市场的剧烈论战，一直

① 《经济参考》1983年1月22日。

持续到1992年尚未完全结束，但在党的十四大以前的十多年间，我国从企业、市场、宏观管理三个环节进行的配套改革，已经取得巨大成就。1979年初开始的农村经济体制改革，提高了农民生产和经营的积极性，特别是乡镇企业异军突起，极大地解放了长期被体制束缚的农村生产力。1984年10月，党的十二届三中全会后，经济改革的重点由农村转向城市，改革的目标是在以公有制为主体的基础上建立自主经营、自负盈亏的企业体制。在改革的推动下，多种经济成分并存的所有制结构初步形成，经济发展速度加快，市场供求格局发生了重大变化，卖方市场开始向买方市场转化。与此同时，实行对外全面开放的方针，促进了对外关系的发展和外贸的增长，1992年进出口总额比1978年增长了7倍。面对日益剧烈的国内外市场竞争，在市场营销理论的传播和影响下，企业经营观念逐步发生变化。不论现代营销观念树立的程度怎样，但大多数企业已不再是“闭门造车”，而是日益重视市场调查与市场开拓，销售观念开始取代生产观念，市场导向、顾客第一的经营观念也已为较多的经济管理人员认知。

（2）市场营销学的传播日益广泛。1984年起，中国高校市场学会连续多次开办市场学研究班，在为企业培训营销人才的同时，为大专院校和中专学校培训了大量市场学师资。1984年以后的十多年间，开设市场学课程的院校日渐增多，普通高校包括综合大学、财经院校，以及设有经济类专业的农、林、理、工、医科以至军事院校，几乎都开设了市场学课程，电大、自学考试、中专和干部学校开设市场学课程的也为数众多，估计全国开课院校超过千所。市场营销专业的设置虽然较晚，但不少院校1984年前即在商业经济、企业管理或其他专业开辟市场营销方向，培养营销专门人才。从全程教学计划课程设置看，暨南大学的商学系，实际上早已有市场营销专业，其他高校也有类似情况。广西商业高等专科学校经自治区教委批准，1984年开设大专层次“市场营销专业”，1986年又增设“国际市场营销专业”。1988年，国家教委批准山东大学试办“市场营销专业”，同年招收本科生。至于更高层次营销人才的培养，1984年前后即有十多所院校有市场营销方向硕士研究生，1992年前后，中南财大、哈工大、南开大学、武汉大学等校均已开始培养市场营销方向博士生。值得注意的是，大专院校、科研单位的营销专家以各种形式办班讲学，为企业培训营销管理人才，成效相当显著。1994年，市场学的教材、专著和译著，累计已出版约300种，如包括相关学科的广告学、公共关系学、市场调查与预测、推销学、商业心理学等，则总数不下1000种。市场营销学教材发行量之大，有的相当突出。如中央电大1985年出版的《中国市场学》，一次印数即达254000册；华中师大出版的中专教材《市场学概论》，1985年至1996年发行量超过50万册。其他发行量在十万册以上的至少有十余种。国内最早编写的几本《市场学辞典》和篇幅达210万字的《现代市场营销大全》，先后在1987—1990年间出版。

（3）持续发展的国内外学术交流。中国人民银行组织编写《中国社会主义市场学》教材，推动了大专院校之间研讨市场营销理论的联系和协作，促进了市场学会组织的建立，加速了市场营销理论的传播。由陕西财经学院牵头的5所财经类院校组成的编书组，在1981年商定编写提纲及分工后，编书组成员积极着手编写教材，1982年5月在长沙召开了有24所院校参加的教材讨论会。会上，不仅对教材讨论稿提出了修改补充意见，而且交流了各校开设市场学课程及编写教材的情况。与会者还建议：为了更好地研讨营销理论，中国应尽早成立类似AMA的学术组织。1983年5月，商业部教育局在乐山召开市场学教材讨论会，与会的高等院校的教师又重提上述建议。1983年10月，由陕西财经学院发起，共有18所综合大学和财经院校的代表参加，在西安召开了市场学教学研究会的筹备会。1984年1月，湖南财经学院接受筹备会的委托，经过紧张的准备，取得中国人民银行及湖南省有关领导的支持，在长沙召开了“全国高等财经院校、综合大学市场学教学研究会”成立大会，选举了领导机构，同时举办了第一期市场学研究班。会后经会长贾生鑫的多方努力，中国人民银行同意作为研究会的挂靠单位。同年7月，研究会与云南财贸学院在昆明联合举办了第二期研究班，学员主要是大专院校的教师。1985年7月，研究会在昆明召开首届年会，研究会名誉会长、中国人民银行副行长李飞和著名经济学家许涤新出席了开幕式。1986年7月和1987年7月分别在杭州莫干山和哈尔滨召开了年会。研究会成立大会及首届理事会的三届年会，学术讨论的议题十分广泛，其中涉及学科与学会发展的基本问题，虽始终存在分歧见解，但多数同志认为：学科名称译作市场营销学较好，学科性质属于微观应用科学，研究对象是企业市场营销组合决策与实施过程及其规律性，建立包括企业家参加的中国市场营销学会十分必要。1987 年哈尔滨会议期间修订学会章程，研究会改名为“中国高等院校市场学研究会”，进行了换届选举，何永祺当选为会长，各大区的理事、常务理事中都有了工科院校的代表。1988 年 8 月，第二届理事会在广州召开第一次年会，研究会顾问香港中文大学教授闽建蜀、日本关西大学教授保田芳昭在会上作了学术报告。1990 年 8 月，中国高等院校市场学研究会第二届第二次年会在桂林召开，经换届选举，何永祺连任会长。1991 年 8 月和 1992 年 8 月，分别在苏州和西安召开年会，第三届理事会第三次年会在昆明召开，通过换届选举，罗国民当选为会长。1994 年 7 月，在上海举行“中国高等院校市场学研究会十周年纪念暨市场营销国际研讨会”，参加会议的共有海内外市场营销专家、学者 160 余人，其中，有来自海外，包括我国港台及美国、菲律宾、新加坡、澳大利亚等地的代表 20 余人。何永祺教授在发言中回顾并肯定了学会十年来的成绩和经验，指出市场营销学在中国开课院校多，出版教材多，培训面大，传播面广，在应用中初见成效。

高校市场学会成立后的几年中，国内各大区先后都成立了市场学会，多数省、市、自治区也逐步建立了学会。地区市场学会不仅有教学科研人员参加，而且广泛吸收企业家参加各种活动，理论与实践相结合，为市场营销理论的研究和应用，开辟了极广阔的领域。中西南地区商业、粮食中专学校市场学会和机械部销售局市场学组，在 20 世纪 80 年代后半期，也曾在较大范围内开展了经常性的学术活动。地区和部门的学会组织，为总结营销工作和市场学教学经验，组织编写教材，培训营销人才，普及市场营销学知识，作出了积极的贡献。

1991 年 3 月，中国市场学会在北京召开成立大会，高等院校和科研机构、经济主管部门、企业的代表 138 人参加会议，讨论通过了学会章程，选举产生了理事会和学会领导机构，著名经济学家孙尚清当选为会长。1992 年 11 月和 1993 年 11 月，学会分别在嘉兴和北京召开年会，出席嘉兴会议的代表有 140 余人，出席北京年会及参加“’93 全国企业营销知识竞赛”的部分企业的代表有 230 余人。1994 年 12 月，学会在杭州富阳召开第二届会员代表大会暨“企业市场营销战略研讨会”，出席会议的代表

220余人，选举产生了新一届理事会成员，孙尚清连任会长。中国市场学会成立后，密切了学术界和企业界的联系，促进了理论与实际的结合，同时，积极开展学术和咨询活动，建立对外交流渠道，培训市场营销人才，为我国研究和应用市场营销原理，提高企业营销素质，做了大量有益的工作。

80年代以后的国际学术交流，除从国外聘请市场营销专家来华讲学外，国内学者也有人受聘于国外的大学，讲授和指导研究市场营销学；中国留学生和教师在美、法、日、德、加拿大、匈牙利、南斯拉夫、澳大利亚等国学习市场营销学者，人数较多。

三、市场营销理论研究与应用的深入拓展

1995年以后，市场营销学在中国的传播进入第三阶段，理论研究与实际应用均深入拓展。全国高校市场学研究会的成立，标志着市场营销学从重新引进转向广为传播的时期；转入第三阶段则是以1995年在北京召开的“第五届市场营销与社会发展国际会议”为标志，同年国家教委又批准设立中国人民大学中国市场营销研究中心。

这一阶段的重要特征是：

（1）全方位加强国际学术交流。1995年6月22—25日，由中国人民大学、加拿大麦吉尔大学、康克迪亚大学联合主办的“第五届市场营销与社会发展国际会议”在北京成功举行。来自46个国家和地区的135名外国学者和142名国内学者出席了会议，25名国内学者的论文被收入论文集（英文版），6名中国学者的论文荣获国际优秀论文奖。从此，中国市场营销学者开始全方位、大团队地登上国际舞台，与国际学术界、企业界的合作进一步加强。例如，中国人民大学在市场营销学方面，1999年即已与46所国际著名学术机构建立了密切的学术交流关系，在国际学术会议或国际学术刊物上发表论文42篇，参加国际学术会议210人次。其他高校和研究机构，请进来、派出去的交流活动也有增无减。外国和港台市场营销学教授来内地讲学，内地学者去香港和国外讲学，比以往更为频繁，菲利

普·科特勒等市场营销学权威应邀到中国讲学。高校青年教师出国进修，已有人直接攻读市场营销博士学位。毕业于中国人民大学后又在香港城市大学获得博士学位的李海洋教授在美国 Journal of Marketing 等国际一流学术期刊发表论文 5 篇，2001 年获得 AMA 研究论文优秀奖。同年，中山大学卢泰宏教授获得科特勒营销理论贡献奖。经过作者的同意，有上百种原文和翻译的市场营销学著作正式出版。有的高校订阅、购买了较多的外文市场营销学书刊。

（2）高层领导日益关注市场营销。1996 年 3 月，全国人大和全国政协“两会”期间，文件起草部门采纳了中国人民大学教授郭国庆委员的建议，在文件中以“市场营销”取代了以往常用的“经营”“销售”等用语，全国人大八届四次会议通过的《中华人民共和国国民经济和社会发展“九五”计划和 2010 年远景目标纲要》中明确指出，国有企业要按照市场需求组织生产，“搞好市场营销，提高经济效益”；还指出，要积极发展“代理制、连锁经营等新的营销方式”“建立科研、开发、生产、营销紧密结合的机制”。这是市场营销首次见诸中央文件。国家经贸委于 1997 年初发出了《关于加强国有企业市场营销工作的意见》，可以说是国家经济管理部门日益重视市场营销工作的一个标志。国家人事部出台营销师职称系列，也反映了政府部门对市场营销在社会经济发展中作用的重视。1999 年 6 月 25—26 日，江泽民主席在青岛主持召开华东七省市国有企业改革和发展座谈会时指出：“没有企业在管理和市场经营方面的有效机制的建立，社会主义市场经济体制最终是建立不起来的，公有制同市场经济的有机结合最终也难以实现。”还指出：“企业要有明确的发展战略、技术创新战略和市场营销战略，实现由单纯偏重生产管理到重视市场营销和技术开发的转变。”① 2000 年 3 月，朱镕基总理在政府工作报告中强调所有企业都要切实加强科学管理，“要根据国内外市场变化，正确制定企业发展战略、技术创新战略和市场营销战略。”② 2002 年 3 月，他在政府工作报告中再

① 《江泽民在华东七省市国企改革和发展座谈会上强调　从八个方面推进现代企业制度建设》，《理论与当时》1999 年第 8 期。

② 朱镕基：《2002 年政府工作报告》，中华人民共和国国史网。

一次强调要“加强和改进企业质量、成本、营销管理”①。

（3）更加重视培养造就市场营销人才。1995 年以后，我国市场供求形势进一步变化。大体上从 1997 年起，随着经济调整的“软着陆”成功，出现了“高增长、低通胀”的良好发展态势，我国以短缺经济为特征的卖方市场初步转变为买方市场。商品总供给基本适应总需求，供求平衡与供大于求具有全面性和相对稳定性；市场价格总水平持续走低，消费心理相对稳定；消费者日趋成熟，卖主之间竞争激烈。买方市场为消费者提高消费质量、档次提供了良好的物质基础，也对生产经营者提出了更高更严的要求，高素质的市场营销人才，是全社会各行各业的迫切需要。广西商业高等专科学校自 1984 年开设市场营销专业后，每个毕业生平均有 2. 8 个就业岗位可供选择。全国普通高校从 20 世纪 80 年代开设市场营销专业，至 21 世纪初本科开设市场营销专业的院校已有 213 所，目前在企业管理等专业招收市场营销方向硕士研究生的院校，估计有 150 所左右，招收博士生的院校也有 20 所左右。进入 21 世纪，中国市场营销学界队伍壮大，人才济济。在上个世纪 80 年代初，全国还缺少市场营销学教授，如今市场营销学博导已有数十人，博士、博士后已有百余人。营销学界不仅每年向社会输送数万名不同层次学历的毕业生，而且为企业培训大量营销管理人员。

（4）教学与研究水平进一步提高。高校市场学会成立已 18 年，除 1989 年外，每年均召开学术年会。1993 年以后，承办“中国高等院校市场学研究会”年会，业已成为各省、市、自治区有关院校积极争取的光荣任务，每年都有多所院校“申办”。1994 年起，每次年会都因应经济全球化、入世与知识经济时代的要求，选定主题，广大会员积极围绕主题撰写论文，参与研讨（见表 1）。

与会代表向大会提交的论文，每年均有 70 余篇以至百余篇，1995—1997 年还出版了论文选集。不少作者的论文，探讨营销理论前沿问题，总结交流教学经验，还介绍一些生动的教学案例。每次会上，教学经验交流和研讨，都作为一项重要内容。

---

① 朱镕基：《2002 年政府工作报告》，中华人民共和国国史网。

表1 1994—2002 年年会主题

年 份	主 题
1994	跨世纪的中国市场营销
1995	跨世纪的中国市场营销
1996	中国市场的特点与企业营销战略
1997	两个根本转变中的市场营销
1998	中国市场营销的创新与发展
1999	知识经济和市场营销创新
2000	经济全球化与市场营销
2001	新经济与中国市场营销
2002	入世与中国市场营销

教育部“高等教育面向21世纪教学内容和课程体系改革计划”研究结果，市场营销学在“九五”后期被列为“工商管理类核心课程”，教育部组编的核心课教材——《市场营销学》于2000年7月由高等教育出版社出版。不少地区和院校都把市场营销学列为重点课程。广西商专市场营销专业经教育部组织专家调查评定为“示范专业”，于2001年起先试点三年。在各种层次学历教育和干训蓬勃发展的同时，市场营销学还作为日益兴盛的MBA教育的重要内容。西南财经大学出版了MBA教材《营销管理》后，还专门开设了一个Internet网站，方便读者与编者的交流。据估计，到21世纪初，正式出版的市场营销学教材（包括译著）累计约有500种，开课院校超过千所，任课教师不下于5000人，学习过市场营销学的人数当以千万计。国家自然科学基金委管理科学部自2000年开始，陆续将市场营销、客户关系管理、物流管理等列为重点研究或鼓励研究的领域，到2002年1月，与市场营销有关的研究项目已批准14项。20世纪最后几年，市场营销学著作，向多样化和系列化方向发展。理论性较强的专著如郭国庆等著《市场营销理论》、刘凤军著《品牌运营论》先后于1999年和2000年出版，均有相当的理论深度；除市场营销学、国际市场营销学外，服务营销、绿色营销、整合营销、关系营销、互联网市场营销，以及超市、旅游、体育、粮食、药品、图书、邮政、航运、银行、保险、农

机、房地产等专业性较强的市场营销著作出版甚多。系列教材及著作，由院校或出版社组编出版的，不完全统计有10余种（见表2）。

表2　市场营销系列教材及著作（不完全统计）

书　　名	册数	出版社	出版时间
市场营销系列教材	12	中国人民大学出版社	1999年起
市场营销专业主干课程系列教材	14	高等教育出版社	2000年7月起
高校本科市场营销专业教材新系	16	东北财经大学出版社	2000—2001年
高职高专市场营销专业教材新系	16	东北财经大学出版社	2001年起
派力营销思想库	96	企业管理出版社	1996年1月—2002年1月
营销八段	8	广东经济出版社	1999年8月
新概念营销丛书	6	山西经济出版社	1998年11月
21世纪高级营销书库	8	湖北人民出版社	2000年1月
营销百事通丛书	10	北京经济学院出版社	1994年6月
市场营销丛书	6	中国大百科全书出版社	1995年8月
三木营销丛书	5	企业管理出版社	1997年4月
市场营销实务实习方案	10	上海财经大学出版社	2001年4月
市场营销经典译丛	11	东北财经大学出版社	2000年3月
当代市场营销学科系列教材	8	电子工业出版社	2001年8月
21世纪高级营销书库	12	湖北人民出版社	2001年10月

篇幅百万字以上的编著、译著，也有十多种出版。不少营销学者在市场营销学的中国化方面，做了有益的探索，如卜妙金著《中国市场营销》、吴世经等著《中国市场与市场营销》、卢泰宏主编《营销在中国》、胡正明著《中国营销——对策与创新》等，对中国国情和市场特征都作了较为透彻的分析，对营销理论在中国的应用发表了极有新意的见解。值得赞许的是，中国人民大学包政教授，在1997年出版的《战略营销管理》一书中，对AMA和权威学者的某些论点，在分析探讨中，不再是人云亦云，而是能提出有说服力的独立见解。经国家教委批准，1995年10月成立的“中国人民大学中国市场营销研究中心”，汇集全校与市场营销有关的专业

教师，致力于营销理论研究、教学改革和社会实践。人大报刊复印资料《市场营销》，不仅重新排版，而且直接发表专论，已不再是单纯复印。中国市场学会自1995年初出版《市场营销导刊》，虽因"刊号"难题未解决始终是"内刊"，但其内容、质量表明，它不失为创刊后8年，国内较好的营销理论期刊之一。2001年底，中国市场学会决定，接受全国经济类核心刊物——《中国流通经济》为学会会刊。《销售与市场》自1994年创刊，内容涵盖市场营销的各个领域，既有优秀营销理论文章，又有创意新奇的营销案例，且最早全文上网，成为营销理论与实务工作者喜爱的刊物。广东营销学会主办的《营销管理》，1984年创刊，1988年第2期（总16期）起拥有国内统一刊号，至1997年终刊，历14年，共发行54期，传播营销理论，交流营销经验，给理论界和实业界留下了深刻的印象。创刊于20世纪和80年代的《企业销售》，高校市场学会1995年成为其主办单位之一，1999年第12期改刊名为《经营者》，围绕"创业、创刊、创新的思路"致力于提供更多更有实效的商战经验、信息和商机，全方位为经营者服务。

（5）理论与实践结合更为紧密。市场营销学是实践性很强的应用学科，不仅学生、学员要学以致用，教学、研究人员也必须深入实际，参与实践。20世纪80年代起，我国营销管理人员，在学习市场营销理论的基础上，理论与实际结合，应用营销理论、策略和方法，在市场竞争中成就了不少成功的企业和成为了企业家。理论界热心为企业提供咨询服务，与企业保持非常密切的联系，几乎各省、市、自治区都有营销学者受聘为企业的营销顾问，有的在企业营销部门兼任实职，还有人在上市公司兼任独立董事。营销学者为企业提供多种多样的营销策划与战略咨询服务，往往成为企业决策的重要依据，受到企业的欢迎和信赖。由于总体市场特征为供过于求，国外资本又大举进攻中国市场，彻底改变了中国市场竞争的格局。面对买方市场初步形成后出现的巨大变化，中国企业不得不重新审视以往的营销战略和营销举措，开始进入理性化营销阶段，特别是走出价格战和夺"标王"的误区。以海尔为代表的家电产品，继价格竞争、服务竞争之后，转向以科技开发为重点的营销战略；"秦池""爱多"重金夺取"标王"后的窘境，使一部分企业对市场营销有了新的认识，至少把"名牌战略”和广告战区别开，注意全方位营销、整合营销。为促进营销理论与实践的紧密结合，中国市场学会、中国高校市场学会、各地区和行业市场学会的活动，起到了十分积极的作用。各级学会充当政府与企业、理论界与实业界的桥梁纽带，让营销学者和企业家共同推动营销理论研究、总结交流营销经验和提高营销管理水平，取得丰硕的成果。

2001 年 12 月，中国市场学会成功地召开了第三次会员代表大会，出席会议的代表有 400 余人，换届选举后，中国国际贸易促进会会长俞晓松当选为会长。会上还宣布，中国市场学会与复旦大学共建“中国市场营销研究中心”，目标是“成为中国市场营销学术的研究中心和营销理论知识库，成为中国市场营销学者分享知识的平台”。提升中国营销学术研究水准，传播专业营销知识，为营销理论和实践的发展服务，将是“中心”的重要任务。在大会组织的“市场与营销高层论坛”的专题演讲中，TCL、一汽大众、武钢、小天鹅等著名企业的代表，总结交流了营销经验，反映了我国企业的营销创新精神。

四、迎接新经济时代的挑战

20 世纪后 20 年，市场营销学在中国的传播和发展，是中国改革开放和建立社会主义市场经济的必然要求，也是中国市场融入世界市场的客观需要。中美合办大连培训中心，是 1988 年初邓小平访美后的政府间合作项目之一。美国政府愿意帮助中国培训管理人才，引进、学习和应用市场营销学，是因为美国企业需要同中国企业做生意，需要有市场经济中的共同语言。市场取向的经济体制改革，市场营销学的基本理论，促进了中外经济贸易交流和发展。否则，不讲“双赢”原则，一讲“渠道”就是“三条流通渠道”（国营商业、供销社和集市贸易），一讲“定价”就离不了审批权限，中国的进出口贸易和国际经济技术合作，难以设想会发展到今天的水平。

改革开放以来，特别是 1992 年邓小平南方谈话和党的十四大决定以社会主义市场经济作为改革的目标，市场营销理论在中国的实践和发展，取得了引人注目的成就。但市场营销学的发展和成熟的过程，离不开市场经济体制的建设和发展，离不开社会生产力发展水平的提高。从政府和企业的关系考察，中国尚未具备市场经济的基本特征，中国市场被称为“转型市场”。中国的买方市场也存在若干不成熟的特征，购买力水平与消费层次不高，营销创新不足导致很多商品供大于求，市场法制待完善，市场秩序待规范。在市场营销学的研究方面，学术研究缺乏积累，引进较多，消化吸收不够；开展国际学术交流障碍较多，与企业界联系尚嫌不足。在实践方面，建立在西方完善的市场经济基础之上的现代市场营销理论，毕竟与转型期的中国市场存在距离，应用中难免有相当大的局限性。研究和实践方面都面临一个共同的难题：及时、准确、适用的信息资料异常难得。国内已出版的市场营销学教材约500种，不仅没有一家图书馆收藏超过300种，甚至没有一个网站能列出300种书名。中山大学卢泰宏教授在一次演讲中指出：在转型市场中，中国本土企业呈现诸多特征，很多企业处在“艺术”经营阶段，20%科学加80%艺术；相当大的比例仍属推销导向，策划多于策略；营销专业人才短缺，缺乏专才是企业营销水平不高的基本原因；不同行业、不同企业营销水平相差悬殊，虽有学习、创新很强的优秀企业，大面积还处于初级阶段。中国营销传播网2001年3月2日有一篇题为《营销的回顾与中国营销学的现状》的文章指出：“由于缺乏对西方营销理论应用于中国实践的充分探索，缺乏中国营销理论创新的尝试，营销学依然没有实现和中国国情的有效整合……实践中的营销更多的是广告、促销，甚至不顾道德的束缚，操纵消费者的欲望，背离了时代的特征。”

人类进入新经济时代，新经济建设在信息技术基础之上，追求的是差异化、个性化、网络化和速度化。2000年7月22日，乔远生在中国营销传播网《探测：二十一世纪市场营销变革》一文中指出：“二十一世纪对营销管理人员的要求已经不是停留在工业时代销售产品的层次，而是放在知识经济背景下将其视作知识产品的创造者，将产品和知识配合为一体一同出售给消费者。”菲利普·科特勒预言，未来市场“电话销售和计算机采购将逐步取代或补充推销员”。可以预见，关系营销、客户满意、客户价值、客户资产、客户关系管理（CRM）在新经济时代将得到更多的重视和更加迅速的发展。

迎接新经济时代的挑战，我们的重要任务是学习和创新。中国营销学者需要学习和创新，中国经济管理公务员需要学习和创新，中国6000万营销人员需要学习和创新。

参考文献:

[1] 邝鸿主编:《现代市场营销大会》，经济管理出版社1990年版。

[2] 郭国庆等:《市场营销理论》，中国人民大学出版社1999年版。

[3] 吴世经等:《中国市场与市场营销》，西南财经大学出版社1992年版。

[4] 卢泰宏主编:《营销在中国》，广州出版社2001年版。

[5] 胡正明:《中国营销——对策与创新》，经济科学出版社2001年版。

[6] 包政:《战略营销管理》，中国人民大学出版社1997年版。

[7] 吴健安主编:《市场营销学》，安徽人民出版社1994年版。

〔原载《市场营销》(人大报刊复印资料) 2002年第9-10期〕

丽江建设国际精品旅游胜地的依据和营销方略

著名旅游胜地丽江，经国务院批准，于2003年6月8日正式撤地设市，依托得天独厚的众多世界级旅游资源，以及独特的自然风光和浓郁的民族风情，完全有可能建设成为一个国际精品旅游胜地。

一、得天独厚的世界级旅游资源

丽江是云南唯一、全国少有的同时拥有世界文化遗产和世界自然遗产称号的旅游胜地。丽江被国际组织誉为“中国最令人向往的10个小城市”之一，也是“全球最值得去的一百个城市”之一。丽江是国家级历史文化名城、国家级重点风景名胜区、国家AAAA级景区、全国文明旅游风景示范点，省级自然保护区、省级旅游度假区。这样多响亮的桂冠，使得将丽江市建设成为国际精品旅游胜地的定位，丝毫不令人感到意外。

丽江的旅游资源得天独厚，很多世界级的自然与人文景观汇集于一地，实在无可比拟。就自然景观来说，有玉龙雪山、三江并流、虎跳峡等奇观异景。玉龙雪山国家级风景区，由北向南的13个高峰，终年积雪，气势磅礴，秀丽挺拔，造型玲珑，皎洁如玉，在蔚蓝的天幕衬托下，宛如玉龙凌空飞舞，展现出奇花、异树、雪海、冰川、草甸、溪流等无限风光，主峰扇子陡海拔5596米，是北半球纬度最低且海拔最高的山峰。向联合国申报的“三江并流”世界遗产地，面积1.7万平方公里（整体面积4万平方公里），是世界上唯一的大江并流而不交汇的奇特景观，也是世界上仅存的一片净土，地球上最后的神秘面纱，有高山雪峰、峡谷冰川、高原湿地、森林草甸、丹霞地貌、温泉湖泊、稀有动植物等大自然天造奇观，集雄、险、奇、特、秀、幽于一体，沉静着一种永恒的梦境，是一幅画，更是一首诗。“三江并流区”内处于丽江市的老君山片区，开发项目建议书已得到有关部门的充分肯定，其精华景点“九十九龙潭”，由冰川运动造成的大型高原湖泊群，犹如镶嵌在茫茫杜鹃丛中的一颗颗“蓝宝石”，被誉为“仙山瑶池，杜鹃宝国”。号称“长江第一峡”的虎跳峡，又称“金沙劈流”，是世界三大峡谷之一，海拔高差3900多米，在玉龙雪山和哈巴雪山之间，两岸雪峰高出江面3000多米（美国著名的科罗拉多大峡谷，最大高差仅2400米），终年披云戴雪，银峰插天，大自然的鬼斧神工，穿山削岩，开辟出一个世界上最深、最窄、最险的大峡谷，以奇险雄壮著称，水从空坠，狂涛怒卷，玉屑腾空，沙走雷霆，震撼山谷，惊心动魄。17公里长的峡谷，是徒步旅行的经典线路。

在人文景观方面，丽江古城和泸沽湖风光，在国内外都享有盛名。丽江大研古城具有800多年悠久历史和浓厚的纳西族文化底蕴，于1997年列入《世界文化遗产目录》。古城始建于南宋末年，迄今仍保存了大量明清时代的民居，古色古香。城内屋宇融入了汉、白、藏、纳西等民族民居的传统，形成独特的风格，照壁、正房、厢房、天井、阁楼相辅相成，转折有致，美观而又实用。玉龙雪山的雪水汇集于黑龙潭，又顺势流向古镇，分三股并衍生众多支流穿城而过，形成“家家流水，户户垂柳”的亮丽景致。丽江古城被称作“高原姑苏”和“东方威尼斯”绝对当之无愧，而其水质纯净，清澈见底，又超出一般。古城是东巴文化的发源地，集中了纳西文化的精华，有被称为“世界音乐史上的活化石”的纳西古乐、世界上唯一“活着的”东巴象形文字、东巴画、东巴舞、东巴音乐、东巴教仪式以及建筑艺术等，都是东巴文化的内容和载体，具有独特的科研价值和艺术价值。泸沽湖不仅有美妙绝伦的湖光山色，而且生活着国内外罕见的延续着母系氏族特点的摩梭人。在泸沽湖，美是阴柔的美，山是母山，湖是母湖，神是女神，一家之长是女主人，家族的未来属于女孩子。独特的自然和原始的民俗风情，为这片古老的土地披上了一层神秘而美丽的霞光。

作为旅游胜地，丽江不仅拥有众多的世界级旅游资源，还有极为丰富的独特的自然风光和浓郁的民族风情，这些都支撑着业已享有盛名的旅游胜地进一步建设成为世界级精品旅游胜地。

二、快速发展的旅游业仍亟待提升

20世纪90年代初期，丽江的旅游业刚刚起步。1993年丽江旅管委（旅游局前身）正式挂牌。1994年云南省人民政府在丽江召开滇西北旅游规划会议，丽江地委和行署提出了“旅游先导”发展战略，旅游业得到快速发展。1990年丽江接待海内外游客9.8万人次；1994年为21.7万人次，旅游综合收入4222万元；2001年已达到322.1万人次，其中海外旅游者10.5万人次，旅游综合收入20.43亿元，其中旅游外汇收入3038万美元；2002年接待海内外游客已增加到337万人次，是1994年的15.5倍。以旅游业为主的第三产业增加值，在国内生产总值中的比重，1995年为32.5%，2001年上升到45.7%。丽江独特的自然景观、人文景观和民族风情，对国内外游客有极大的吸引力。十多年来，它已经享有较高的知名度，成为中外游客向往的旅游胜地，是全国十大旅游热区之一，旅游业已成为丽江最具活力的经济增长点。

在旅游业快速发展的过程中，旅游设施和机构人员也有较大的增加和完善。2000年全区共有星级涉外酒店57家，普通宾馆、招待所和客栈210家，总计床位1.87万个，初步形成吃、住、行、游、娱、购一条龙，高中低档配套的接待能力。同期，开业的旅行社有31家，导游人员1000多人，经营者和从业人员在实践中积累了较为丰富的经验，并与省内外很多知名的旅行社建立了密切的合作关系。这些，也是丽江旅游业进一步发展的重要条件。

20世纪90年代以来，丽江旅游业的发展，得到了中央领导和各级政府的关心和支持。中央领导多次到丽江视察工作，对旅游的发展作出了一系列重要指示。省政府在1994年制定的滇西北旅游规划中，把丽江的旅游开发作为重中之重，丽江也确定了旅游先导战略，把旅游业作为主导产业加以培植。

2001 年下半年，丽江地委、行署及时召开了全区旅游工作会议，适时提出旅游业发展要“二次创业”，进一步把旅游业做大做优。提质增效，要求尽快实现旅游业从粗放的数量增长型向质量效益型转化，从单纯观光型向观光、休闲、度假、探险、科考、会展、购物等综合型旅游方向转变，从富民产业向既富民又富财政的区域经济大产业转变。

2003 年波及数十个国家和地区的“非典”疫情，在云南省和丽江市虽未发生病例，但对云南全省和丽江旅游业的负面影响相当大。据丽江旅游局统计，4 月上旬丽江退团 1392 个，退团人数超过 3 万人，“五一”节后大多数旅游企业处于歇业状态，每天减少旅游综合收入 500 万元以上。值得赞许的是，丽江旅游行业不失时机地开展提质增效活动。宾馆、酒店、景区、景点广泛进行设施维修改造；旅游从业人员开展“大练兵”活动，组织外语达标和劳动技能培训，提高持证上岗的普及率；全面开展宾馆（酒店）星级检查和复核，对照新的酒店星评标准，要求缺什么、补什么。同时，积极筹备一系列国内外旅游促销活动。“非典”警戒刚解除，丽江地委书记即率团赴大理、西双版纳等地进行考察和开展旅游促销，迎接“非典”后新一轮“丽江旅游热”。

丽江旅游业的发展，虽然取得了显赫的成就，在一定程度上带动了社会经济的发展，但就发展规模和发展水平而言，还有待进一步提高。仅就旅游业而言，要素配置不够合理，存在弱、小、散、差状况；通达条件仍存在一定的制约，公路存在“瓶颈”，民航发展直航困难；游客停留时间短，消费水平低；服务标准和规章制度不健全，接待、礼仪、讲解都还应进一步规范。再就社会经济发展水平看，2001 年丽江地区的人均 GDP 3026 元，仅及全省平均水平 4866 元的 62%，相当于全国平均水平的 40%；丽江农业人口占总人口的 88%，但 2000 年农民人均纯收入 1284 元，仅及全省平均水平 1479 元的 86.8%，相当于全国平均水平 2253 元的 57%。丽江农村还有 40 多万贫困人口，占全市总人口的 40%。总的来说，人民收入水平和生活水平还比较低，全面建设小康社会的任务十分艰巨。因此，以地改市为契机，在加强和提高第一、第二产业的同时，有必要加快以旅游业为主导的第三产业，再创丽江旅游新辉煌。

三、再攀新高的营销方略

丽江市党政领导和旅游部门对旅游业的大发展，已经制定了比较全面的发展规划，以“两山（玉龙雪山、老君山）一城（丽江古城）一江（金沙江）一湖（泸沽湖）一文化（东巴文化）一风情（摩梭风情）”为代表，要在“巩固、提升、开发、完善”上下功夫。在工作思路上，强调在质的提高阶段必须推动由政府主导型向市场主导型转变，旅游行业的运营由市场主体按市场机制运作。在具体措施上，主要抓几个方面的工作：一是加强基础设施建设，进一步改善旅游业发展的环境和条件；二是突出特色打造旅游精品，努力满足游客多方面的需求；三是内联外引做大做优旅游产业，充分发挥旅游业对区域经济发展的关联带动作用；四是加快旅游信息化步伐，健全完善旅游行业的管理。这些思路和设想，都比较切合丽江的市情并且可操作性强，付诸实施，成效指日可待。

丽江作为旅游胜地，向往者众多，关心的人也多，来自各方面特别是旅游者的评论意见，有一些值得丽江有关部门和领导在制定旅游业长期营销方略时借鉴。

第一，强化教育，培养人才。全面建设小康社会，意味着社会生产从自然型劳动资源为主导的传统模式转变为人力资源为主导的现代化模式，这就要求从根本上促进教育事业的发展。到丽江的旅游者发现，在民居的门楣上有的贴有“除服”（意指除去丧服）或“于归”（意指女子出嫁）字样，非常赞赏热爱读书的丽江人。遗憾的是教育普及率不够，平均受教育年限太短。2000 年全国第五次人口普查时，云南农村 6 岁以上人口平均受教育年限为 5.68 年，约比全国平均水平少一年，丽江地区也大体如此。同期，云南省的文盲率为 11.39%，丽江为 15.39%，在 16 个地、州、市中，仅低于迪庆、怒江和昭通。丽江拥有非常宝贵的得天独厚的旅游资源，要实现旅游业高水平的可持续发展，以人的知识和创新能力为特征的人力资源，将成为起决定性作用的经济社会发展要素。发展教育事业是提高国民素质、培养人才的基础，必须加大对教育的投入，强化基础教育，加强农村适用技术、新技术培训的力度，帮助广大农民特别是少数民族群众掌握致富的本领。

第二，尊重自然，保持特色。旅游业是对环境依存度很高的产业之一，良好的环境和自然生态是旅游业可持续发展的基础。拥有众多国家级、世界级的旅游资源，是丽江的突出优势。在发展旅游业的过程中，必须合理安排景观景点的自然承载量，正确处理世界遗产保护与社会经济发展的关系，防止生态环境衰退。旅游者认为，以往云杉坪春夏期间山花烂漫，绿草如茵，银装素裹，分外妖娆。由于大量游人践踏雪原冰川和草坪，严重破坏了地表植被，如今草坪只落得个泥泞的沙滩，黑森森的林地上只有青色的山岩。玉龙雪山冰川退缩，雪线上升，虽有科学工作者认为是全球气候变暖在本区域的具体表现，但当地民众和一部分旅游者则认为不应排除人为的因素，并以栈道一侧冰雪消融非常严重，已形成巨大的冰槽作为例证。热爱自然的游客，既要求设施先进，服务周到，又反对人造景观喧宾夺主，甚至觉得服务设施破坏了自然环境的和谐。虎跳峡附近的收费“厕所”（地点可能不属丽江），引发了数十则持非议的网评，反应十分强烈。

第三，崇尚文化，着意创新。旅游者普遍认为，文化在丽江旅游业的发展中起到极为重要的作用，丽江古城、纳西古乐……给游人留下了难忘的印象。文化产业可以依靠旅游业开拓市场，旅游业也可以依托文化增加内涵，提高品味。知识文化型旅游回头客多，生命周期较长，满足旅游者求知、体验的需求有利于旅游业的提升和发展。但是，旅游者的汹涌人流，不可避免地会将各种各样的生活方式和商业文化带到旅游目的地，对传统文化产生影响和冲击。互联网上的信息有“哭泣的丽江”“宣科：丽江死了”，都在惋惜“古城失去了往日清新、质朴的面容”，丽江失去了“古老的流风余韵”。这里可能存在鱼与熊掌不可兼得的问题，只能徒唤“奈何”。可以预言，随着商品经济的发展和私有财产的增多，摩梭人的走婚习俗也会改变。必须肯定的是传统优秀文化在旅游业的发展中具有教育的功能，旅游开发，理应大力传播先进文化。旅游业的创新，必须立足于此。在旅游资源开发与遗产保护的碰撞中，有些建议虽非创见，但颇有价值。例如，虎跳峡的交通不要太现代化了，应保留一些徒步旅行的线路；

“三江并流”大开发的条件不完全具备，不要急于搞各种设施，可以开展“空中游览”，为此，可开辟丽江—香格里拉航线，途中对“三江并流”作或多或少，或15分钟或30分钟的空中考察；将“三江并流区”的主要景观，从空中拍摄成电影，在丽江、香格里拉、六库等处影院播放。

第四，突出重点，精益求精。有两项世界遗产，多项世界级景观，丽江的知名度相当高，品牌相当响亮，建设国际精品旅游胜地，前提业已具备。然而旅游资源的开发利用，绝非一朝一夕之功，涉及遗产保护，更不可急于求成。看到一条“丽江旅游招商引资30亿元”的信息。人们亦喜亦忧。喜的是丽江旅游项目增多，设施改善；忧的是担心决策不慎，保护遗产不周密。一般说来，精品需刻意打造，需要投入，不可能过多，也不宜过多。同时，任何美妙的景观，都不可能让游客饱览无遗。正因此，美国科罗拉多大峡谷建成国家公园后，也未能让游人到处都游，只好拍成电影在公园外电影院播放。目前，国内外游客愿意到丽江的相当多，但逗留的时间绝大多数都不会太长。旅游资源开发必须突出重点，好中选优，精益求精。“巩固、提升、开发、完善”中的“开发”，首先着眼于“巩固”“提升”和“完善”，即优先实施“巩固”“提升”和“完善”所必须的开发，使好的旅游产品精起来，精品更精，让游客不留遗憾。如果我们有一两项达到这种境地，赢得游人的口碑，其效果将远远超过所有媒体的广告、宣传。

〔原载《云南财贸学院学报》（社会科学版）2003年第1期〕

中国市场营销学与时俱进的20年

——庆祝中国高校市场学研究会成立20周年

一、市场营销学的重新引进

20世纪30年代，发源于美国的市场营销学被介绍到中国，复旦大学1933年曾出版了丁馨伯先生译编的《市场学》，直至新中国成立初期，有的大学的商学院仍开设市场学课程。1952年以后，高校课程设置一度照搬苏联经验，在忽视流通与市场的经济思想影响下，经济管理类院系都停开市场学。50年代后，在西方经历了"革命"的市场营销原理，在我国大陆未能及时传播。我国古代和现代企业经营中很多有益的营销经验，也未能系统地进行总结和传播。

1978年，在经过一场全国性的真理标准大讨论和思想理论上的拨乱反正之后，中国共产党于12月18日至22日召开了十一届三中全会，做出了把全党工作的重点转移到经济建设上来和实行改革开放的重大战略决策，从而实现了伟大的历史性转折。在理论上，经济学界努力为商品生产恢复名誉，通过对社会再生产理论的研讨，流通和市场问题的重要性日益为人们所重视；在实践上，市场取向改革的启动，有些按计划生产、计划分配，长期供不应求的产品，1979年"计划任务不足，实行按需生产，自找门路"。在对外经济贸易方面，强调引进技术，利用外资，扩大出口，1983年进出口总额比1978年增长1.1倍。国内市场上的商业竞争与对外贸易的迅猛发展，迫切要求用现代市场营销理论指导生产与经营。

1979—1983年，可以说是市场营销学重新引进中国大陆的启蒙阶段。

从1979年起，部分大专院校和外贸部、一机部等，多次聘请外国专家来华讲授市场营销学，香港中文大学闽建蜀教授等营销学者也多次到内地讲学。1980年，外贸部与设在日内瓦的国际贸易中心（ITC）合作在北京举办了市场营销培训班。同年8月18日，中美两国合办的中国工业科技管理大连培训中心第一期研究班开学，聘请纽约大学、加州大学等高校教授讲授市场学等课程，1980年6月—1984年11月为我国培训厂长、经理和管理专业教授1000余人。商业部教育局1980年开始便到广州有关院校收集市场学教学资料，在教育工作会议上请有关院校向部属高校和中专学校介绍市场学教学经验，接着便要求增设市场学课程。1981年暑假期间，中国人民银行在陕西财经学院举办市场学师资班，聘请香港中文大学闽建蜀教授主持讲座，为综合大学和财经院校培训了第一批师资，从而为更多的院校开设市场营销学课程创造了重要的条件。在此期间，除高校图书馆从国外购买和交流的外文原版教科书外，还翻印和翻译多种市场学教材。一机部所属院校和部分综合大学、财经院校还编写发行了一些市场学教材。1979年起，暨南大学、哈尔滨工业大学率先开设市场学课程，外贸部和一机部所属高校以及中国人民大学、湖北财院、广西商专、云南财院等大专院校，也于1980年、1981年先后开设市场学课程或讲座。还有一些院校采用其他课程名称讲授或介绍市场营销学。

在市场营销学重新引进中国的启蒙阶段，吴世经（西南财大）、梅汝和（上海财大）、何永祺（暨南大学）、吴凤山（哈工大）、邝鸿（人大）等营销学界的先行者，在介绍西方营销理论、主持讲座、培训师资、编写教材等方面，做了大量开拓性的工作。

二、高校市场学研究会的组建及发展

中国人民银行组织编写《中国社会主义市场学》教材，推动了大专院校之间研讨市场营销理论的联系和协作，促进了市场学会组织的建立，加速了市场营销理论的传播。由陕西财经学院、湖南财经学院牵头的6所财经类院校组成的编书组，在1981年商定编写提纲及分工后，1982年5月在长沙召开了有24所院校参加的教材讨论会。会上，不仅对教材讨论稿提出了修改补充意见，而且交流了各校开设市场学课程及编写教材的情况。与会者还建议：为了更好地研讨营销理论，中国应尽早成立类似美国市场营销协会（AMA）的学术组织。1983年5月，商业部教育局在乐山召开市场学教材讨论会，与会的高等院校的教师又重提上述建议。1983年10月，由陕西财经学院发起，共有18所综合大学和财经院校的代表参加，在西安召开了市场学教学研究会的筹备会。1984年1月，湖南财经学院接受筹备会的委托，经过紧张的准备，取得中国人民银行及湖南省有关领导的支持，在长沙召开了"全国高等财经院校、综合大学市场学教学研究会"成立大会，选举了领导机构，同时举办了第一期市场学研究班。会后经会长贾生鑫的多方努力，中国人民银行同意作为研究会的挂靠单位。

1984年7月，全国高等财经院校、综合大学市场学教学研究会与云南财贸学院在昆明联合举办了第二期研究班，学员主要是大专院校的教师。1985年7月，以第二期研究班的收入为经费，研究会在昆明召开首届首次年会，研究会名誉会长、中国人民银行副行长李飞和著名经济学家许涤新出席了开幕式。1986年7月和1987年7月分别在杭州莫干山和哈尔滨召开了年会。研究会成立大会及首届理事会的三次年会，学术讨论的议题十分广泛，其中涉及学科与学会发展的基本问题，虽然终存在不同见解，但多数同志认为：学科名称译作市场营销学较好；学科性质属于微观应用科学；研究对象是企业市场营销组合决策与实施过程及其规律性；建立包括企业家参加的中国市场营销学会十分必要。1987年哈尔滨会议期间修订学会章程，研究会改名为"中国高等院校市场学研究会"，进行了换届选举，何永祺当选为会长，各大区的理事、常务理事中都有了工科院校的代表。1988年8月，第二届理事会在广州召开第一次年会，研究会顾问香港中文大学教授闽建蜀、日本关西大学教授保田芳昭在会上作了学术报告。1990年8月，中国高等院校市场学研究会第二届第二次年会在桂林召开，经换届选举，何永祺连任会长。1991年8月和1992年8月，分别在苏州和西安召开年会，1993年7月第四次会员代表大会在昆明召开，通过换届选举，罗国民当选为会长，并连任三届。1994年7月，以"跨世纪的中国市场营销"为主题，在上海举行"中国高等院校市场学研究会十周年纪念暨市场营销国际研讨会”，参加会议的共有海内外市场营销专家、学者160余人。是后，每次年会都有一个中心议题。1995年至2002年的年会，分别在黄山、宜昌、大连、南宁、广州、西安、重庆、昆明召开。2003年8月，在贵阳举行第七次会员代表大会，通过换届选举，纪宝成当选为会长。

高校市场学研究会成立20年来，在历任会长、全体理事和广大会员的共同努力下，推动中国市场营销学的研究和应用，从日益普及到逐步提高，从侧重引进到逐步融入国际营销学界，与时俱进，成果丰硕。

三、市场营销学在中国广为传播

中国共产党十一届三中全会后改革开放的25年，随着市场取向改革的持续推进，社会主义市场经济体制初步建立，买方市场逐步形成，社会生产力提高到一个新的水平。2003年我国GDP达到116694亿元（不包括港、澳、台地区），按可比价格计算（下同）比1978年增长8.4倍，人均GDP增长6倍，约为1090美元；国内外市场迅猛拓展，社会商品零售总额达到45842元，比1978年增长7.3倍，进出口总额达到8512亿美元，跃居世界第四位，2004年将突破1万亿美元。社会消费需求与消费结构的变化，更是引人注目。1990年代前，我国基本上处于短缺经济时代，很多商品供不应求，消费品中的粮、油和一些副食品以及传统的三大件（自行车、手表、缝纫机）、新三大件（电视机、冰箱、洗衣机）都曾经凭票证供应。在21世纪初各类商品市场已全面呈现供大于求。2003年中国已成为全球第4大汽车生产国、第3大汽车市场，轿车消费实现了私家消费为主；电脑的拥有量正急追世界发达国家，移动电话的拥有量则已稳居全球第一。体制的突破，经济的发展，市场的扩大，营销队伍多达6000万人，市场营销学的研究和应用，有十分广阔的空间和异常肥沃的土壤。中国高校市场学研究会，紧紧抓住机遇，二十年如一日，全力促进市场营销学在中国大陆广为传播，无论就广度或深度而言，二十年已走过了西方国家近百年走过的路程。

（一）深入、持久地开展市场营销学术活动

高校市场学研究会成立后的20年中，除1989年外，每年暑假期间都举行一次年会。1993年以后，承办“中国高等院校市场学研究会”年会，已成为各省、市、自治区有关院校积极争取的光荣任务，每年都有多所院校“申办”。

1994年起，每次年会都因应经济全球化、入世与知识经济时代的要求，选定主题，广大会员积极围绕主题撰写论文，参与研讨。与会代表向大会提交的论文，每年均有七十至百余篇，1995—1997年还出版了论文选集。不少作者的论文，探讨营销理论前沿问题，总结交流教学经验，还介绍一些生动的教学案例。每次会上，教学经验交流和研讨，都作为一项重要内容。

高校市场学会成立后的几年中，国内各大区先后都成立了市场学会，多数省、市、自治区也逐步建立了学会。地区市场学会不仅有教学科研人员参加，而且广泛吸收企业家参加各种活动，理论与实践相结合，为市场营销理论的研究和应用，开辟了极广阔的领域。中西南地区商业、粮食中专学校市场学会和机械部销售局市场学组，在20世纪80年代后半期，也曾在较大范围内开展了经常性的学术活动。地区和部门的学会组织，为总结营销工作和市场学教学经验，组织编写教材，培训营销人才，普及市场营销学知识，作出了积极的贡献。

1990年前后，高校市场学研究会的大部分领导成员，积极参与了中国市场学会的筹建工作。1991年3月，中国市场学会在北京召开成立大会，中国高校市场学研究会的广大会员积极参加会议和会后的活动，中国市场学会也派代表参加高校市场学会的历次年会，两个学会互相支持，互相学习，加强学术界和企业界的联系，促进理论与实际结合，积极开展学术活动，建立对外交流渠道，培训市场营销人才，为我国研究和应用市场营销理论，提高企业营销素质，做了大量有益的工作。

（二）促进营销观念的认知和演变

在计划经济体制下，长期排斥市场机制，否定市场竞争，要接受市场

营销理论，必然要有一个学习与实践的过程。1983年前出版的几本市场学教科书，不仅受到一些非议，甚至作者自己对这一学科也还有保留。由于经济改革刚刚起步，有的市场学教材还保留了较多的计划经济色彩，如“定价”和“渠道”策略，基本上还是按计划经济的要求讲，与营销观念格格不入。我们的企业从“以阶级斗争为纲”转变到“以生产为中心”，已经是很不容易的事了，再要从“计划第一”转变为“以消费者需求为中心”，势必还要作极大的努力。1983年1月，原国家经委副主任袁宝华在借鉴外国管理经验座谈会上说：“学习外国经验，要从头到尾、原原本本地学，学通了，才能从中吸取有用的东西，至少在专家范围内应该是这样。”“不把‘众长’学透，就不能‘博采’，要想自成一家，就先学透百家。”① 这一段话，在1984年初中国高校市场学会成立大会上广为传播，鼓励了教学科研人员进一步解放思想，继续引进、学习和宣传市场营销理论。虽然关于计划与市场的剧烈论战，一直持续到1992年尚未完全结束，但在党的十四大以前的十多年间，我国从企业、市场、宏观管理三个环节进行的配套改革，已经取得巨大成就。1979年初开始的农村经济体制改革，提高了农民生产和经营的积极性，特别是乡镇企业异军突起，极大地解放了长期被体制束缚的农村生产力。1984年10月，党的十二届三中全会后，经济改革的重点由农村转入城市，改革的目标是在以公有制为主体的基础上建立自主经营、自负盈亏的企业体制。在改革的推动下，多种经济成分并存的所有制结构初步形成，经济发展速度加快，市场供求格局发生了重大变化，卖方市场开始向买方市场转化。与此同时，实行对外全面开放的方针，促进了对外关系的发展和外贸的增长，1992年进出口总额比1978年增长了7倍。面对日益剧烈的国内外市场竞争，在市场营销理论的传播和影响下，企业经营观念逐步发生变化。不论现代营销观念树立的程度怎样，但大多数企业已不再是“闭门造车”、埋头生产，而是日益重视市场调查与市场开拓，销售观念开始取代生产观念，市场导向、顾客第一的经营观念也已为较多的经济管理人员认知。

1996年3月，全国人大和政协“两会”期间，文件起草部门采纳了中

① 《经济参考》1983年1月22日。

国人民大学教授郭国庆委员的建议，在文件中以“市场营销”取代了以往常用的“经营”“销售”等用语，全国人大八届四次会议通过的《中华人民共和国国民经济和社会发展“九五”计划和2010年远景目标纲要》中，明确指出，国有企业要按照市场需求组织生产，“搞好市场营销，提高经济效益”；还指出，要积极发展“代理制、连锁经营等新的营销方式”“建立科研、开发、生产、营销紧密结合的机制”。这是市场营销首次见诸中央文件。国家经贸委于1997年初发出了《关于加强国有企业市场营销工作的意见》，可以说是国家经济管理部门日益重视市场营销工作的一个标志。国家人事部出台营销师职称系列，也反映了政府部门对市场营销在社会经济发展中作用的重视。2000年3月，朱镕基总理在政府工作报告中强调所有企业都要切实加强科学管理，“要根据国内外市场变化，正确制定企业发展战略、技术创新战略和市场营销战略。”① 2002年3月，他在政府工作报告中再一次强调要“加强和改进企业质量、成本、营销管理。”②

（三）培养造就高素质市场营销人才

社会主义市场经济的发展和买方市场的形成，不仅为消费者提高消费质量、档次提供了良好的物质基础，也对生产经营者提出了更高更严的要求，高素质的市场营销人才，是全社会各行各业的迫切需要。我国市场营销专业的设置虽然较晚，但不少院校1984年前即在商业经济、企业管理或其他专业开辟市场营销方向，培养营销专门人才。从全程教学计划课程设置看，暨南大学的商学系，实际上早已有市场营销专业，其他高校也有类似情况。广西商业高等专科学校经自治区教委批准，1984年开设大专层次“市场营销专业”，1986年又增设“国际市场营销专业”。1988年，国家教委批准山东大学试办“市场营销专业”，同年招收本科生。2001年，列入教育部专业目录开设市场营销专业的院校已有213所高校。2004年；通过连续几年的扩招扩建，包括民办院校在内，设有市场营销专业的院

---

① 朱镕基：《2000年政府工作报告》，中华人民共和国国史网。
② 朱镕基：《2002年政府工作报告》，中华人民共和国国史网。

校，估计不下400所，至于更高层次营销人才的培养，1984年前后即有十多所院校有市场营销方向硕士研究生，2003年，招收市场营销方向硕士生的院校，估计有150所左右。从1990年中南财大商业经济专业市场营销方向博士点申报成功，到2003年中国人民大学商学院正式设立市场营销管理博士点，包括在企业管理等专业内招收市场营销方向博士生的大学，全国约有20所。在师资培训方面，1984年起，中国高校市场学研究会连续多次开办市场学研究班，在为企业培训营销人才的同时，为大专院校和中专学校培训了大量师资，成为学会会员、理事和市场营销学课程教学骨干者不下百人。1984年以后的20年间，开设市场学课程的院校日渐增多，普通高校包括综合大学、财经院校，以及设有经济管理类专业的农、林、理、工、医科以至军事院校，几乎都开设了市场学课程，电大、自学考试、中专和干部学校开设市场学课程的也为数众多，估计全国开课院校超过千所，任课教师不少于5000人。20世纪末，全国不少地区和院校都把市场营销学列为重点课程。广西商专市场营销专业经教育部组织专家调查评定为“示范专业”。在各种层次学历教育和干训蓬勃发展的同时，市场营销学还作为日益兴盛的MBA教育的重要内容。

在教材建设方面，高校市场学研究会历来重视和倡导编写教材和案例，并于1993年印发过推荐试用的教学大纲。据不完全统计，2003年以前的20年中，全国正式出版的市场营销学教材（含国际市场营销学、专业市场营销学），累计不少于800种版本。

20世纪最后几年，市场营销学著作，向多样化和系列化方向发展。进入21世纪以来，学会协助高等教育出版社、东北财经大学出版社组编出版了面向21世纪课程教材市场营销专业主干课程系列教材14种、高等学校本科和高职高专市场营销专业教材各16种，在教学中受到广泛欢迎。2004年，高等教育出版社还推出了市场营销学立体化教学包，不仅有主教材，而且有与主教材配套的学习指南与练习，有与主教材相对应的教学案例，还有专供教学使用的辅教光盘及网络课程光盘。万后芬教授主编的《市场营销教程》，除案例及辅教光盘外，还配发了辅学光盘。这些将有力地推动改变一块黑板、一支粉笔、一本教材的传统教学模式。

（四）理论与实践结合日益紧密

市场营销学是实践性很强的应用学科，不仅学生、学员要学以致用，教学、研究人员也必须深入实际，参与实践。20世纪80年代起，我国营销管理人员，在学习市场营销学原理的基础上，理论与实际结合，应用营销理论、策略和方法，在市场竞争中成就了不少成功的企业和成为了企业家。理论界热心为企业提供咨询服务，与企业保持非常密切的联系，几乎各省、市、自治区都有营销学者受聘为企业的营销顾问，有的在企业营销部门兼任实职，还有人在上市公司兼任独立董事。营销学者为企业提供多种多样的营销策划与战略咨询服务，往往成为企业决策的重要依据，受到企业的欢迎和信赖。由于总体市场特征为供大于求，国外资本又大举进攻中国市场，彻底改变了中国市场竞争的格局。面对买方市场初步形成后出现的巨大变化，中国企业不得不重新审视以往的营销战略和营销举措，开始进入理性化营销阶段，特别是走出价格战和夺“标王”的误区。以海尔为代表的家电产品，继价格竞争、服务竞争之后，转向以科技开发为重点的营销战略；“秦池”“爱多”重金夺取“标王”后的窘境，使一部分企业对市场营销有了新的认识，至少把“名牌战略”和广告战区别开，注意全方位营销、整合营销。为促进营销理论与实践的紧密结合，中国市场学会，中国高校市场学研究会、各地区和行业市场学会的活动，起到了十分积极的作用。各级学会充当政府与企业、理论界与实业界的桥梁纽带，让营销学者和企业家共同推动营销理论研究、总结交流营销经验和提高营销管理水平，取得丰硕的成果。

20世纪最后几年，营销理论研究出现了一些可喜的变化。理论性较强的专著如郭国庆等著《市场营销理论》、刘凤军著《品牌运营论》先后于1999年和2000年出版，均有相当的理论深度。不少营销学者在市场营销学的中国化方面，做了有益的探索，如卜妙金著《中国市场营销》、吴世经等著《中国市场与市场营销》、卢泰宏主编《营销在中国》、胡正明著《中国营销——对策与创新》等，对中国国情和市场特征都作了较为透彻的分析，对营销理论在中国的应用发表了极有新意的见解。值得赞许的是，中国人民大学包政教授，在1997年出版的《战略营销管理》一书中，对 AMA 和权威学者的某些论点，在分析探讨中，不再是人云亦云，而是能提出有说服力的独立见解。经国家教委批准，1995 年 10 月成立的“中国人民大学中国市场营销研究中心”，汇集全校与市场营销有关的专业教师，致力于营销理论研究、教学改革和社会实践。人大报刊复印资料《市场营销》，不仅重新排版，而且直接发表专论，已不再是单纯复印。

（五）全方位加强国际学术交流

20 世纪 80 年代以后的国际学术交流，除从国外聘请市场营销专家来华讲学外，国内学者也有人受聘于国外的大学，讲授和指导研究市场营销学；中国留学生和教师在美、法、日、德、加拿大、匈牙利、南斯拉夫、澳大利亚等国学习市场营销学者，人数较多。1988 年以后，我国港台地区学者和国外学者参加中国高校市场学研究会年会活动者较多，1994 年参会的我国港台及美国、菲律宾、新加坡、澳大利亚等地的代表有 20 余人。

1995 年 6 月 22—25 日，由中国人民大学、加拿大麦吉尔大学、康克迪亚大学联合主办的“第五届市场营销与社会发展国际会议”在北京成功举行。来自 46 个国家和地区的 135 名外国学者和 142 名国内学者出席了会议，25 名国内学者的论文被收入论文集（英文版），6 名中国学者的论文荣获国际优秀论文奖。从此，中国市场营销学者开始全方位、大团队地登上国际舞台，与国际学术界、企业界的合作进一步加强。例如，中国人民大学在市场营销学方面，1999 年即已与 46 所国际著名学术机构建立了密切的学术交流关系，在国际学术会议或国际学术刊物上发表论文 42 篇，参加国际学术会议 210 人次。其他高校和研究机构，请进来、派出去的交流活动也有增无减。外国和港台市场营销学教授来内地讲学，内地学者去香港和国外讲学，比以往更为频繁，菲利普·科特勒、唐·E. 舒尔茨等市场营销学权威都曾经应邀到中国讲学。高校青年教师出国进修，已有人直接攻读市场营销博士学位。经过原作者的同意，有上百种原文和翻译的市场营销学著作正式在中国出版。不少高校也订阅、购买了较多的外文市场营销学书刊，及时传播了国外市场营销理论研究前沿的信息。

四、历史性的变化与遐想

中国高校市场学研究会成立的20年，也是中国市场营销学与时俱进的20年。20年来，中国市场营销学界以及市场营销学的研究和应用发生了一系列历史性的变化。例如：从极少数院校开设市场学或西方商业课程，发展到上千所高校开课，并有约400所大学设立市场营销专业，约150所大学招收市场营销方向硕士生，约20所大学招收市场营销博士生，有的还接收博士后；使用的教材从影印、译著为主到自编教材数百种版本，并且有立体化教学包；师资队伍，从为数不多的几位副教授以及接受过短期培训的教师为主，发展到5000人左右的宏大队伍，而且有数十名营销方向的博导，数百名营销学教授；学会组织的大本营，从古都西安，转移到改革开放的前沿广州，现又转移到首都北京；学会的主要活动——年会，从征集承办单位为主，转变到承办单位申办为主；研究的重点从市场营销学的基本原理、策略和方法发展到知识经济时代经济全球化条件下的中国市场营销以及国际化与本土化的结合；国际学术交流从聘请外国专家来华讲学为主，发展到请进来，派出去有增无减，合作项目增多，逐步融入国际营销学界；学会的成员，日益年轻化，学历、职称高层次化。

中国高校市场研究会20年的变化喜人，主要得益于学会成员的团结精神、拼搏精神，特别是历任会长和几位元老的奉献精神。首任会长贾生鑫教授为筹建学会、寻找挂靠单位，制定章程，组成领导机构，煞费苦心，奔波劳碌，功成身退。第二任会长何永祺教授不仅自己为办好学会竭尽全力，而且让夫人侯轩娇教授承担了学会日常工作的大部分事务，还自行支付了一些办公费用。第三任会长罗国民教授在连任三届期间，设法提供了全国性学会所必须具备的注册资金、办公场所和设备，处理经常性工作的人员等条件，在换届前还召集了出席人数较多的正副会长、顾问联席会，为2003年换届会议及人选做了周密的准备。20年的学会活动，主要靠广大会员和理事，尤其是几位元老的支持。1985年在昆明召开首次年会，经费全部来源于1984年的研究班。介绍市场学在美国、在法国、在日本的是谭宗尧、甘碧群、陶琲等教授，主讲市场营销理论的有何永棋、贾生鑫、励瑞云、吴同光等教授，这些在今天是名副其实的元老派的老师，积极自筹路费、承担讲座任务。在交通困难的情况下，彭星闾教授买张火车票从成都站到昆明，早晨到，还要求下午就上讲坛。甘碧群教授为市场营销专业设置做了大量工作，进而使市场营销学列入经济管理类核心课程。马世俊教授两次承办年会，亲自办理会务问题，带队旅游，风尘仆仆，保证会议圆满成功。

我们希望在人民大学纪宝成校长的领导下，中国高校市场学研究会加强市场学研究会的学术活动，进一步提高中国市场营销学研究和应用的水平，更多地开展中外营销学术交流，更好地适应经济全球化的要求。我们还希望学会能百尺竿头，更进一步，用高水平的研究与应用成果争取市场营销学能进入一级学科行列，在时机成熟时将"市场学研究会"改为"市场营销学会"。

〔原载《云南财贸学院学报》（社会科学版）2004 年第 4 期〕

论农村经销专业户

各种农副业生产专业户的出现，是农村经济中所发生的重大变化之一。继生产专业户之后，农村商品流通领域中又出现了经销专业户，他们把工业品贩运到农村，并为农民推销部分农副土特产品和家庭手工业品，传递市场信息，活跃城乡经济，促进了农村商品生产的发展，受到生产者和消费者的欢迎。对于农村经销专业户，研究它为什么会产生，它在城乡经济生活中的作用怎样，应该如何引导它健康地发展，具有重要的现实意义。

一

农村经销专业户以经营商业为主，兼营其他，或者是全力以赴从事购销活动。对农副产品经销专业户作一些调查分析，就不难发现，他们当中有些人本来也是生产专业户，甚至是技术高、较精干的行家里手，他们多半是由自产自销或代销，逐步演变为专业购销的。

部分农民之所以从生产领域分离出来，发展为经销专业户，是因为农民作为商品生产者，产品是要拿去交换的，只有实现了商品的价值，他才能买进生产资料和生活资料，再生产才能顺利进行，生活需要才能得到满足。出售产品的活动和生产产品的活动，对市场供应来说是同等重要的。可是，出售商品的时间是对生产时间的扣除，前者花费的时间越多，后者的时间就越少。同时，长途运销自己的产品，并非每个生产者都能办到，即便能办到，如果花费过多，也不一定合算，因此，在商品生产发展的过程中，特别是在市场需要增加而生产者又有可能增加生产时，他们总是希望把出售商品的事务交给他人去做。因为一个商品经营者可以同时为许多生产者服务，由他们集中推销商品，比由生产者本人出售商品效率要高，费用要省，所以这对生产者来说，也是有利的。但在目前，由于农村地域辽阔，生产单位分散，产品种类纷繁复杂，国营商业和供销合作社还不可能把购销农副产品的任务全部包下来。实际上，不仅是小商品，就连一些重要的农产品，商业供销部门要全部包下来，也是比较困难的。特别是党的十一届三中全会以来，随着农业生产责任制的建立和逐步完善，农副业生产不断发展，专业户和新联合体大批涌现，农村商品生产已进入新的发展阶段。在农副产品品种、数量迅猛增加，农民购买力大幅度增长的同时，许多商品的生产和生产资料的消费又进一步分散到千家万户。在这样的新形势下，农民买难卖难问题相当突出。加上由于过去统得过多，管理过死，实行单渠道、多环节的流通体制，有些地区造成了产品滞销、积压，以至霉烂损失，有的地区由于缺乏市场预测预报和商情沟通，产销脱节时有发生。这些问题如果得不到解决，农业扩大再生产就会受到限制。正是在农村商品生产发展，流通渠道不畅，商业供销部门难以满足农民出售商品的要求的情况下，经销专业户便应运而生。农村经销专业户的产生和发展，是农村商品生产发展的客观需要。

二

农民进入商品流通领域，从事农副产品贩运，弥补了国营和集体流通渠道的不足，联结生产和消费，给生产者、消费者和商业部门都带来好处。在经济生活中，其积极作用主要有以下几方面：

（1）利用农村多余的劳力、资金和设备，扩充了商品流通渠道。农村商品生产大发展后，商业部门的网点、人员虽不断增加，仍远远跟不上发展的需要。要把所有农副产品的收购都由国营商业包下来，显然是不现实的。利用农村一部分剩余劳动力和财力，发展“离土不离乡”的经销专业户，可以使商业网点大量增加，活跃农村经济。

（2）拾遗补缺，聚零为整，为农村商品开辟了市场，为国合商业扩大了货源。经销专业户经营灵活，适应性强，为很多当地销售不了，商业供销部门又不愿经营或无力经营的商品打开了销路，解决了一些商品产地积压、销地脱销的问题。有些农副产品，商业供销部门虽然经营，但因过于零星分散，商业收购和农民出售都存在困难。经销专业户走村串寨，深入到一家一户，把分散在千家万户的商品资源收集起来，交售给商业部门，既方便了农民出售，又方便了商业的经营。

（3）传递市场信息，促进农副业生产合理地发展。要使农业沿着正确的方向发展，必须在计划经济为主的前提下正确运用市场调节，这就要经常研究市场供需状况的变化，按照客观经济规律的要求办事。如果不了解市场需要而盲目生产，就会造成产销脱节，供需失调。经销专业户走城串乡，关心行情，他们在购销活动中，把市场信息传递给生产者，对国家计划指导起着重要的辅助作用，能促进生产按社会需要合理地发展。

（4）多渠道，少环节，充分利用民间运力，改善鲜活商品经营。鲜活商品经营技术性强，运输、保管不易，而且大多带季节性，产销旺季商业和运输部门往往应付不了，搞不好会造成腐烂、掉膘、死亡等损失。在生产分散、交通不便的条件下，发动农民多渠道运销，能深入山区，又购又销，还承担短途运输任务。经销专业户的出现，既减少了经营环节，又充分利用了民间运力，有利于及时运输、销售，使农民增加收入，使消费者得到鲜嫩的副食品。

（5）购销结合，渠道畅通，促进农产品商品率的提高和生产专业化的发展。很多农副产品，农民既是生产者，又是消费者，商品率伸缩性很大。经销专业户不仅从各方面促进农村商品生产的发展，而且通过购销活动把自给性的剩余产品卷入商品流通，使生产者对市场发生兴趣，逐步扩大产品中的商品部分。生产的社会分工，要求各生产者之间互相联系，在发展商品生产条件下，这种联系又必须通过商品交换来实现。随着生产专业化的发展，生产者所需生产性服务越来越多，其中很多要由商业来提供。商业所能提供的服务越多，生产的专业化程度就越高。经销专业户开展供销服务，补充国、合商业的不足，能促进生产专业化进一步发展，为提高劳动生产率创造有利条件。

（6）广辟经营门路，使更多的农民富起来。农业生产发展了，产品增多了，必须通过交换，农民才能增加收入，才能富起来。相反，如果产品不能进入流通渠道，生产门路就会被堵塞。经销专业户帮助农民实现商品的价值，有利于农民集中精力发展生产。为产品打开销路，就是开辟了生产门路，经销户获取流通环节上的必要劳动收入，也是一条正当的经营门路。经销专业户从生产和流通两个方面开辟了生财之道，有利于使农民更快地富起来。

（7）向“官商”发起挑战，促进了国营商业的改革。经销专业户具有方便群众、经营灵活的优点，同时，他们一般都能吃苦耐劳，讲究服务态度和商业信誉。这对国营商业的“官商”作风，势必产生强烈的冲击作用。在日趋激烈的竞争中，国营商业如不改进，不但生意难做，而且将寸步难行。因此，商业战线面临多渠道运销的新形势、新变化，必须勇于破除各种不合理的老框框、老作风、老办法，积极主动地进行改革，为搞活农村商品的流通，开创商业工作新局面多作贡献。

三

和其他任何事物一样，农村经销专业户也具有两重性。私人贩运既有方便群众、搞活流通、促进生产的积极作用，又有盲目经营、追逐利润，可能冲击国家计划的消极作用，在发挥它的积极作用的同时，应注意限制它的消极作用。为此，必须正确认识和处理好以下几个问题：

第一，在放宽政策的同时必须加强管理。在农村商品生产发展、流通渠道不畅的情况下，调整农副产品的贩运政策势在必行。我们说开辟农副产品运销多渠道，鼓励农民长途贩运是必要的，但并不意味着可以撒手不管。农民从事农副产品贩运，必须经过生产队同意，向工商行政部门申请登记，领取营业执照，并应根据生产队的规定，承担社员应尽的义务。从事农副产品贩运活动的单位和个人，都必须遵守市场管理规定，服从工商行政部门的管理。必须按照批准的范围从事经营活动，不准破坏国家收购计划，不准哄抬物价，不准欺行霸市，不准弄虚作假，不准偷税漏税等。

凡违反市场管理规定的，工商行政管理部门都要依法处理。税收、物价、公安、交通运输等部门，也都要按照放宽政策的各项规定，制定有关的管理条例，以便有所遵循。

第二，坚持计划经济为主、市场调节为辅的原则。社会主义经济之所以被称为计划经济，归根到底，在于流通过程的计划化。对于与国计民生关系重大的少数重要农副产品，要继续实行统购派购政策，实行指令性计划管理。国家下达的统购派购任务，必须保证完成。商业供销部门在完成农副产品统购派购任务的同时，应当积极开展议购议销业务，参与市场调节，认真做好商品吞吐、平抑物价的工作，并主动向农民介绍市场需求情况，推行购销合同制，充分发挥对农村市场的计划指导作用。

第三，加强对农民的政治思想教育，并给购销户以必要的扶持。农村流通领域放宽政策以后，要注意对农民进行国家、集体、个人利益三兼顾的教育和有关政策教育。要教育农民坚持社会主义方向，走勤劳致富的道路，遵守国家政策法令，积极开展购销业务，为发展农业生产、改善人民生活贡献力量。各有关部门对经销专业户要给予必要的扶持，使各行业的经销户与商品生产发展的实际需要相适应地发展。工商行政管理部门要划清正当的贩运、合理的营利与机投诈骗、牟取暴利的界限，取缔非法活动，保护合法经营。商业供销部门不但要善于学习竞争对手的长处，而且要善于组织和利用个体商贩的力量，把流通搞活。对经销户要加强技术指导与行情交流，并充分利用他们代购、代运零星分散的农副土特产品，对又购又销的要在货源上给予支持。办理过登记手续的经销户，可以到银行开立账户，自筹资金不足，周转有困难的，可以向银行申请贷款。交通运输部门应采取有效措施，取消不合理的限制，便利农民贩运。城镇和交通要道的饮食服务行业，也要为农民贩运提供食宿、歇马、存货等方便。

（原载《农业经济问题》1984 年第 3 期）

特困地区应该免征农业税

近年来，关于减免农业税的议论逐渐增多，本文只对特困地区应否减免农业税和农特税，进行一些实证的分析。

一、农业税在国税中的地位

农业税在旧中国称田赋，历史上也称“皇粮”，是反动统治阶级以田亩为单位向农民征收的一种税，是对劳动农民的一种严酷的封建经济剥削制度。在新民主主义革命时期，农业税是解放区财政收入的基本来源，对于保障革命战争的供给，取得革命战争的胜利起了重要作用。新中国成立后，农业税是国家对有农业收入的单位或个人所征收的税，也是国家集中农民为社会创造的一部分纯收入的形式，体现了“取之于民，用之于民”的社会主义分配关系。长期以来，农业税以实物形式为主，俗称“公粮”。在“短缺经济”条件下，农业税是国家掌握粮食的重要方式，对调剂民食、供应军需、稳定市场有着重要意义。农村干部和群众都把“公粮”称之为“爱国粮”，在一定程度上反映了农业税和粮食对国计民生的重要作用。

进入21世纪，农业税在国税中的地位作用已经发生了相当大的变化。农业各税（包括农业税、林业税、耕地占用税、农业特产税和契税）占全国税收总额的比重，1950年为39%，1970年为11.4%，1978年为5.5%，2000年已下降到3.7%。在农业各税中，农业税约占2/3，每年约300多亿元，占全国税收总额的2.5%，占全国财政收入的2%左右，其在国税中的地位，远不能与新中国成立初期相提并论。再从粮食供求形势考察，从20世纪最后几年开始，中国粮食市场一直比较稳定，粮价稳中有降，反映了供求基本平衡并略有节余。虽然美国莱斯特·布朗先生1995年就发表了《谁来养活中国?》一文，预言到2030年，中国总人口将增长到16亿，而同期中国粮食产量将下降20%，供求缺口达3.78亿吨，几乎相当于20世纪末每年世界粮食交易数量的两倍。但是，包括一些美国学者在内的各国众多学者，直截了当地驳斥了布朗的说法，“认为中国在今后30年里能够满足自己所需的全部粮食”。

农业税占国税和国家财政收入的比重大幅度下降，以及国内粮食供求形势的变化，为研究农村税费改革和进一步减轻特困地区农民负担，提供了新的视角和较为广阔的空间。

二、减免农业税的倡议及实践

2002年浙江省政协、人大“两会”期间，浙江大学3名教授、农业专家、政协委员向政府提出了暂停征收农业税的提案。其理由是：①“现行农业税本质上是计划经济的产物，按田亩零起点计征，同时，隐含着对农民自产自用农产品的征税，这些都与税赋本质不吻合”；②浙江农业税总量占全省税收的1%，且征收成本高，难度大；③国外一般不存在这样的农业税，停征农业税，有助于提升农业竞争力和与国际接轨；④体现“多予、少取、放活”政策的实质，在中国具有历史意义。①

全国“两会”期间，政协委员、人大代表中的经济学家也就减免农业税问题发表了意见。萧灼基委员建议大幅度减免农业税。富裕地区，税收不变；次贫地区，大部分或部分减免；贫困地区，免征农业税和农业附加税。减免的税收，按照2000年实际税收额由中央政府转移支付。厉以宁代表认为，应“免收农业税，至少应免收几年”。

① 谢春雷：《千年“皇粮”历史将终结浙江》，《南方周末》2002年6月13日，第3版。

有一篇题为《千年“皇粮”历史将终结浙江》的报道还指出，浙江从2001年开始，已经“暂时免除”25个欠发达县的农业特产税。来自该省政府内部的消息称，2002年“减免税”范围将进一步扩大。鉴于一个税种的开征、停征，权限集中在中央政府，浙江在2001年出台农村税费改革方案时，在国务院农村税费改革领导小组的指导下，将“暂停征收”的提法，修改为“调整”农业特产税政策。2002年全国“两会”期间，一位来自浙江丽水市景宁县的全国人大代表，在会上对“停收”农业特产税作了高度评价：“减税不仅能让农民直接增收，也让当地农特产品的流通更加活跃，好的时候景宁这个山区小县居然聚集了周边好几个省的贩销大户。”由于农民是收入最低的群体，征收农业税和农特税难度较大，成本较高。而另一方面中央和地方政府每年都会采用财政转移支付方式扶持农业，这些扶持资金的运作成本也很高，中间的线路损耗和折扣相当大。因此，浙江有位到丽水市作过调查的专家认为，“如果把取消农业税、农业特产税等税种作为政府对农业和农村的扶持政策的话，农业税就会从原来的即收即退或先收后退变成不收不退，中间就不会有成本，也不会有损耗，当然可以让农民得到更多的实惠”。

三、贫困地区减免农业税的必要性

减免农业税的议题近年来讨论较多，主要原因是加入世界贸易组织对我国农业的影响不容忽视。不论是从短期或从长期趋势看，加入世界贸易组织对我国农业的发展和扩大中国农产品的国际市场份额，都有着极为有利的作用；但在目前我国农业市场化改革尚未完成的条件下，加入世界贸易组织也使中国农业受到较大的挑战。由于农资价格上涨和活劳动成本增加，国内主要农产品价格已接近或高于国际市场，面临农产品市场对外开放的压力，可能引起国内市场农产品价格下跌，加重主要农产品“卖难”的矛盾，从而影响农民收入的增加，挫伤农民的生产积极性。我们不能无视发达国家对农产品不仅减免税收而且增加补贴，听任我国农产品在国际竞争中处于劣势地位。要降低农产品的产销成本，同采用其他措施相比，减免农业税是不违反任何国际协议的办法。

减免农业税的必要性还在于，作为国税的农业税，应该发挥国家实行国民收入再分配政策的工具的重要作用。就农业税而言，以土地面积、常年产量、计税价格等税制要素为基础，具有统一性、强制性的特征。虽然农业税条例中也有关于灾患的减免规定，但对贫困地区来说，正常年景下与富裕地区同等纳税，难免不堪重负。正如前面所说的浙大3教授的意见，"按田亩零起点计征"以及对农民自产自食、自用的产品征税，"与税赋的本质不吻合"。再就农业特产税而言，1983年开征的目的之一是为了保证粮食种植面积，控制经济作物生产，也是计划经济时代的产物。实际开征农业特产税的，除烟叶产区外，大多是经济欠发达地区，这无疑会增加贫困农民增收、脱贫的难度。

农业税和农特税在全部国税收人中比重虽小，但涉及面广，真正是影响到千家万户。对涉农税收，不少地方实行财政切块，其中一部分计入乡镇财政，由乡镇干部自行征收。在乡镇企业比较发达的地区，农业税一般由乡镇企业代缴了；有些大宗经济作物，如烟叶的农特税，也是由收购单位代缴。问题是在贫困地区，农业税和农特税征收难度较大。乡镇干部被推到收税第一线，按户按田亩收税，极易影响干群关系。

当前的农村税费改革，目的是通过对现行农村税费征管体制进行调整和完善，建立与社会主义市场经济相适应的农村分配体制。改革的结果，将有利于根治农村各种乱收费，切实减轻农民负担。但据试点地区的资料，费改税后，农业税税率可能提高一倍左右。尽管多数地区农民负担有所减轻，但欠发达地区农民困难仍然很大。

四、特困地区实行减免的可行性

国家关于帮助贫困农户发展的优惠政策有："按照农业税条例的有关规定，减免农业税和农业特产税。"现行农业税制的主要缺陷在于，没有对特困地区、贫困农户作出减免的规定。为了帮助特困地区尽快脱贫致富，我赞成首先对国家重点扶持的贫困县免征农业税和大部分品种的农业特产税。按2001年《中国统计年鉴》农业各税收收入465亿元匡算，列入“八七”扶贫攻坚计划的592个贫困县，农业税及除重点产品外的农特税不会超过100亿元，约占全国税收总额的0.8%，约占全国财政支出的0.6%。

以云南省的昭通市为例，市辖11个县（区）中，有10个国家重点扶持的贫困县（区），总人口500万人，农业人口占90%，其中，尚未越过温饱线的贫困人口约180万（2002年5月13日《云南日报》载新华社记者江泓报道为“近200”万人）。在全国18个贫困片区中，昭通所处的乌蒙山区位居第二，是全国扶贫的宏观重点之一。根据2001年《云南统计年鉴》，2000年的主要经济指标：人均国内生产总值，昭通为2193元，相当于全省平均水平4637元的47.3%，位居全省倒数第一；农民人均纯收入，昭通为922元，相当于全省平均水平1479元的64.4%，与怒江州并列全省倒数第一；人均储蓄存款，昭通为691元，是全省唯一低于1000元的地区，仅相当于全省平均水平2497元的27.7%；人均社会消费品零售额，昭通为479.76元，是全省唯一低于700元的地区，仅相当于全省平均水平1375.14元的34.9%；人均财政收入，昭通为107元，仅相当于金省平均水平426元的25.1%，位居全省倒数第一；人均财政支出，昭通为367元，仅相当于全省平均水平982元的37.4%，位居全省倒数第一。以上6项全省倒数第一（如果和全国平均水平比较，昭通的差距更大），反映了昭通地区贫困面大、贫困人口多、贫困程度深，是全省也是全国少有的贫困发生率最高的地区之一，免征该地区农业税和除烟叶外的农业特产税，是落实扶贫攻坚任务的一项必要措施。据昭通地区统计年鉴数字，1999年农业税收为3740.4万元，除烟叶特产税以外的农业特产税为298.7万元，两项合计为4039.1万元。近5年的平均数每年约为4000万元，相当于全省财政支出的千分之一。这里不包括烟叶特产税，主要是顾及财政支付能力。从加入世界贸易组织后的国际市场竞争格局看，我国烟叶的价格缺乏竞争力，也许有一天不得不考虑减免烟叶农特税。如果中央和省能以财政转移支付方式，实施对昭通农业税和部分农特税的免征，不仅使农民直接减负增收，而且有利于改善昭通的市场环境，在川、黔、渝、滇四省市交汇处形成有辐射力的区域市场，促进昭通社会经济的跨越式发展。

扶贫开发是建设中国特色社会主义伟大事业，全面建设小康社会的一项历史任务，尚未解决温饱的贫困人口，数量虽已大为减少，但解决的难度很大。给特困地区以特殊照顾，当前不仅十分必要，而且完全可行。

参考文献：

[1] 许涤新：《政治经济学辞典》，人民出版社 1981 年版。

[2] 国家统计局：《中国统计年鉴——2001》，中国统计出版社 2001 年版。

[3] 国务院新闻办公室：《中国的农村扶贫开发》，《人民日报》2001 年 10 月 16 日，第 5－6 版。

[4] 云南省统计局：《云南统计年鉴——2001》，中国统计出版社 2001 年版。

〔原载于《云南财贸学院学报》（经济管理版）2002 年第 5 期〕

云南全面奔小康：重点和难点在农村

经过全党和全国各族人民20多年的艰苦奋斗，我们胜利实现了现代化建设“三步走”战略的第一、第二步目标，一个12亿多人口的发展中大国，人民生活总体上达到小康水平，这是改革开放和现代化建设的丰硕成果，是中华民族发展史上一个新的里程碑。

党的十六大提出，要在本世纪头20年，集中力量，全面建设惠及十几亿人口的更高水平的小康社会。全面建设小康社会是中国特色社会主义经济、政治、文化全面发展的目标。全面小康，是全体人民的小康，从“总体小康”到“全面小康”是一个重大的变化。我们要通过20年的建设，使经济更加发展、民主更加健全、科教更加进步、文化更加繁荣、社会更加和谐、人民生活更加殷实。全面建设小康社会的战略目标，具有强烈的感召力，体现了我们党为人民谋利益、谋福祉、以民为本的指导思想，能够凝聚党心、民心，鼓舞全党和全国人民的斗志。

一、云南农村奔小康的进程

云南地处祖国西南边陲，农村经济发展水平较低，贫困人口较多，广大农村脱贫致富奔小康是事关全面建设小康社会全局的大问题。加快农村奔小康的步伐，是云南全面建设小康社会的首要任务。

1996年，省统计局按照云南总体小康标准，利用全国统一的综合评价方法，测算出云南1990年和1995年的实际水平与小康标准的接近程度。测算结果表明，1995年云南小康实现程度为70.2%。问题在于，云南农村小康实现程度仅为61.08%。1995年，云南农村人均纯收入按1990年价格计算为646元，比全国1990年的686元还要低40元，我们落后了不止5年。根据云南省农村社会经济抽样调查队对40个县2400户农民家庭抽样调查资料初步测算预计，2002年云南农村小康实现程度为70%左右。从小康的6个方面标准来看，差距最大的是收入分配、物质生活和人口素质三个方面，收入分配方面实现程度为68%，物质生活和人口素质方面均低于60%。穷与愚的恶性循环，是云南农村尚未达到小康标准的主要表现，也是云南农村实现小康的主要障碍。

第一，经济发展水平低，农民人均收入水平离小康标准较远。2001年，全国农村居民家庭人均纯收入2366.40元，云南为1533.74元，相当于全国水平的64.8%。如果说，按1990年居民消费品价格计算，全国农村人均纯收入2002年已达到小康标准的1200元，则云南2002年当年价格农民人均纯收入为1608.77元，以不变价计，只达到800元左右，实现云南农村小康标准1100元的73%，距离全国小康标准1200元还差1/3。

第二，消费结构层次低，恩格尔系数偏高。2001年，全国农村居民家庭人均生活消费支出1741.09元，其中食品支出830.72元，恩格尔系数为47.7%；云南农村居民家庭人均生活消费支出1336.25元，其中食品支出768.03元，恩格尔系数为57.5%，总体上属于贫困状态。与此同时，云南农村人均衣着消费支出54.52元，相当于全国平均水平98.68元的55.2%；云南农村人均文教、娱乐及服务支出101.1元，相当于全国平均水平192.64元的52.5%。

第三，农村贫困面大，贫困程度深。据云南省有关部门调查测算，2000年云南农民人均纯收入低于625元的有405万人，在625—825元之间的有600万人，总计尚未超过温饱线的有1005万人。据2002年《云南统计年鉴》资料，2001年全省农民家庭人均纯收入低于500元及501—650元的农户各占7.2%，约540万人，纯收入651—850元的农户占11.1%，约400万人，按国家新规定的贫困人口标准（865元/人）推算，2001年贫困人口为950万—1000万人，超过全省农民总数的1/4，约占全国贫困人口的1/10，贫困面较大。值得警惕的是，按照新的标准，绝对贫困（630元/人）人口约500万，与2000年的405万人相比未减反增。

第四，平均受教育年限短，劳动者文化素质低。根据第五次全国人口普查资料，云南农村人口平均受教育年限为5.68年，比全国平均水平约少一年，其中男性为6.36年，女性为4.94年。地区之间也很不平衡，平均受教育年限超过6年的有昆明、玉溪、楚雄、大理、保山五州市，不到5年的有昭通、怒江、迪庆3州市。在农村劳动力中，2000年受过专业技能培训的仅占7.73%。

二、云南“三农”问题的重要性

第一，农业是全省国民经济的基础产业。2002年，云南第一产业（农业）增加值469.94亿元，比1980年增长83.5%，占GDP的21.1%。各类农产品产量的大幅度增长，基本满足了城乡人民的需求，并且为工业特别是轻工业提供了充足的原料，为工业的发展奠定了物质基础。在农业生产发展的基础上，农民人均纯收入增加，购买力增强，在生活水平提高的同时，也为农业生产资料和消费品提供了广阔的市场。农业在全省经济生活中的基础作用十分明显。

第二，农民占人口的大多数，是重要的人力资源。2001年全省总人口4287.4万人中，农业人口3609.9万人，占84.2%。根据全国第五次人口普查资料，2000年末全省农村人力资源人口（15—64岁）2135.9万人，占全省人力资源人口总数的74.2%。农民是农业生产和农村经济活动的主体，随着农业劳动生产率的提高，大量农村剩余劳动力转移到城市或非农产业，是第二、第三产业发展的需要。

第三，云南经济社会发展滞后主要差距在农村。我国西部地区每个农业劳动力所创造的农业产值仅为全国的62.5%，不到东部地区的一半，云南也大体如此。从收入水平看，云南与全国平均水平以及与发达地区的差距，农村远远大于城市。2001年，云南农村居民人均纯收入1533.74元，为全国平均水平2366.4元的64.8%，还达不到北京、上海的1/3，达不到广东、江苏、浙江、天津的1/2。而同期云南城镇居民平均每人可支配收入6797.71元，已达到全国平均水平6859.58元的99.1%。就小康实现程度而言，有关部门测算表明，云南城镇居民基本实现小康，正向全面小康社会迈进，而农村小康实现程度仅为70%左右。因此，全面建设小康社会，重点在农村。

第四，边疆民族地区“三农”问题尤为突出。云南近千万贫困人口主要聚居于自然条件恶劣、经济落后的深山区、石漠区、高寒山区、干热河谷区和少数民族地区、革命老区和边境一线，边疆民族地区贫困面大，贫困程度深，贫困人口集中。全省73个贫困县，有51个在民族自治地方；506个扶贫攻坚乡，有386个在民族自治地方。全省的贫困县、贫困乡和贫困人口，多半分布在边疆民族地区。

总之，云南全面建设小康社会，重点在农村，难点也在农村。只有努力改善农村贫困地区的生产生活条件，提高农民生活水平，促进民族团结、边疆巩固、社会稳定，才能为达到小康创造条件。没有贫困地区和民族地区的小康，没有农村的小康，就没有全省的小康。

三、云南农村奔小康的主要制约因素

自20世纪80年代中期以来，云南省的扶贫开发工作在省委、省政府的领导下，各级党委、政府把扶贫工作纳入国民经济和社会发展总体规划，“九五”期间，共解决了贫困人口637万（按1990年现价300元标准）人中的477万人的温饱问题，贫困地区的生产生活条件得到明显改善，社会事业全面进步。

根据新的扶贫标准，目前仍有近千万绝对贫困和低收入人口，贫困地区奔小康的主要制约因素是：

第一，社会发育程度低，受教育年限短。云南不少贫困地区和一部分民族是从原始社会末期、奴隶制社会等形态直接过渡到社会主义的。云南是全国少数民族最多的省份，一部分少数民族新中国成立前社会发育程度低。基本上是从原始社会末期一步跨入社会主义的，生产力水平低，生活方式原始落后，劳动者的科技文化素质很低，青壮年文盲率、半文盲率达到45%。在边远的少数民族聚居区，平均受教育年限短，普遍存在适龄儿童入学率低、巩固率低的问题。这些地方市场意识、商品意识、竞争意识、效益意识淡漠，粗放经营的情况较为普遍，在这些地方科技推广难度很大。

第二，自然条件差，自然灾害频繁。云南大多数贫困人口分布于高寒冷凉、生态恶化、人口与土地资源矛盾十分突出的滇东北地区；分布于高山峡谷相间、相对高差较大、地势险峻寒冷、农作物产量不高、人口素质较低、民族聚集的滇西北地区；分布于石漠化严重、干旱缺水的滇东南地区；分布于开发利用滞后、民族聚集、贫困面大、贫困程度深的边境一线地区。部分地区生态恶化，生产生活条件比较困难，地震、泥石流、干旱、洪涝等自然灾害频繁发生。

第三，生产力发展水平低，财政十分困难。贫困地区生产力发展水平低，自然、半自然经济比重高，主要依靠传统的手工劳动，农业商品率低，劳动生产率低，农村二、三产业很不发达。目前，全省 73 个国定重点贫困县的人均 GDP 低于 1000 元的有 3 个县，低于 2000 元的有 43 个县，超过 3000 元的仅有 4 个县。人均财政收入不足 100 元的有 27 个县，100 元—150 元的有 21 个县，贫困县的可支配财力和可调控财力很少。

第四，贫困发生率高，返贫现象严重。统计资料表明，2000 年全省农村贫困发生率为 33%，因实施天然林保护工程、退耕还林草、烤烟“双控”、蔗糖“双减”等政策性措施，使农民收入急剧减少，在短期内很难找到增收的路子，加上自然灾害频繁等原因，出现了较为严重的返贫现象。“八五”期间农村返贫呈下降趋势，“九五”期间又呈上升趋势。从全省的情况看 1996 年返贫率为 5. 36%、1997 年 8. 10%、1998 年 19. 08%、1999 年 24. 18%、2000 年 32. 14%，呈逐年上升趋势，给扶贫工作带来更大的难度。

第五，基础设施脆弱，生产发展后劲不足。长期以来，国家基础设施建设的重点放在交通沿线和坝区，对贫困山区投入较少，而这些贫困山区多半是自然条件复杂、地处偏僻的地方，交通不畅、信息闭塞、资源过度开发、生态环境恶化、水土流失严重、干旱、洪涝、泥石流等自然灾害常年发生，加之农户居住分散，人口过快增长，人地矛盾突出，农业产业结构单一等原因，生产发展后劲不足，农民增收难度很大，脱贫致富奔小康的基础非常薄弱。

四、加快农村脱贫致富步伐的思考

加快农村脱贫致富的步伐，必须始终保持与时俱进的精神状态，坚持用创新的思维来解决“三农问题”。为加快实现农村的小康目标，必须大力发展农村经济，加大扶贫力度，不断提高农民素质，千方百计增加农民收入，使农村的物质文明和精神文明建设迈上一个新台阶。

第一，统筹城乡社会经济，加快农村发展。在解决“三农”问题的思路中，一种新的思维方式就是城乡统筹，协调发展。我国已进入全面建设小康社会的新阶段，必须统筹城乡经济社会发展，更多地关注农村，关心农民，支持农业，尽快打破城乡二元结构，建立社会主义市场经济体制下平等、和谐、优势互补的城乡关系。

第二，调整农村经济结构，提高投入产出效益。从大的方面说，在发展农业生产、增加农产品产量的同时，要更多地发展第二、第三产业，降低第一产业在整个农村经济中的比重；在加强农业的同时，要更多地依靠现代科技，提高农业劳动生产率，降低从事农业的劳动力在整个农村劳动力中的比重。就农业结构调整来说，需要树立效益第一的观念。要以市场为导向，放手发挥企业和农户的主体作用，根据国内外市场需求和投入产出效益，结合自身条件决定生产什么和生产多少。

第三，开展农产品深加工，提高农业附加值。云南省农产品精深加工总量偏小，品种偏少，对农产品实施深度开发和多层次的转化增值，潜力很大。云南省具有相当丰富的农副产品资源和正继续改善的交通、能源、通信等基础条件，要确立既重生产更重加工的观念，大力引进资金、技术和管理经验，发展农副产品深加工，逐步形成具有地方特色和民族特色的农产品加工体系。

第四，加大扶贫开发力度，促进农民增收。解决“三农”问题的目标是农民增收、农业增产、农村稳定。其中，农民增收始终是第一位的问题。在“三农”之间，要以人为本，以农民为重；在农民问题上，则要以利益为重，以增收为本。统筹城乡经济社会发展，调整农村经济结构，发展农产品加工，最终都要落实到增加农民收入上来。与此同时，在贫困地区和民族自治地方，还必须落实各项扶贫措施，加大扶贫力度，促进农民增收。

第五，实施城镇化战略，繁荣小城镇经济。加快小城镇建设，充分发挥城镇的载体作用，是实现农村工业化、城市化的战略选择。小城镇的健康发展，有利于优化农村产业结构，发展劳动密集型产业，促进大量农村劳动力转移就业，增加农民收入，启动农村市场，改变农村教育、文化的落后面貌，加快实现农村全面建设小康社会的目标。

第六，培育载体，加速农村剩余劳动力有序转移。20 世纪 90 年代以来，我国农业要素投入发生了重要变化。农业内部的就业压力在不断积蓄，向非农产业转移的内在冲动愈来愈强烈。云南农村剩余劳动力约 800 万人，农村劳动力转移的任务相当繁重。大量剩余劳动力滞留在农村第一产业领域，农民人均纯收入难以有大的提高，不加快转移农村劳动力，势必成为农村实现小康的制约因素。当前，要努力抓住从“总体小康”到“全面小康”的“小康机遇”，在国家和省很多政策向农村贫困地区重点倾斜的有利条件下，重点培育农村劳动力大容量的转移载体，加快农村剩余劳动力向城镇和非农产业转移。

第七，加快市场发育，搞活农产品流通。建立和完善统一开放、竞争有序的市场体系，使市场在国家宏观调控下对资源配置起到基础性作用，是建立和完善社会主义市场经济体制的基本要求。云南是一个典型的农业省，在经济社会发展滞后的地方，低下的收入水平和购买力，抑制了市场的发育。反过来，商品经济和市场发展程度低，又极大地制约社会经济发展，成为农民脱贫致富的障碍。在民族地区和贫困山区，重点还是要加强初级市场建设，扩大市场网点，增加城乡农贸市场。

为加强市场建设和促进市场发育，需要研究并实施一些特殊政策措施，如：在贫困地区实行部分农特税“全额返还”；增加“小城镇经济综合示范项目”；发展私营个体经济，培育市场主体。

第八，重点扶持和促进边疆民族地区跨越式发展。云南是多民族的边疆省份，边境线长，少数民族数和少数民族人口众多。多民族边疆省的特点，决定了云南民族工作的重要性和特殊性。边疆民族地区的发展进步，关系到国家的统一，民族的团结，边疆的巩固，社会的稳定。边疆民族地区脱贫致富奔小康，是云南全面建设小康社会面临的最艰巨的任务。

扶持和促进民族地区加快发展，应采取的措施有：严格执行计划生育政策，切实控制人口增长，降低人口自然增长率。加大科教扶贫力度，普及义务教育，大力发展各具特色的职业教育；加强边疆民族地区基础设施建设，国家和省的财政支出结构和国民收入分配格局的调整，必须进一步向贫困地区倾斜；加大培养选拔少数民族干部工作力度，壮大队伍建设，提高素质，改善结构；努力减轻民族地区农民的负担，首先是免除 73 个贫困县除烟叶以外的农业特产税，其次是分批免除特困地区和低收入地区的农业税。

〔原载《云南财贸学院学报》（经济管理版）2003 年第 4 期〕

加快推进云南城乡经济社会发展一体化探析

改革开放30年来，云南农村改革发展取得巨大成就，以家庭承包经营为基础、统分结合的双层经营体制得以确立，农产品市场全面放开、农业税取消，集体林权制度逐步完善，农村经济结构调整明显加快，特色优势产业不断壮大，全省粮食产量增长79%，农业增加值增长28倍。扶贫开发成效显著，“兴边富民工程”效果突出，乡镇企业异军突起，劳务经济发展迅速，农民人均纯收入增长20倍。但我省是一个集“边疆、民族、山区、贫困”四位一体，城乡二元经济结构十分突出的欠发达省份。贫困人口多，扶贫难度大，农业基础薄弱，农村贫困群体依然庞大，“三农”问题始终是全省经济社会发展中带有长期性、全局性、根本性的问题。党的十七届三中全会审议通过的《中共中央关于推进农村改革发展若干重大问题的决定》，是“中国农村经济改革的转折点”，把加快形成城乡经济社会一体化新格局，作为推进农村改革发展的根本要求，为破解农业、农村、农民工作的难题指出了根本出路。

一、加快推进云南城乡经济社会发展一体化的紧迫性

党的十七大首次强调形成城乡经济社会发展一体化新格局。《中共中央关于推进农村改革发展若干重大问题的决定》作出我国总体上已进入着力破除城乡二元结构、形成城乡经济社会发展一体化新格局的重要时期的

基本判断，提出了到2020年农村改革发展的基本目标，要求到2020年农村经济体制更加健全，城乡经济社会发展一体化体制机制基本建立，准确反映了我国工农、城乡关系的阶段性特征，进一步彰显了破除城乡二元结构的重要性和紧迫性。

农村经济和城市经济是相互联系、相互依赖、相互补充、相互促进的。农村的发展离不开城市的辐射和带动，城市的发展也离不开农村的促进和支持。我国是一个农业大国，农业是国民经济的基础产业，农村经济是国民经济的重要组成部分，目前占全国人口总数60%以上的农民仍居住农村，因此，党和政府非常重视解决“三农”问题。可是，据农业部的统计，1978年至2007年，中国农民人均纯收入由134元增加到4140元。其中，2007年，全国农村居民人均纯收入实际增长9.5%，是1985年以来增幅最高的一年。但城乡居民收入比却扩大到3.33:1，绝对差距达到9646元，也是改革开放以来差距最大的一年。云南的城乡差距则更大，城乡二元结构特征都更为明显，主要表现在：2007年云南城镇居民人均可支配收入为11496元，农民人均纯收入仅仅是2634元，城乡居民收入比为4.36:1，与全国平均水平差距由0.98:1扩大到0.64:1，城乡居民收入差距由2.5:1扩大到4.36:1。经济发展明显存在一产不优、二产不强、三产不快的问题。2007年，一产比重比全国高6.4个百分点，二产比全国低5.3个百分点，三产比全国低1.1个百分点。从需求结构来看，2007年，投资需求对GDP的贡献率为51.3%，消费需求为50.6%，净出口需求为-1.9%，经济增长仍然主要依靠投资和消费拉动，还没有形成三驾马车协调拉动的格局。从所有制结构来看，2007年，全省非公有制经济占37.4%，比重过低。销售收入超过100亿元以上的大企业仅有10家，大企业数量和实力仍显得不够；烟草、矿业、电力、旅游、生物资源开发创新五大支柱产业占全省GDP的比重不到40%，支柱产业显得不强。对农村投入不足，水利、公路、能源建设滞后，三分之二的耕地靠天吃饭，农民饮水难、出行难、用电贵等问题依然存在。农业发展方式还较粗放，传统特征较为明显，小、散、弱、差问题突出；社会事业发展严重不足，边疆民族地区、贫困地区脱贫任务艰巨；资源开发与环境保护的矛盾加剧；农民增收难和农村富余劳动力转移难。城乡发展差距过大，不仅使农业是弱质产业、农民是贫困群体、农村为落后地区的格局得以强化，而且以牺牲社会公平为代价，必将破坏城乡协调发展机制，影响社会经济持续、快速、协调、健康发展，最终影响全面小康社会建设与和谐社会的构建。“三农”问题的解决仍是云南最突出的问题。农村发展仍然滞后，最需要扶持；农业基础仍然需要加强；农民增收仍然需要加快。必须进一步加快农村改革发展，着力破除城乡二元结构，形成城乡经济社会发展一体化新格局，这是解决城乡巨大反差，全面建设小康社会新要求的一项紧迫的任务和必然的要求。对于云南来说，加快推进城乡经济社会发展一体化，更关系到与全国同步进入全面小康社会的奋斗目标能否实现。

二、加快推进云南城乡经济社会发展一体化的有利条件

加快推进城乡一体化发展，既是深入贯彻落实科学发展观的重大举措，也是云南实现科学发展、和谐发展的必然选择。加快推进城乡一体化发展，云南面临着难得的历史机遇，同时基本具备了加速发展的条件。

首先，改革开放以来我省经济社会持续发展，为加快推进城乡一体化奠定了坚实基础。据省发改委2008年11月24日提交省十一届人大常委会第六次会议审议的《云南省国民经济和社会发展第十一个五年规划纲要实施情况中期评估报告》透露：2008年，云南省实现六个突破，全省生产总值突破5000亿元，财政总收入突破1300亿元，全社会固定资产投资突破3360亿元，农村居民人均纯收入突破3000元，城镇居民人均可支配收入突破13000元，公路总里程突破20万公里。经济综合实力的显著增强，为反哺农业、支持农村，调整城乡关系，加快推进城乡一体化提供了有力支撑。

其次，城乡经济社会结构转换有利于加快推进城乡一体化发展。工业化、城镇化水平的不断提升，是推进城乡一体化的基础和前提。从产业结构看，2007年全省三次产业结构由上年的18.7∶42.8∶38.5调整为18.4∶43.2∶38.4。一、二、三产业进一步融合发展、协调推进，关联度逐

步加深。从就业结构看，农村劳动力资源逐渐增长，富余劳动力规模庞大。根据2007年人口变动情况抽样调查推算，2007年末，全省人口为4514万人，农村人口3087.4万，其中，农村适龄劳动人口（16—64岁）为2031.5万人，占农村人口的65.8%，农村劳动力资源较为丰富，农村富余劳动力为790万人。省统计局综合处提供的资料显示，2005年末，全省4450.4万常住人口中有1312.87万人居住在城镇，城镇化率为29.50%。根据发达国家现代化和城市化发展经验，当城市化水平超过30%时，城市文明开始向农村渗透和传播。从这一点上看，我省正进入着力破除城乡二元结构、形成城乡经济社会发展一体化新格局的重要时期，推进城乡一体化恰逢其时。

再次，各项支农惠农政策的实行，促进了农业发展，为加快推进城乡一体化创造了条件。近年来，我省加大公共财政投入力度，多方筹措资金，提高农村义务教育水平，增加农村基本医疗服务能力，繁荣农村公共文化，建立健全农村社会保障体系，取得了新进展。2007年，全省参加农村养老保险的人数为139.66万人，比上年末增加0.41万人；参加新型农村合作医疗的农民为3100.65万人，参合率达86.14%，比上年提高1.15个百分点。新型农村合作医疗基金累计支出总额为18.64亿元，累计受益6900万人次。全省享受农村最低生活保障的农民为250.1万人，比上年增加235.3万人。省政府各项强化农业基础的举措，使得农业农村经济持续快速发展，粮食连续5年增产，农民收入持续快速增长，以改善民生为重点的农村社会事业建设取得明显成效，为增强城乡互动互补互助能力，加快推进城乡一体化发展创造了良好条件。

最后，全省各地建设新农村的探索实践为加快推进城乡一体化发展提供了可资借鉴的经验。近年来，我省许多地方按照科学发展观要求，结合当地实际，积极探索各具特色的城乡一体化发展路子，取得了明显成效。例如，曲靖市于2005年3月制定了“三村四化”新农村建设的战略目标，在全市农村开展以小康村、文明村、和谐村“三村”为目标，坝区以农村工业化、农业产业化、住房新型化、社会和谐化“四化”为途径，山区以农业产业特色化、道路房屋整洁化、村风民俗文明化、团结互助和谐化“四化”为途径，大力开展社会主义新农村建设。形成了九大特色：领导重视抓部署，深入调研摸家底，立足实际抓规划，发展产业增收入，整合资金增投入，激发热情强内力，夯实基础美环境，强化教育提素质，创建平安构和谐。取得了七大进展：产业富村有了新突破，环境美村有了新改观，科教兴村有了新改善，民主治村有了新发展，合力扶村有了新推进，群众建村有了新拓展，和谐稳村有了新成果。大理州遵照中央 2006 年一号文件提出的要求，把建设社会主义新农村作为一件大事，真正列入议事日程，扶贫开发整村推进落在实处，充分发挥农民"新农村建设主力军"作用，肯定并鼓励农业开发公司的积极作用，在新农村建设方面成效甚多，亮点纷呈。比较突出的先进典型的示范和引导，为全省推进城乡一体化提供了很好的经验。

三、加快推进城乡一体化发展应着力解决好的几个问题

破除城乡二元结构是一项长期的任务，加快形成城乡经济社会发展一体化新格局是一项艰巨复杂的系统工程，应着力解决如下几个问题：

（1）加快推进城乡产业发展一体化，着力改变农村生产要素与资源配置不合理的状况。统筹谋划城乡三次产业发展，促进城乡产业分工与协作，形成产业分工合理、区域特色鲜明的城乡产业空间布局。统筹推进城乡一、二、三产业发展，形成现代农业、先进制造业和现代服务业协调发展的格局，不断增强经济发展的协调性。鼓励、支持城市资源加工型、劳动密集型产业向农村转移，推动第三产业向农村拓展辐射，积极引导城市商贸、金融、物流等第三产业开拓农村市场，推动农业向二、三产业拓展，不断增强城市对农村发展的带动效应，努力实现城乡产业融合发展、联动发展。

（2）加快推进城乡文明一体化，着力改变农村基本公共服务发展滞后的状况。要建立和完善公共财政体制，加大公共财政向农村基础教育和公共卫生服务等的转移支付力度，逐步实现城乡教育、文化、卫生等基本公共服务均等化。认真推进公共财政向农村倾斜、公共服务向农村覆盖、社

会事业向农村延伸、基础设施建设重点向农村转移，逐步建立城乡一体化基础教育体系、科技文化体系、公共医疗卫生体系、社会保障体系。努力实现将农村义务教育的主要责任从农民转移到政府，将政府对农村义务教育承担的责任从以乡镇为主转移到以县市为主。要逐步建立覆盖每一个农民的多层次的农村社会保障体系，让低收入农民的基本生活有保障。全面推进新型农村合作医疗，提高农民健康保障水平，并建立农村基本医疗卫生服务网络，让生病的农民看得了病、看得起病。要坚持把城市和农村作为一个有机整体进行统一布局、统一规划、协调建设，大力加强农业基础设施建设，加大对农田水利、农业机械化、农业科技创新的支持力度，增加对农村道路、水、电、通信和垃圾处理设施等方面的建设投入，提高上述设施的质量和服务功能，并与城市相关设施衔接、互补，实现城乡共建、城乡联网、城乡共享。

（3）加快推进城乡商品市场体系一体化，着力改变农村市场建设落后的状况。商品流通在农村经济发展中具有“先导”作用。进一步搞活农村商业，繁荣农村市场，对于进一步夯实农业基础地位、促进农民增收、扩大农村消费，进而实现农业和农村经济又好又快发展具有重要意义。近年来，随着各项强农惠农政策的逐步落实，农村现代流通网络建设加快，多形式、多渠道的农产品购销体系初步建立，农村市场日趋活跃，农产品综合市场、专业市场、电子商务等发展迅速，农村市场主体呈多元化格局；农资经营已形成由供销社农资公司、农资生产企业、个体工商户等多种市场主体、多种流通渠道共同参与的格局。但是，仍存在着农村商业流通设施缺乏，服务市场无序，服务质量比较低的问题。应进一步建立健全适应现代农业发展要求的大市场、大流通。通过实施财税、信贷、保险等政策，鼓励商贸、邮政等企业在农村发展现代流通业。同时，还要整合资源，共建平台，健全农村信息服务体系。

（4）加快推进城乡要素市场体系一体化，着力改变农村要素市场建设滞后的状况。农村要素市场存在交易成本高、效益低，金融服务严重缺失，土地流转市场不健全等问题。应加快建立现代农村金融制度，放宽农村金融准入政策，发展商业性金融、合作性金融、政策性金融相结合，资本充足、功能健全、服务完善、运行安全的农村金融体系。加大对农村金融政策支持力度，实行农村小额贷款费用定向补贴政策，拓宽融资渠道，引导更多信贷资金和社会资金投向农村。各类金融机构都要积极支持农村改革发展，强化职能、落实责任，增设农村营业网点，增加涉农贷款规模，开发符合农民和农村企业需求的金融产品，改善农村金融服务。发展农村保险事业，完善政策性农业保险制度，扩大覆盖范围，加快建立农业再保险机制，合理分散农业巨灾风险。加快建立城乡统一的建设用地市场，制定农村集体建设用地使用权划拨、出让、转让、出租、抵押等管理办法，保障符合规划的农村集体建设土地与国有土地享有平等权益。加强土地承包经营权流转管理和服务，建立健全农村土地承包经营权市场，按照依法自愿有偿原则，允许农民以转包、出租、互换、转让、股份合作等形式流转土地承包经营权，发展多种形式的适度规模经营。坚持最严格的耕地保护制度，防止靠经营土地、炒地皮而扩张城市，靠出卖土地、牺牲农民的利益而换取城市建设的资金。建立城乡统一的人力资源市场，引导农村剩余劳动力有序地从农业转向农村第二和第三产业，转向城市就业，加强对农民工权益的保护，实现农民工在劳动报酬、子女就学、公共卫生、住房等方面与城市居民享有同等待遇，特别是取消城市招工的户籍限制。

（5）加快建立科学的政绩考评体系，着力改变重城轻乡，重工轻农的执政思维定式。农村经济社会发展相对滞后，一个重要原因是对政府的绩效考核体系不科学，看重 GDP 和城市面貌、功能的改善。城市具有资本聚集的功能，对 GDP 的贡献突出，区域面积相对农村较小，市容市貌建设在短期内可以看到显著效果。而农村则反之。要改变政府重城市、轻农村，重工业、轻农业的执政思维定式，必须把农村经济社会发展指标作为对政府的绩效考核的主要内容，引导各级政府把更大的物力、财力和注意力转向农村经济和社会发展，促进城乡经济社会发展一体化。

总之，统筹城乡经济社会发展，是要推进深化改革，努力破除城乡分割的二元体制，充分发展城市在资金、人才、技术、信息等方面的优势，充分挖掘农村地区在生态环境、发展空间等方面的巨大潜力，促进城乡在规划建设、产业发展、市场信息、政策措施、生态环境保护、社会事业发展等方面的一体化。实现城乡在政策上的平等、产业发展上的互补、国民待遇上的一致，让农民享受到与城镇居民同样的文明和实惠，建立社会主义市场经济体制下和谐、平等的城乡经济社会关系，整体推进城市和乡村的现代化。

（原载《学术探索》2008 年第 6 期）

图书在版编目（CIP）数据

吴健安学术文选 / 吴健安著．—昆明：云南大学出版社，2014（2015 重印）
（云南文库·学术名家文丛）
ISBN 978－7－5482－1840－1

Ⅰ．①吴…　Ⅱ．①吴…　Ⅲ．①经济学—文集　Ⅳ．①F0－53

中国版本图书馆 CIP 数据核字（2014）第 003414 号

出 品 人：周永坤
统筹编辑：柴　伟　陈　曦
责任编辑：宋　武
责任校对：周元晖
封面设计：郑　治

书　名	**吴健安学术文选**
作　者	吴健安　著
出　版	云南大学出版社　云南人民出版社
发　行	云南大学出版社　云南人民出版社
社　址	昆明市翠湖北路 2 号云南大学英华园内
邮　编	650091
网　址	www. ynup. com
E-mail	market@ ynup. com
开　本	787mm×1092mm　1/16
印　张	20. 25
字　数	340 千
版　次	2014 年 10 月第 1 版　2015 年 8 月第 2 次印刷
印　刷	昆明卓林包装印刷有限公司
书　号	ISBN 978－7－5482－1840－1
定　价	61. 00 元